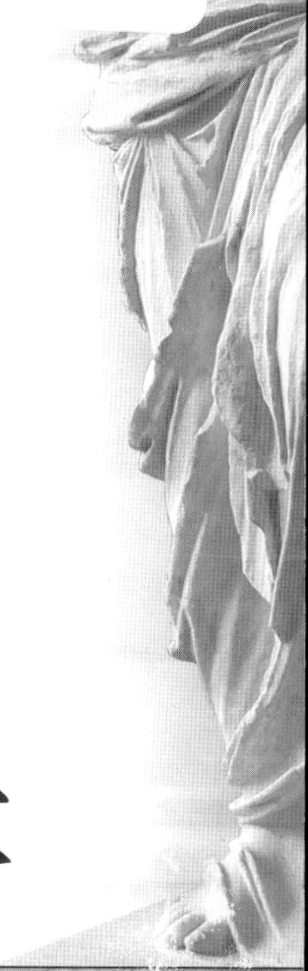

21世纪美学译丛
丛书主编　陈望衡

比较美学二辑

Comparative Aesthetics

艾略特·杜里奇[美]　陈望衡　著

WUHAN UNIVERSITY PRESS
武汉大学出版社

图书在版编目(CIP)数据

比较美学二辑/(美)杜里奇,陈望衡著. —武汉:武汉大学出版社,2016.4
21世纪美学译丛
ISBN 978-7-307-17716-1

Ⅰ.比… Ⅱ.①杜… ②陈… Ⅲ.比较美学 Ⅳ.B83

中国版本图书馆CIP数据核字(2016)第065096号

责任编辑:易 瑛　　责任校对:汪欣怡　　版式设计:马 佳

出版发行:**武汉大学出版社**　(430072 武昌 珞珈山)
(电子邮件:cbs22@whu.edu.cn 网址:www.wdp.com.cn)
印刷:武汉中远印务有限公司
开本:720×1000 1/16　印张:14.75　字数:210千字　插页:1
版次:2016年4月第1版　2016年4月第1次印刷
ISBN 978-7-307-17716-1　定价:26.00元

总　序

陈望衡

在人文学科中，美学还算是一门比较年轻的学科，它的诞生一般追溯到18世纪德国启蒙思想家鲍姆嘉通1750年出版的《一切美的科学的基本原理》，而其实，有关审美的研究几乎与文明开始同时。中国的先秦、欧洲古希腊均有大量的关于审美的言论，其中不少言论今天仍活在我们的审美生活中，如孔子说的“智者乐水，仁者乐山”。如果要说审美意识，它的开始还要早。距今8000年前的红山文化出土的玉玦极为精美，据考古专家研究，那是耳环，是装饰品，尽管它也许还具有某种神秘的宗教或礼仪的色彩，但至少潜存着审美的意识。

美是生活的精灵。它是人们创造生活的动力，也是人们创造生活的成果。“美”其实可以作为“文明”的代名词。难道不是这样？人类的一切创造——直接或间接的，物质的或精神的，均不同情况地具有审美的色彩。也许，某些创造物的功利价值随着时间流逝或淡化或消失，然而，它的审美价值总是存在着，而且，某些物品其审美价值还会随着时间的流逝日益凸显，那些在博物馆里收藏的文物不就这样成为无价之宝？

对于当今的世界如何体认，不同的学者有不同的看法。就美学的维度来看，我们发现，虽然美一直是生活的精灵，但是，从前的时代在审美的深度与广度上均无法与现在相比。举凡发型、服饰等生活小事，社会和谐、环境保护、生态平衡等人类大事，均与审美相联系，而且审美在其中所占的比重或起的作用似是越来越大。美学本属于哲学，形而上的意味较浓。虽然现在它仍然保留着这一品格，但是，它却比过去任何时期更关注着生活，这是不争之事实。正如当代著名的美学家阿诺德·伯林特所说："很多学者从纯粹的理论问题转向了对个人和社会生活中的人类实践的研究。他们正在考察与研究美学的观点如何影响环境设计、广告、产品设计、室内装潢、服装时尚、园艺、烹调、流行文化甚至是社会关系的，并且他们试图指导这些概念的实际应用。应用美学的潜在作用可能在于让人们认识到美学对人类活动的社会领域——诸如城市规划和经济发展项目中所产生的影响。"①

我们在编辑这套名为《21世纪美学译丛》时，不能不注意到这一情况。也许，我们中的许多人不能成为经济学家或电脑工程师，但我们所有的人均有可能成为美学家——理论的或应用的，专业的或非专业的。生活、一切工作均有美学。我们编这套书的目的，不只是为专业的美学家们提供研究的参考，还为各行各业的人们提供工作和生活的参考。

时代在进步，一切均在更新之中、创造之中。所有的更新和创造均非天外飞来，更非无源之水，它总是不同情况地体现出人类文明发展的脉络，体现出文明的某种积累与传承。我们手中所拥有的一切其实均已成为历史，然而，我们创造未来的资本全在这里。简洁地说，我们是凭着历史在创造着未来。没有历史就没有未来。正是因为这样，我们极为重视人类所创造的一切文明成果，这其中就有人类关于美学的研究成果。

衷心希望我们的这套书在当前的生活中发生重大的作用，期盼读者的回应，期盼生活的回应！

是为序。

2010年10月22日于武汉大学珞珈山天籁书屋

---

① ［美］阿诺德·伯林特：《环境美学译丛·环境美学·总序一》，湖南教育出版社2006年版，第1页。

目　录

比较美学

中西美学比较

比较美学

【美】艾略特·杜里奇
陈　盼　徐骆　译

前　言

美学应该是一门关于艺术作品以及我们对这些作品体验的反思的学科，因为艺术作品因其自身闪耀的活力而存在。因此，美学应该是不张扬的。比较美学——对独特的美学概念与文化体验的分析、诠释，以及评价——凸显了美学保持谦逊特性的必要性；并且，我相信它加强了美学实现其任务的可能性，即通过艺术作品自身的丰富存在以及我们对其的体验来理解这些作品。下面我将解释这一论点。

艺术世界是极具复合性的，也就是说，它由各色各样的独特的艺术作品所组成。艺术作品最鲜明的哲学意义就在于其独特性。每一件成功的艺术作品都是一个世界，一个聚集了意义与价值的存在。我们体验中的其他客体范畴，包括我们自身，当然都是个体；但是这些个体性并不独特到可以界定范畴自身。艺术作品展现其意义的独特方式让其成为艺术。但是这并不意味着艺术批评家与美学家之间存在着功能性的差异。艺术批评家主要关注艺术作品个体的审美属性(以及其他的美学维度)，批评具有规范性。而美学是理论性的，它属于哲学的领域。美学家，作为哲学家，理所应当需要对艺术世界的构成有着敏锐感触，不然他就会错误地构建一个所谓的无所不包的美学体系，而这一体系可能会替代艺术作品以及我们对艺术作品的体验，而无法为我们提供一种理解艺术作品的方式。

美学理论通常是自命不凡的。它宣称不被历史所束缚，并能应用于所有的艺术作品。但是从多文化的甚至是历史性的文化的视角来看，解答艺术是什么的宏观理论——“交流”、“表现”、“模仿”、“启示”等——是与某些特定种类的艺术以及某种有限的审美体验紧密联系在一起的。这些宏观的理论确实分析了某种特定类型的艺术——有的艺术作品主要展现艺术家的情绪；有的则从本质上来说用于交流观点与价值；有的艺术品的确展现了人类、自然及存在的方方面面；有的作品模仿或表现人类事件或历史过程——但是这些理论无法被应用于整个艺术世界。每种理论相关于艺术的某一可能性，但它们并不像其通常宣称的那样能涵盖“艺术”的所有范畴。当非西方艺术被视为艺术世界的一部分时(这应该算是一个合理的要求)，这一点就显得尤为突出。与此种艺术的亲密接触应会让那些持有普遍主义观点的美学家重新反思其钟爱的概念、见解与设想。

我相信比较美学应该不以移植外来的观点为意图，或期待这些观点能直接或恰当地应用于人们自身的文化。比较美学应当通过研究和重建对其他文化观念、思想与偏好，来丰富我们对艺术本质以及审美体验的哲学理解。简而言之，比较美学如同一般比较哲学一样，应当为哲学本身而服务。

在以下的比较美学研究中，我选择了三个宏观的与亚洲文化的思想和体验相关的主题。

“对味论的某些反思”这一章讨论了审美体验的主观性和客观性的问题。同时，这一章还运用古典印度理论的方式探讨了艺术中的“表现问题”——即表现客观的或泛化情绪的意思，以及让艺术作品的体验者领会作品其自身独特存在的条件问题。通过 Santarasa(平和情味)的概念——艺术作品所追求的“平和情味”，我探讨了如何区分审美体验与纯精神或宗教体验。

在“沉思的邀约：京都的石庭以及幽玄的概念”这一章中，通过对这一座著名花园的体验的现象学分析以及对世阿弥(Zeami)(日本能剧的主要作者)的著作的分析，我试图阐明幽玄的概念，并讨论了这一概念与对艺术体验的一般理解和美的本质的相关性。

“勃鲁盖尔与马远：对比较批评可行性的哲学质询”这一章主要讨论了为了体验源自它文化的艺术作品的最大审美潜能，我们需要具备何种知识。通过对 16 世纪荷兰画家勃鲁盖尔(Bruegel)和 17 世纪中国艺术家马远作品的比较分析，运用中国传统批评家所使用的概念，我区分了审美关联性的四个维度，并且分析了它们各自存在的主要问题。比较分析的重要性在于它让我们能够区分艺术作品与具体形象，并区分艺术中的“主题”与“内容”。它进而解答了艺术中是否有通用的美学准则，并且它试图通过一种符号主义的分析阐明艺术作品意义的实质结构。

我要感谢美国人文基金会对我的慷慨支持。我在 1973—1974 年间获得了这一基金会授予我的资深学者奖。如果没有这一奖金资助的闲暇旅游、学习与写作的经历，这一作品将无法产生。我还要感谢稻田龟男(Kenneth Inada)——亚洲与比较哲学协会的会长对我的这一作品的鼓励。他通过其富有思想性的领导，大力负责了这一协会的专著以及其他许多活动。此外，大卫·T. 维克(David T. Wieck)，埃德温·杰罗(Edwin Gerow)和享利·罗思文(Henry Rosemont)为我提供了很多非常有用的评论与建议，让我受益良多。我还很感激佛罗瑞斯·坂本(Floris Sakamoto)，她帮我细致认真地整理了这一出版书稿。

第一章　对味论的某些反思

印度美学通常被认为主要由味的理论所组成。“味”这一词有着多重意义，包括艺术中被“品尝”的“味道”、“期望”和“美”。①我希望不局限于用说明和解释的方式来反思“味”，而是寻求对其的美学理解；也就是说，我想要知道“味”的理论包含何种真理(至少在某些方面)，何种不局限于传统印度戏剧、诗歌或音乐的真理。换言之，我想要把味当成东西方美学中可能存在的通用(以及可能的分析性的)概念，而不是为文化所束缚(以及描述性的)概念来分析。②

---

① “味”这一词在印度思想中有着历史悠久的广泛的用法。如同 G. B. 莫汉・坦比所言：“字典中对味的界定是：汁液、果汁、水、液体、牛奶、美酒、毒药、水银、品味、味道、所有事物的精华、滋味、风味、爱、渴望、美。它的意义涵盖了从有酒精含量的果汁饮料到哲学上的无限——梵。在不同的时期，味都有新的意义产生，并且在不同的学科中味有着不同的注解。”“‘Rasa’ as Aesthetic Experience”, *The Journal of Aesthetics and Art Criticism*, XXIV, No. 1, Part I (Fall 1965), p. 75.

② 我当然不想忽视味论的历史发展。重要的是我们要认识到对这一理论的不同表述包括从婆罗多(Bharata 约 100—200)在其著作《乐舞论》(*Natyasastra*)中对味论的阐释，到但丁(Dandin)之类的思想家(公元 7 世纪)的解析，再到欢增(Anandavardhana)在其著作《韵光》(*Dhvanyaloka*)(公元 9 世纪)中的分析，以及后来的新护(Anhinavagupta 公元 10 世纪)在《乐舞论注》(*Abhinavabharati*)(对《乐舞论》评注著作)及《卢舍那》(*Locana*)(他对《韵光》的评注)中的讨论，再到后来的像毗首那特(Visvanatha 公元 14 世纪)之类的思想家的论点。在这篇文章中，我主要讨论了新护的观点。他对这一理论的诠释通常被认为最具哲学意味。

同时，我还认为认识这一理论与传统印度艺术尤其是戏剧之间的紧密联系也是很重要的。这一理论的产生在一开始时是为了探讨与戏剧相关的美学问题；而在这一理论出现后，味论才被细化并应用到一系列的艺术形式中去。早期印度的音乐思想家，带着对分类及联系的特有热情，甚至将八音度的每一个音都与一种特定的味联系起来。参见 A. A. Bake. “The Aesthetics of Indian Music”, *The British Journal of Aesthetics*, Vol. 4, 1964, p. 47 ff.

一

"味"存在于何处？审美体验是否从本质上来说是一种对客体以及艺术作品属性的识别，或者是体验者主体对客体的特殊反应？这一问题在西方美学由来已久，并且答案各不相同。这些答案引发了(或者至少紧密联系于)一系列理论，这些理论将艺术界定为"表现"、"沟通"以及"外化愉悦"。这一问题由探讨"味"论的作者们所提出，而阿毗那婆笈多(Abhinavagupta)对此进行了概括性的反驳。他在其作品中写道："味不存在于体验者之中。那么它存在于哪里呢？……味不为地点、时间和渊博的体验者之间的差异所限制。"①他还评论道："当我们说'味是被感知的'时(我们并没有在严格意义上使用该语词)……这是因为味本身就是一个感知的过程。"②于是，J. S. 霍尼韦尔(J. S. Honeywell)中肯地评论道："它(味)不是一个独立于体验之外的客体；味的存在与对味的体验是等同的。对诗的体验的客体是诗，但诗的味并不存在于诗的自身当中。"③

审美体验的本质特性并不是主体性或客体性；它并不属于艺术作品或其体验者；相反，审美体验自身这一挑战空间限制的过程构成了味。这一认为味存在于无处并且超越了时空限制的观点，在我看来是唯一能让我们理解审美体验本质的观点。

当我们把体验仅仅当成对某物的实体的体验时，我们有可能设想我们只需要(消极地)关注客体，客体就会将其自身彻底地展现

① Abhinavabharati. 见 Raniero Gnoli. *The Aesthetic Experience according to Abhinavagupta*, 2nd edition (Varanasi: Chowkhamba Sanskrit Series Office, 1968), p. XXXVi.

② Abhinavagupta, *Locana* on *Dhvanyaloka*, in *Santarasa and Abhinavagupta's Philosophy of Aesthetics*, by J. L. Masson and M. V. Patwardhan. Poona: Bhandarkar Oriental Research Institute, 1969, p. 73.

③ J. A. Honeywell. The Poetic Theory of Visvanatha. *The Journal of Aesthetics and Art Criticism*, XXVIII, No. 2. Winter 1969, p. 168.

给我们，并满足我们对其的兴趣——就如同感知体验在这一意识的层面不包括体验者对客体的所有解析一样。在美学中，这种“客体主义”的态度将导致一种片面的形式主义的关注，也就是说，认为审美价值仅仅存在于线条和形状的构造中，存在于抽象的动态等之中(克里夫·贝尔 Clive Bell)，同时还会从公式化或规范性的角度来思考创造性。

从另一个方面来说，当我们(可能大多数人是如此)将体验完全当成我们对某物的反应时，比如我们的感觉或情感，我们就剥夺了其自身的价值，并且从一种狭隘和自我中心的角度设想世界是由我们宝贵的感觉和情绪所构成的。由此，我们相信每件事物、每个人从根本而言都是我们体验中的一个场景，这就使得我们更进一步相信体验是一种弥足珍贵的感情中立的过程。在艺术与美学中，这种思考的方式导致了一种片面的浪漫主义——相信价值只存在于捉摸不定的主体性中，同时它还导致了一种错误的感伤主义——客体的每一方面可能被简化为或迷失在刺激的感觉或感情的突发中。如此一来，我们体验的将不是艺术作品，而是我们自己。

味的理论指出，如果我们将审美体验理解成一个特殊的过程，在其中艺术作品是控制，而不是导致体验者的反应，因而体验者必须具备高度的理解力、敏感度以及生活经历以获得对作品的理解，那么我们就能避免诸如此类以及其他不那么极端的空间审美体验形式(并因此避免对其的误解)。从这种角度理解审美体验还需要我们认识到艺术作品的内容从来不(或者至少说应该不)仅仅是艺术家或体验者的个人情感或思想。迈索尔·海瑞延纳(M. Hiriyanna)直率地指出：“根据味的观点，诗人自己的感触从来都不是诗的主题。”①并且，“艺术品完美化的特点导致其不具备自身的特性，并对所有人而言看上去都是一样的……它们的外观不具备个性化的特点，并因此具有内在的欣赏性”②。

① M. Hiriyanna. *Art Experience*. Mysore：Kavyalaya Publishers，1954，p. 34.

② M. Hiriyanna. *Art Experience*. Mysore：Kavyalaya Publishers，1954，p. 31

正是这种审美内容的非个性化或超个性化使得艺术作品成为意义的承载体，并让体验者提升其对自己以及世界的认识。“意义”需要一种共享的体验；而在艺术中，这种共享只有当强烈的非个性化——一种与其强度相矛盾的、具有高度的、个体性的非个性化存在时才能得以实现。审美体验就是如此，因为审美趣味与其他纯实践性的兴趣相比，并不是对个体性之于个体性的关注，而是对个体包含、成为、表现、表达一种普遍的、人际间的、超凡特性的关注。

这一超凡的味的维度赋予了艺术家一个重大的任务。“味是一种泛化的情绪，一种特定意识的所有元素，比如艺术事件的时间、观众的特性、演出或小说自身的特性（主要是地点和角色）被去除了的情绪。在作品中对事件的描述和刻画则是作家面对的最奥妙的问题；而不充分的描绘——即执着于对某一特定意识要素的描绘——则积累成障碍。”①

在味的理论中，艺术是一种模仿；但它是一种非常特殊的模仿，因为味并不是模仿事物的特殊性、现实性，而是它们的一般性以及潜在性——这种模仿比任何特定的真实事物还要真实。因此，这一理论会赞同亚里士多德的观点，即历史负有呈现事实的任务，而诗歌（艺术）则展现可能发生的事件；历史记载了某些事物或存在的事件，而艺术则表达了人类、自然以及上帝的可能性。

味作为一种泛化的情绪，一种对普遍性的表现，并不等同于一种抽象的或极度漠然的存在状态。艺术中的去个性化并不是要摧毁个性，而是让其转型：是为了达到一种既有激情而又有精神性的意识状态。为什么这是可能的呢？

二

从心理学的角度来说，潜在于味论体验之下的是各种固有状

---

① Edwin Gerow. *The Persistence of Classical Aesthetic Categories in Contemporary Indian Literature*（未发表著作）.

态。这些状态来自于个体过去的经历，并作为潜在的映像存在意识(或内心)中。这些潜在的情感状态可被区分为八种类型：(1)快乐或愉悦；(2)欢笑或幽默；(3)伤感或痛苦；(4)愤怒；(5)英雄主义或勇气；(6)恐惧；(7)厌恶；(8)惊奇。这些状态，从其本质特性而言，对所有人都是一样的，因为它们都来自共享的人类生活经历。在现实生活中，每一种状态为其发生原因(引发某种相应反应的各种生活情形和事件)、作用(各种可视的反应，如姿态及面部反应)，以及随之发生的要素(各种随之发生的暂时性的精神状态，例如焦虑)所伴随。

"每个人都有一种与生俱来的知觉感。他的想法、行为以及经历不断地创造源生于潜意识并再生于意识中的映像。这些在印度哲学与心理学中被称为业(samskaras)或余习(vasanas)的映像围绕于情绪之旁。这些情绪与特定的以及普遍的情形相联系并产生出可定义的行为模式。……在任何经历之中，除了清晰组织的基本情绪之外，还有无数的短暂感觉和情绪与之相伴随……例如焦虑、欢欣、羞怯、疲倦之类。"①

根据味论，当这些日常经历的元素或维度成为艺术或审美体验的元素或特性时，它们分别被称为情由(vibhava；在戏剧中表现的情绪化的场景)、情态(anubhava，表现情绪状态的身体变化或动作)，以及不定情(vyabhicaribhava，恰当地伴随着各种基本状态的暂时性的情绪)。阿毗那婆笈多写道："味，在这一联系中，是一种情境(artha)。当情由、情态及不定情在观众的意识中达到一种完美的结合(samyag yoga)、相应(sambandha)以及合力(aikagrya)的状态之后，它们运用情境制造一种由各种无障碍的，非常的意识形式所构成的品味。这一味与常情(bhava)不同，它仅由品味的当前状态所构成，而不具客观性。"②

---

① G. B. Mohan Thampi，如前所引，p. 76

② *Abhinavabharati* in Gnoli，如前所引，p. 78

这一味与常情(the bhava 或 sthayibhava)不同①，但却与之在理论中相关联。

"'常情变成味'这一说法仅仅是因为它们之间的联系(aucitya)。具体说来，这种联系的产生，是因为前面提到的与某种常情相联系的情由等在实现品味的过程中起到了作用，并由此以决定因素的形式表现出来。"②

这一常情与味之间的"关联性"创造了基本的味：(1)情欲的(srngara)；(2)喜剧的(hasya)；(3)悲哀的或怜悯的(karuna)；(4)狂怒的(raudra)；(5)英勇的或无畏的(vira)；(6)恐怖的(bhayanaka)；(7)丑恶的(bibhatsa)；(8)非凡的(adbhuta)。新护(Abhinava)可能在某些著作现已遗失的作者之后③，在这八种味中加入了第九种味，即平和的(santa)。

除了这一对味如何成为美学重要课题的错综复杂的描述之外，我认为重要的是味论如何将味与生活经验的模式联系起来，以及味论如何将味视为某种从平凡到非凡的彻底转型。这一理论让人们能将艺术与生活紧密结合起来，并与此同时把握住它们的本质区别。G. B. 莫汉·坦比(G. B. Mohan Tampi)在以下这两段话中讨论了这一理论：

> 诗中所描述的人物和场景是其本体的状态，而我们对它的体会是独特的。这一诗化特性的存在并被理解的特殊模式为alaukika这一词所诠释，即非比寻常。在生活中，我们对人和物的反应可以用吸引、排斥、或冷漠……这些词来形容。我们

---

① 在与作者埃德温·杰罗(Edwin Gerow)的私人联系中，他肯定地指出如果我们遵循新护的观点，我们应该"将味视为去除了特定意识元素(时间、地点等)的情(bhavas)。因果关系是不存在的，因为味是与生俱来的；但在'普通的'体验中，它由我们日常事件以及个人认识而不是其自身所决定。这一'他物实现'是艺术表现特有属性，就如同乐器一样——但是乐器仅仅只是展现乐章而没有新的创造"。

② *Abhinavabharati* in Gnoli，如前所引，pp. 80-81.

③ 参见 Edwin Gerow and Ashok Aklujkar. On Santa Rasa in Sanskrit Poetics. *Journal of the American Oriental Society*, Vol. 92，No. 1 (Jan-March，1972)，p. 81.

的反应被正面的或负面的兴趣所驾驭。但当我们对哈姆雷特之类的角色进行思考时，我们的吸引、排斥或冷漠之类的态度被悬置起来或被超越了。

……

在对诗的体验中，情绪确实会扰乱我们的思绪；但它们并不是以诉讼的形式发挥作用。此外，在诗的体验中，情绪的状态不仅是经历或承受；它们是被感知、被品味着。①

因此，审美体验本质上来说是品味某种“客观化”了的、范化的情绪。艺术与生活紧密相连，并因其自身而存在。引发味的艺术作品与日常经历紧密联系，并在人们随处都会经历的基本生活情绪及情景中产生其自身的活力和美学内涵。艺术中的形式的意义仅存在于其与内容的联系；实际上，味论指出，只有当某种为艺术家和观众同时深刻感知的栩栩如生的内容存在时，形式才得以存在。但是艺术作品不是对生活的再见，而是 alaukika，即非凡的。它因其自身而存在；也就是说，它的内容具有独一无二的审美性：它的存在是为了被人们所领悟、思考、参与；它的存在只是为了一种微妙的理解。

根据这一理论，审美体验不但是一种被给予的体验，一种偶然的发生；而且是一种造诣，一种成就。新护写道：“对味的体会与记忆、推理以及任何形式的一般自我意识都不同。”②它需要体验者心中充满热爱并克服一系列艰难的障碍。

三

T. M. P. 马哈德温(T. M. P. Mahadevan)指出：“诗人用一种去个性化的方式使用各种词汇，于是他的诗对所有人而言都具有一种

① G. B. Mohan Tampi. 如前所引，pp. 76-77.

② *Abhinavabharati*, in Gnoli，如前所引，p. 81.

吸引力。能欣赏诗的读者是一个 Sahrdaya，即‘一个心境相似的人’。”①新护在他的著作《卢舍那》(*Locana*)中是这样界定 Sahrdaya 的：“这些人能够理解主题，因为他们通过对诗的反复研究，拭亮了心境，并且他们的内心存在共鸣。”②

因此，就味的理论而言，最理想的艺术欣赏者不仅仅是消极的观众，而是积极的作品参与者。就如同海瑞延纳(Hiriyanna)所说的那样：“就深度而言，参与者对诗的本质的洞察仅次于诗的深度。”③于是，味的实现对体验者和艺术家都提出了非同寻常的要求。

“……在任何情形下味仅仅是心理状态，一种不受阻碍的存在于品味中的知觉意识。”④

新护所指出的实现味的障碍(这些障碍实际成为对体验者或参与者的要求)有如下两点：⑤

(1)缺乏逼真性。我们可能将其视为艺术作品和艺术家而不是体验者的失败，但新护认为障碍实质上是源于体验者的。“实际上，如果观众认为表现的事物不逼真，他将无法沉浸其思维于其中。”⑥新护继续指出：“只有心的认同才能消除这一障碍。”⑦

作为 Sahrdaya，一种审美体验的情形是我们对艺术作品放开全部心怀，认识到艺术作品能控制我们对其的体验。“心的认同”意味着对客体的自我投降，一种对其吸引我们兴趣和关注的能力的证

---

① T. M. P. Mahadevan. *The Philosophy of Beauty*. Bombay: Bharatiya Vidya Bhavan, 1969, pp. 39-40.

② *Abhinavabharati*, in Masson and Patwardham，如前所引，p. 78n4.

③ M. Hiriyanna，如前所引，p. 41.

④ *Abhinavabharati*, in Gnoli, op. cit., p. 62.

⑤ 新护提出了七种障碍，但是他所提出的障碍至今仍让人有点难以琢磨；因为这些障碍包含了就艺术作品本身而言应该已经被完全考虑到的要素，也包括了某种不能算得上是障碍的而只是一种体验的必然条件的因素(如掌握理解的正确方法)。*Abhinavabharati*, in Gnoli, op. cit., p. 67.

⑥ *Abhinavabharati*, in Gnoli, op. cit., p. 63

⑦ *Abhinavabharati*, in Gnoli, op. cit., p. 63.

实。大多数人，经常只对艺术作品一扫而过，然后仅得到一种稍纵即逝的映像(这个作品是关于什么的，艺术家是谁)。而 Sahrdaya，具有相似心境的人，必须能够，并且展现出一种不由自主地全神贯注的力量，这样他才能体会到作品之中的味。

(2)新护所提到的另一障碍是专注于个人情绪，即"沉浸于被视为仅为自身所有的或仅为他人所有的时空限定中"①。他认为，这一障碍存在于"因害怕失去快乐的感觉，或为了保持快乐的感觉等而出现的其他形式的意识之中"②。

这一障碍很难让人察觉，但是对这一障碍的克服对味的实现而言是至关重要的。新护所指的是主体，参与者—体验者，必须通过超越自己当下意识状态的时空特性而泛化自己的情绪，因为这一情绪可能源自于自我需要，并与特定生活经历相关联。他必须这么做，从而认识到艺术作品中的泛化情绪，因为这一情绪仅在作品中得到表现。③

就新护而言，Sahrdaya 必须将艺术作品置于与自身的相等的地位；这就是说，他必须准备好用一种正确的方式体验艺术作品。这一说法似乎显然易见是正确的：但是，事实上，大多数人视审美体验为一种治疗，一种对其烦恼的治疗，而这种看法又经常为将艺术视为沟通及表现的美学理论所支持。艺术体验极有可能促成一种自我和更有序意识的高度整合，但这不仅产生于艺术作品，而是体验者在他们与某个合作作品的关系中达成的成就。

柏拉图说："最美的音乐能让受过最好教育的人欢欣，并且尤其能让具有卓越德行和教化的人感到欢欣。"④柏拉图的判断和 Sahrdaya 这一概念是极其相似的，因为他们都代表了对品味的最高理想。除了与诗人具有相近心境的人之外，还有谁更能评判、欣

① *Abhinavabharati*, in Gnoli, op. cit. , p. 62.

② *Abhinavabharati*, in Gnoli, op. cit. , p. 64

③ 新护当然认识到对这一障碍的克服主要取决于艺术家。"消除这一障碍的方法"，他写道，"是所谓的包括了普通生活中不存在的要素的戏剧性的常规(natyadharmi)"(同上，p. 65)。

④ Laws, 659a, trans. By B. Jowett.

赏、理解诗歌呢？

四

我们所见到的味，既不是主观的，也不是客观的。对它的分析绝不能强调主体[如同我们在对味的起源的分析中对常情(bhavas)或对成为一个心境相似的观者(sahrdaya)所需具备的条件所做的论述一样]或者客体，即实际的艺术作品。J. S. 霍尼韦尔很好地诠释了这一点："味，就过程而言是诗的结尾；味，就诗作为一个客体而言，是决定结构的整合性的组织原则。从这个角度来看，它可以用来区分构成整体的主要部分与它们在整体中的功能。"①此外，"尽管味从某种角度而言是作为一种体验而存在，它无法与诗的客体相分离。味的概念建立在一个假设的基础之上，即诗的客体只有在读者的体验中才能实现。于是，味与观众沉浸于艺术作品之中的体验相关联。于是，对味的分析无法脱离对诗的客体的分析。味的特性就必须在对客体属性的体验中实现"②。

康德认为对味的判断是完全主观的，虽然主观性不是必需的；审美判断来自体验者，但这并不需要由客体结构的特性所决定。但是康德是错的，而味的理论是对的；因为具有结构化内容的艺术作品与要素的简单组合之间的差别在于艺术充满着一种情调，而这情调给予其一种整体感。在这种情形下，就如同苏珊·朗格(Susanne K. Langer)所认为的那样，"艺术是对人类感情符号的创造"③，这种整合作品的情调必须与此同时建立在最深的感情范畴的结构之上；它必须是超越个人的及泛化的；简而言之，它必须是味。

感觉唤醒了感觉：在审美体验中能被领会的一种泛化的精神状态只能是艺术作品自身的构成。艺术作品作为一个整体成为一种情由(vibhava)，它决定着体验。在这里我要重申的是，"决定"与"导

① J. A. Honeywell，同前所引，p. 166.

② J. A. Honeywell，同前所引，p. 169.

③ 参见 *Feeling and Form* (New York：Charles Scribner's Sons，1953).

致”是不同的。因果关系，就我们平常在人类经历的背景下的理解而言，意味着漠然与独立，而艺术与审美体验之间是水乳交融的。就艺术作品能够通过艺术家创造性的想象力而唤醒观众自我与客体的忘我结合并实现对自身的圆满而言，尤其如此。

五

到了对味论做最后思考的时候了——对阿毗那婆笈多所提出的“平和情味”(santarasa)这一概念，以及这一概念为区分审美体验与我们所说的纯精神体验所带来的契机所进行最后的思考。

在新护看来，平和情味只是对令人喜悦的平和的统一体的超越性的实现。它是建立在自我的基础之上并以自我解放的形式而实现。

“……具备知识，幸福之类的纯粹属性的自我就是平和的常情。‘平和情味来自一种对自我解放的渴望，引导一种对真理的认知，并与最高的幸福相关联。’”①

味是寂静的。艺术中的寂静所谓何物？艺术作品是沉寂的，而与此同时又在不断传播信息。油画、诗歌、戏剧是沉寂的中心；对它们的正确理解需要一种内在的宁静、一种无声的渴望和思考。艺术中的寂静与能存放事物的容器不同，它不是空洞的；相反，正确的艺术作品自身会参与到一种寂静之中。这种寂静是关于存在的最深刻的真理，是所有存在与生成的动态和谐。

因而，艺术中的寂静不仅仅是无声。平和情味是一种充溢，一种对创造性能量的充溢。这一寂静让我们超越自身而沉浸于作品之中。

于是，最高形式的审美体验与纯精神体验的实质区别在于：艺术作品吸引着我们对其的关注并控制我们对其的体验，这种体验是短暂的(虽然体验在不停地变换)；在精神体验之中，艺术品对我们的吸引来自于不存在界限或客体或时间的真实。在对艺术作品的

① *Abhinavabharati*, *in Masson and Patwardhan*, p. 139.

彻底体验即对平和情味的体验中，艺术作品表现真实并参与于其中。而在纯粹的精神体验中，则仅仅只存在着真实。

对于智者而言，并且只对智者而言，所有的体验都是平和情味。

第二章 沉思的邀约：京都的石庭以及幽玄的概念

一

一个仅由石和沙砾组成的花园，一件自然的造物，却邀约着人们参与到沉思中去。环绕着花园后方的古老的城墙日益堆积；岩石也随着时间的流逝而风化；但是花园本身是永恒的。花园引发了冥思；但这冥思更多的是对存在的深度和绝对静止的思考，而不是对花园自身的思考。

在日本京都的石庭精致而自然。它并不“浪漫”，没有无尽的对卓越的自我渴望；它也并不经典，不具备某些完美的、抽象的典范。这个花园是完整的，但又是“未完成的”。它仅仅是对沉思状态的一种邀约。石庭意味着这样一个悖论，构成它的元素的并置既是随意的，又是必需的。你可以想象到它的元素可以被改变以及交换而不影响到整体的质量。在改变后，它从表面上而言，是一个不同的作品，而它所发出的邀约却没有变。尽管这一邀约是由元素当前的组合发出的。

这个花园并不是不对称的，因为不对称意味着对称是它的标准或尺度。这个花园既不是不对称的，也不是对称的；它以一种独特的方式无常存在，它是偶然与必然的精彩融合。

你无法想象在花园中的情形，或孩童在那玩弄石沙的情形。作为一件艺术品，它无法被适当地使用。

人们无法将花园理解为油画或是雕塑，因为花园提供了太多的视角(从任何角度去看，人们都无法一下子把握石庭的十五组石头的全貌)。你可以从不同的角度去看一幅画，但你看到的始终是同一幅画；而当你从不同的视角去看一个花园时，你会获得更强烈的感受。这个花园似乎具有多重的视角。然而无论你坐在面对花园的平台上的哪个位置你都会感受到同样的邀约。

石庭要求我们内省；它驱使着我们凝神参透无尽的影像、思想以及渴望；它除了告诉我们：我们既不会发现我们想要逃脱的深渊，也不会找到我们为之陶醉的绚烂之外，它什么也没有说。它是一种对沉思的邀约。

与大多数的艺术品不同，无论你对这一禅石花园有多熟悉，你也无法非常确定你所会体验到的是什么；因为这一作品让你进入自己的内心。你可以非常确定构成石庭的所有元素没有发生过变化，但是你无法预期到每次新的体验的质感。换言之，这一作品给予人们的不是一个先决性的反应，而是一种新鲜感与和谐感。京都的岩石花园不是一件完成的作品；它演绎了幽玄，因此是对思考者的邀约。

二

世阿弥(Zeami)①(1363—1443)，将日本能剧发展到完美的经典模式和最高水平的大师，曾评论道："幽玄是所有艺术和成就的最高造诣。"②因此，在很大程度上，遍及于诗歌、戏剧、绘画、园艺、茶艺以及大多数其他中世纪时期的审美活动中的理想化情形可

① 世阿弥与他的父亲，观阿弥(Kwannami Kiyotsuyu，1333—1384)，被誉为能剧(日本甚至是世界上最有条理性、最微妙的戏剧形式)的创始人。有关能剧与世阿弥的贡献，请参见 Donald Keene，editor. 20 *Plays of the No Threatre*. New York and London：Columbia University Press，1970；Authur Waley. *The No Plays of Japan*. New York：Grove Press，1957，此书原发表于1920年。

② 世阿弥的能剧理论作品仅在1908年被发掘出来。对于他作品中关于幽玄论述的引用来自于 *Sources of Japanese Tradition*，compiled by Ryusaku Tsunoda，Wm. Theodore de Bary，and Donald Keene. New York：Columbia University Press，1958，pp. 288-291.

以总结为幽玄这一概念。①

幽玄是一个多么(在概念上)深奥而(在存在论的意义上)简单的概念啊!莱昂纳多·帕朗克(Leonard Pronko)解析了它的难以捉摸。他写道:“幽玄的深奥体现在表象的形式之美与表象后的精神实体的共存。这一概念有多种解析。实际上,对这一概念的解析很难有定论,因为世阿弥在36年间在不同的意义层面上运用了这一概念。幽玄的首要意义是‘隐秘的’,或者像亚瑟·威利(Waley)所解析的‘表象之下的内涵’。其他的意义还包括有超越性的幻象、深不可测的情感、超越性的直觉、优雅、优美、微妙、暗示,等等。幽玄这一概念引发了许多类型的美:优美、优雅、平静之类。”②

幽玄还被定义为 Charme subtil——即微妙的韵味③,“所有审美体验的要素及终极目标——美的最高形式”④,以及“不仅存在于表象,而且存在于精神的美;它是内在美的外化”⑤。引以为奇的是,“英语中没有能与幽玄对应的词汇;文字上来讲,它意味着‘模糊与昏暗’,但是当被世阿弥所使用时,它包含着若隐若现的美的意味,这种美是难以捉摸与意味深长的并存,并绚染着淡淡的忧伤”⑥。

① 世阿弥的能剧理论作品在1908才年被发掘出来。对于他作品中关于幽玄论述的引用来自于 *Sources of Japanese Tradition*, compiled by Ryusaku Tsunoda, Wm. Theodore de Bary, and Donald Keene. New York: Columbia University Press, 1958, p. 284.

② Leonard Cabell Pronko. *Theatre East and West*. Berkeley and Los Angeles: University of California Press, 1967, p. 86.

③ Rene Sieffert. *La Tradition Secrete du No*, p. 53.

④ Japanese Classics Translation Committee. *The Noh Drama*, pp. ix-x.

⑤ Makoto Ueda, *Literary and Art Theories in Japan*. Cleveland: The Press of Western Reserve University, 1967, p. 60.

⑥ Japanese Classics Translation Committee, *The Noh Drama*, p. x.

从某个角度而言,让人颇感遗憾的是,传统日本美学的词汇仅限于极少的基本概念。日本学者实际上并没有创建一种我们所熟悉的哲学意义上的(具有理论理解和概念分析形式的)美学。日本文化中极少的美学概念,如“哀”(对某些事件或情景的适度的“淡淡的悲伤”)和“寂”(“对岁月洗练的古雅与黯淡的审美愉悦感”),以及“幽玄”,都涵盖了范围很广的体验,并且很少得到非常细致的解析。

世阿弥特别以能剧为例说明幽玄展现在表演之中——“幽玄在能剧中的展现是显而易见的，并且它是观众最欣赏的特性”；幽玄只为某些演员所掌握——“掌握幽玄这一概念的演员非常稀少”；幽玄的精髓是美与微妙——“幽玄的精髓体现在美与微妙的状态”；它体现在个人形象以及艺术之中 ——“心神平静与优雅是幽玄在个人形象中的体现”；幽玄尤其体现在“高级的”言谈中——“同样，幽玄在演说中体现为语言的优美以及对高级话语的熟练掌握”；总而言之，幽玄是无处不在的——“无论他（即主演）扮演的是什么角色，幽玄都不可或缺。无论他所扮演的角色出身高低，是男人还是妇人、是牧师、农夫、乡下人、乞丐还是流浪者，在主演的眼中，他们都应该带着花环。尽管他们在社会中的地位有差异，但因为他们都会欣赏花的美，所以他们都是鲜花”；幽玄是艺术家一定要进入的国度——“演员只有进入幽玄的国度才能达到艺术的最高峰”；演员们要达到幽玄的境界不能仅仅依靠外界的指导，还需要通过自身对其原理的领悟——“只有当演员们理解了原理并成为自身的主宰，他们才算是进入了幽玄的国度”。

三

那么，从美学的角度泛言之，我们应该从京都的石庭和幽玄的概念中领悟到何种关于美与审美体验的原理呢？

首先，我们必须承认，创建并发展成为关于美和对美的关注的理论——西方美学，无论它是多么深奥和费解，无论它是否被艺术家所掌握并实践在其作品中，它都已是明日黄花。从很多角度来说，这都不是一件令人惋惜的事，因为过去对于美的关注常常表现在追寻赋予客体美的实质特性。从另一个角度而言，美本身被视为某种有时非常稀有的“审美情绪”的功能。在理论和实践中，“美”常常变得非常矫揉造作。

这种美学与艺术中对美的排斥（对“创新”、“表现力”之类的强调）也有着让人遗憾的后果，因为这种排斥表现了轻视艺术的态度（“艺术一点也不神秘”；“每个人都是艺术家”），并且剥夺了艺术自身的精神乐趣。

幽玄在艺术中的实现恰到好处地倡导了一种高度严谨的开放性——一种出神(ekstasis)的状态，艺术家和体验者双方愉悦的对自我的脱离。

幽玄是沉默的。如同平和情味，它是表现“真”的艺术作品，是对“真”的参与。

艺术中的幽玄赋予其一种结构性的内涵，使其具有一种光芒四射的形式。艺术中美出现的地方就有着生气与绚丽。

幽玄是完全自然的同时又具有绝对精神性。它表达了特定艺术作品就其目标而言需要呈现的形式。同时，为了促成对艺术的理解，它引发我们产生某种强烈的非功利性的被称为“精神”的意识。

雷蒙德·拜尔(Raymond Bayer)评论道：“仔细思考任何具有强大魔力的艺术作品：我们的灵魂沉浸于其中，我们无法在欣赏完它们后不为之而改变。人们甚至会认为这艺术作品中存在着真实的崇高及审美客体的准则。”①

幽玄的概念告诉我们在审美体验中，不是“我看到艺术作品”，而是通过“看”，“我”被转变了。不是“我进入了作品”，而是通过“进入”，“我”在一种原始的直觉性中被改变了。这是不是很神奇?

那么，被艺术作品而转变是什么意思呢?

艺术作品常常被视为一种“和谐的冲突”。艺术作品将存在的冲突整合为某种形式的统一。具有情感智慧的观者能够在这一统一体中观察到自身冲突的结构，并且由此感受到调整冲突的动力，从而领会到艺术作品通过其秩序而展现的和谐。

然而，我们通过味论看到的审美体验并不是治疗方法。艺术作品的创作并不仅仅是为了治愈观众内心的分歧。为了正确地体验一件艺术作品，必须到观众与作品之间的平等。人们可能一开始会被京都石庭所震撼，特别是当他们仅仅视其为一种对普遍存在物与常规的那种乏味的紊乱性的逾越时。但是如果说观者要超越震撼，而

---

① Raymond Bayer. The Essence of Rhythem, in Susanne K. Langer, editor, *Reflections on Art*. Baltimore: The John Hopkins Press, 1959, p. 187.

达到一种更高的境界，则他们必须如同艺术作品自身那样成为本真的存在。

幽玄是客观的——但这是从一个非常特殊的角度而言；只有当感受它的主体不存在时，它才出现。对于幽玄，对于美而言，存在就是不被感知为某物的属性。它只有在以自我为中心的自我或是主体不存在时才能被体会到。于是，对幽玄的深思意味着为了自己，作为自己，而体验艺术作品的生命力本质。

幽玄的概念告诉我们，美是对客体的真的表现。因此，就此而言，艺术中的美具有绝对的悖论性。它赋予自身为观众所理解的属性，并成为为观众所界定的本质存在。

用不那么戏剧化的语言来说，这意味着艺术中的美不是众多属性中的某一种；它不是对物质性的附加物；它不是一个能产生某种“美的事物”的合格的附件。艺术中的美更确切地说是艺术作品本身一种绚烂的形式。我不把艺术作品视为美；我视美为艺术作品。

哈罗德·奥斯本(Harold Osborne)写道：“审美判断能由其最简单的形式简化为论点模式。比如简化为‘这件东西很美’或‘这是一件很美的东西’的评论。”①但是，幽玄的概念告诉我们，它们并不能被如此简化。从语法的角度而言，“美”也许是一种属性、述语或是定语。但从存在论的角度来看，这是语法的一个错误，因为美是在事物自身的实现或表现的存在状态中所表现的特性。

总之，就幽玄而言，京都的石庭展现的就是构成其自身的事物——岩石与砂砾。它的美是绚烂与深不可测的并存。幽玄影响了艺术作品，并且是作品自身精华的存在。

那么美并不确切是某件事物的某个属性，因为它是事物自身在爱的喜悦中被理解的存在。

① H. Osborne. *Theory of Beauty*: *An Introduction to Aesthetics*. New York: Philosophical Library Inc., 1953, p. 77.

第三章　勃鲁盖尔与马远：对比较批评可能性的哲学质询

奥托·本内施(Otto Benesch)写道："在令人折服地把握大自然的灵魂方面，没有哪位艺术家能超越得了勃鲁盖尔(Bruegel)……在他的绘画作品里，(彼德)勃鲁盖尔(1525/30—1569)彻底征服了将万物视为从属于伟大宇宙法则的无限体的形式和形态的观点。"①

中国公元10世纪时的一位山水画家荆浩指出：画家可分为四类。级别从高到低分别为——神("神者，亡有所为，任运成象")、妙("妙者，思经天地，万类性情，文理合仪，品物流笔")、奇("奇者，荡迹不测，与真景或乖异，致其理偏，得此者亦为有笔无思")，以及巧(这类画家"雕缀小媚，假合大经"，其作品本质上而言只是模仿)。②

---

① Otto Benesch. *The Art of the Renaissance in Northern Europe*. Cambridge: Harvard University Press, 1945, p. 104.

② 这一分类在荆浩著名的著作《笔法记》中提出。荆浩的分类是对早先的朱景玄在唐朝未写撰写的《唐朝明画录》以及黄修复在1005年发表的《益州名画录》中提出的分类法的修改。这些早先的分类版本是建立在张怀瓘在724—727年间所著的《书断》中提出的书法分类的基础之上的。张怀瓘区别了三等画家：神，妙，能。朱景玄在此分类基础上添加了第四个种类——逸，即不拘常法，随性而发。但是"逸"在朱景玄提出的绘画等级分类中所处的位置并不清楚，它可能属于高等也可能是低等。另一方面，黄修复将"逸"界定为绘画的最高境界而荆浩将其为"奇"这一种类所取代。Osvald Siren 评价道："这一对朱景玄和黄修复所提出的分类法的修改可以说是理由允分的，因为与'奇'和'巧'之间的区别比"逸"与"神"之间的区别要大。"*The Chinese on the Art of Painting*(New York: Schocken Books, 1963), pp. 41-42. 见此书附录Ⅳ及荆浩《笔记法》S. Sakanishi 译；*The Spirit of the Brush* (London: John Murray, 1939), p. 89; Lawrence Sickman and Alexander Soper, *The Art and Architecture of China*(Baltimore: Penguin Books, Inc., 1956), p. 104.

如果荆浩接受本内施对勃鲁盖尔的评价，那么很显然中国的学者会将勃鲁盖尔划分为第二类画家，而不是第一类或者说最高层次的画家。

为什么像勃鲁盖尔这种获得典型的现代西方学者高度赞誉的画家，依照一位中国传统学者的审美标准，却只是第二流的画家呢？分析和评价来自于其他文化的艺术作品需要哪些基本的条件呢？我们能否对来自于不同传统和文化的艺术作品进行有意义的比较呢？简而言之：比较批评在多大程度上是可能实现的？

一

门罗·C. 比尔兹利(Monroe C. Beardsley)曾指出："文学批评的可能性以持有与其他类型相异的艺术判断的可能性为先决条件；然而……这并不排除不同的艺术判断之间以非常复杂的方式相关联的可能性。"①在试图从一个多文化的视角寻求理解和赏析的比较批评中，必须清楚认识这些可能性。

但是比较批评所要面对的一个特殊难题是由于客体的异质性，鉴赏者很难将艺术作品视为另一文化的"审美客体"，而不是一个简单的待其评论的"物质客体"。面对一个来自于不同传统的，不为我们所熟悉的作品不是一件容易的事。当然，我们对自己的传统和文化中存在的不熟悉的作品也会产生怪异感，然而从质的角度而言，我们对来自其他文化的作品产生的怪异感会更为强烈。这一外来的作品让我们觉得疑惑以及迷恋；它充满着敌意，而又吸引着我们。但是如果疑惑以及抗拒的情绪主宰了我们，从而把这些情绪与作品联系起来，这将阻止我们将这些作品理解为它自身的存在。

比较批评最奇特的一点是，这些在一个完整的审美体验中存在并修正判断的艺术作品的维度，对于体验者而言成为被判断的作品的构成部分。当人们无法将艺术作品完全视为一个审美存在时，这件艺术作品将被仅仅视为一个符号或历史样本；也就是它将被视为

① Monroe C. Beardsley. *The Possibility of Criticism*. Detroit: Wayne State University Press, 1970, p. 90.

一个不具有审美或超审美属性的客体。或者，另一个极端是艺术作品为欣赏者所识别的审美本质被视为作品本身。

一般而言，在审美体验中，欣赏者先将艺术品视为“物质客体”(即将艺术作品仅视为物质，因为对它的描述可简化为对其物质性的描述)或历史工艺品(视其为历史文化分析的一个样本，因为其承载着超审美的含义)，而后将艺术品视为具有关键审美特性的“审美客体”(即将艺术作品视为艺术作品)。对于外来的作品(如不懂中文的人眼中的书法或不了解印度舞剧手势的人眼中的印度舞蹈剧)，我们通常直接视其为具有本质审美特性的客体；也就是说，我们忽视其所有的除了纯粹的形式特性之外的属性。我们处于一种奇妙的情形之中，我们“进行着审美体验”，然而我们并没有将艺术作品体验为其自身作为艺术作品的一种存在。

于是，我们所面临的一个最重要的问题是：为了把握艺术作品完整的——而不是符号性或是纯形式的——审美潜能，我们需要掌握何种关于其他文化的艺术作品或其他文化本身的知识呢?

为了回答这一问题，我认为我们必须区分四种“层次的意义”。或更恰当地来说，区分审美关联的维度。对于理解艺术作品以及对艺术作品进行审美体验而言，理解与把握这些维度是至关重要的。① 这些

---

① 在 Erwin Panofsky 于 1939 年出版的著作 *Studies in Iconology* 中，他提出了艺术作品中的“三层意义”。这些“层”非常值得借鉴，我们对美学关联的维度的论述中对这些分层有间接考虑。它们是：(1)主要或自然主题……这一层意味着通过单纯的形式而对主题进行理解，如将某些线条和色彩的构成……看成对自然客体如人类、动物……工具之类的表现；将这些客体之间的关系视为事件；并将此类的表现属性视为某一姿态或姿势所呈现的悲伤特性……(2)第二位的或是传统的主题。对这一主题的理解是通过认识到……在某一特定场合 以某些姿势坐在一张餐桌边上的一群人物造型表现了《最后的晚餐》……对这样的图像、故事和寓意的认识是图像学狭义上的范畴。(3)内在的意义或内容。这一层意义意味着认识作品中潜在的关于某个民族、某个历史时期、某个阶级或某种宗教或哲学信仰的原则——体现在作者的个性中并被浓缩到作品中的原则。*Studies in Iconology*: *Humanistic Themes in the Art of the Renaissance*. Oxford: Oxford University Press, 1939，这一著作于 1962 年由 Harper & Row 以平装版重印。引言出自平装版，pp. 5-8.

对这一分析的应用和评论请见 Joseph Margolis. Describing and Interpreting Works of Art. in: *Contemporary Studies in Aesthetics*, edited by Francis J. Coleman. New York: McGraw-Hill Book Company, 1968, pp. 187-88; 及 David Mannings. Panofsky and the Interpretation of Pictures. *The British Journal of Aesthetics*, Vol. 13, No. 2 (Spring 1973).

维度并没有涵盖艺术的所有可能的意义；实际上，某些艺术作品可能在某种或某些维度上有着缺陷。换言之，这些维度是审美关联的可能性。

1. 文化创作者的世界观

在《虐杀婴儿》(维也纳——*The Massacre of the Innocents*)①中，勃鲁盖尔给我们展现了一种人类世界的恐怖场景；但这一恐怖性被否定或最小化了，因为我们在欣赏作品过程中需要用一种自然的视角——一种中立于人类事件的视角。如果我们被此作品强迫而采取一种严格的人类视角，并成为一个纯粹的对自然保持冷峻、漠然的见证人，那么这种场景的恐怖感只会增加。然而，恰恰相反，我们被驱使着从自然的"客观性"或自然的冷漠的主观性的角度去审视大屠杀。对于勃鲁盖尔而言，自然是具有灵魂的机制。与中世界的画家如拉斐尔(Raphael)的"二元现实主义"(他认可两种秩序的在作品中的整合；即两种真的秩序存在且通过互相参与而彼此实现)所不同的是②，勃鲁盖尔那无等级的艺术世界是完全二元的。

① 虽然很多权威认为《虐杀儿童》的艺术价值比不上勃鲁盖尔的其他作品[见 Charles Tolnay. *Pieter Bruegel L'ancien* (Brussells: Nouvelle Societe d'Editions, 1935)及 Max J. Friedlander, *Die Altniederlandische Malerei*, Vol. XIV, *Pieter Bruegel*, 1937)，并且 F. Grossmann 甚至评论道："对(《虐杀儿童》)这一画作的 X 光研究，无疑说明了勃鲁盖尔的技巧(在此画的维也纳版中)没有得到很好的体现。"(*The Painting of Bruegel*. London: Phaidon Press, 1966), p. 199]。我们之所以将这幅作品选入我们的比较分析中是因为它与马远的作品形成了鲜明的对比。我们也赞同 Robert L. Delevoy 所说的"画作的线条也许看起来有些僵硬，但落笔都没有犹疑，并且只有勃鲁盖尔才能有这样鲜亮的色彩用法。画作中包含浓厚的色调，如鲜红色、黄色、绿色和白色，以及通过对色彩的精通运用才能实现的色彩和谐……"*Bruegel*, trans by Stuart Gilbert (Skira, 1959).

② 比如，1503 年时他在梵蒂冈画廊的作品 *L'Incoronazine della Vergine*。对这一画作的详细描述如下："'加冕礼'被分为两个截然不同的部分。下方是簇拥着为玫瑰与百合而点缀的维尔京空石棺的使徒，而基督独自一人坐在云层中，将天上的皇冠戴在他母亲的头上，旁边有一个天使乐团在为他们弹奏和演唱。几位使徒向上仰望的姿态将画面中的两个组成部分接合 在一起。" Frank Ray Fraprie *The Raphael Book*. Boston: L. C. Page & Co. , 1912, p. 39.

虽然勃鲁盖尔在1569年[约笛卡儿(Descartes)出生前30年)去世，我认为我们可以说他表现了一种笛卡儿式的二元主义(或者至少说是牛顿的宇宙观]。自然(延伸的世界)是完全不同于意识(思想的世界)的：这两者并不产生于对方之中或互相参与。自然从本质上而言是机械性的；它的发展不为人类的意图与行为所察觉。

艺术家表现了一种世界观并不意味着艺术家表达了某种独立的思想，某种异质的哲学论点或视角。艺术家如同大多数人一样，通常对他们基本的预设没有清楚的意识。简而言之，并不是说艺术家具有一种与众不同的哲学理解，并试图将其表现在作品之中，而是艺术家的视角与作品被创作并表现为一个统一体。但是由于艺术家自身并没有在创作过程中认识到某种哲学，这并不意味着他们的作品不包含具有哲学意味的观点和原理。相反，这些哲学意味存在于作品意义的最深层中。为了将艺术作品体验为作品本身，体验为文化创作背景中的存在，需要欣赏者具备对(但不一定需要认同)这种背景所包含的世界观的知识和理解。

居斯塔夫·格鲁克(Gustave Gluck)评价道："勃鲁盖尔所作的描述多于教导；他的评价不包含判断；他用艺术家无与伦比的视角表现了不带批评性的纯粹现实。"①然而格鲁克继续评价道："勃鲁盖尔习惯于将真实的客体藏匿于画作之中，让其消失在包围其的环境事物之中。这可以为他对世界的看法所解释。他认为他的世界观本末倒置，方向错误，并无视重要的事实甚至是最重大的事件。"②那么，对于勃鲁盖尔而言，艺术的直觉唤起了对一个单一的"为规则控制的整体"的文化实现：这一现实需要将自然理解成一个无限

① Gustav Gluck. *Pieter Bruegel the Elder*, trans by Eveline Byam Shaw. Pairs: The Hyperion Press, 1936, p. 13.

② Gustav Gluck, *Pieter Bruegel the Elder*, trans by Eveline Byam Shaw. Pairs: The Hyperion Press, 1936, p. 14.

的充满生机的领域，这一领域独立且隔绝于人类意识。①这一认识不会要求通过直觉性的认识而实现一种精神性的以及规律性的存在原理，并企图将此原理自然地融合到艺术中去。

对于中国画家，或者至少从中国艺术的一个主要传统而言，对自然的直觉性的认识是至关重要的。在中国公元5世纪的画家谢赫所提出的绘画“六法”中，首要的一条就是气韵生动，即“对具有生命力的精神与生命动态的共鸣”，或“有韵律的生命力，或在生命动态中表现的精神韵律”或“生命的和谐动态”。② 作为“六法”中最重要的规则，这一条清楚地要求艺术家认识到自然中普遍存在的生命活力(气)以及生命的动态(生动)。精神是无所不在的：自然界中的每一个事物都包含精神，并由其创造生命力。而这一生命力的力量，这一微妙的自然精神的韵律，必须在画作中得以体现。绘画作品必须展现栩栩如生的自然生命。

中国伟大的道家宗师庄子说道，“只有真正的智者才能理解事物的本质。他们不主观地理解事物，而是站在所看到的事物的角度去思考”。(疑原文为“审乎无假而不与利迁，极物之真，能守其本。”或者

① Delevoy将此与当时对数学的忧虑巧妙地联系起来。他写道：“数学的视角既是艺术家想像的障碍，但又延伸了一种空间的宇宙感，开创了与外在世界的一种新型的关系，创造了一种全新的自然哲学……这一种研究方法在一种与自然哲学家构想的世界景像相联系的影像中达到巅峰，在其中无限的概念被拓展了，外在的宇宙与它的创造者密不可分……勃鲁盖尔在艺术中实现了这种新颖而充分的宇宙概念。”(Bruegel, p. 29)

② William Acker认为这第一种标准(或者他所谓的原素)只存在于气韵即“精神的共鸣”，而生动只是一种“解释性的相等概念”。他对他的分析进行了总结：“我认为我们可能得出结论，气韵意味着画家应该在创作之前知道如何自己充满“生气”，在作画中应该保持精力充沛或者活力，这样他的创作才能彰显这一力量和活力。”(William R. B. Acker. *Some T'ang and Pre-T'ang Texts on Chinese Painting*. Leiden: E. J. Brill, 1954, p. xxxiii.) 对这一系列规则解析的评论请见Jame F. Cahill. The Six Laws and How to Read Them, *Ars Orientalis*, IV, 1961, pp. 372-381 及 Wen Fong. On Hsieh Ho's “Liu-Fa”. *Oriental Art*, IX, No. 4 (Winter 1963).

"在己无居，形物自著")①勃鲁盖尔眼中的世界是一个被"主观地"理解的世界，也就是说世界被视为纯粹的客体；而对庄子之后的宋朝画家而言，主体与客体，自然与人类之间并不存在真正的或持续性的区别，因为它们彼此之间存在着一种完美的韵律的融合。

在马远（1190—1225）②的一幅南宋典型的画作③《柳岸远山图》中，我们看到了山、河、树与人类的创造物——房屋与小桥的和谐存在。在扇形画作的右下角的人物造形仅是这一组合的另一个要素。与勃鲁盖尔的作品《虐杀婴儿》相比，欣赏者不会觉得这一作品的统一是通过整合两种在其他情形下相分离的秩序；相反，欣赏者会感觉作品的统一性是通过表现现实世界中已然存在的统一性而实现的。④ 对于勃鲁盖尔而言，人类与自然在画作中被组合在一起；而对于马远而言，人类与自然本就是一个统一体，而画作只展

① 庄子，Osvald Siren 的引用，参见上文所引该作者之著作，p. 24.

② 对马远的生平简介及其在中国山水画中的地位请参见 Osvald Siren. *Chinese Painting*; *Leading Masters and Principles*. New York: The Ronald Press, 1956, Vol. II, pp. 112 及其后。

③ 为了我们对比较批评可能性的哲学探讨，我们选择了马远的这幅作品，因为它的画面内容和作画方式清楚表现了当时中国山水画画家潜在的哲学态度，同时还因为马氏学派已为西方艺术家所熟悉。如果当前著作的意图是为美学历史或汉学作出贡献，那么我们就会非常谨慎地选择一个增强西方对中国艺术丰富内涵的理解的作品。如 R. H. van Gulik 所说的那样["对艺术家的技术方法的学习提供了某种直接而又确定的方法，而深奥的推断如果与实际的知识相分离就会让人们走弯路——一条常常会让旅行者完全误入歧途的弯路"——*Chinese Pictorial Art As Viewed by the Connoisseur* (Rome: Instituto Italiano per il Medio ed Estremo Oriente, 1958), p. 368]——我希望哲学探索者对马远的非专业性的运用能够被原谅，而实际上哲学领域里的专家和大师会支持哲学家对美学具体实例的需求。

④ Siren 用以下方式描述了这一作品："背景中的薄雾中透出了山峦，而山脚下是一个隐约的村庄。平静地蜿蜒流向山峰低处的河流上跨着一座竹桥，低处地面上伸向小河的岬地上两颗光秃的柳树摇曳着它们的树枝就如同颤抖的卷须。这种氛围是由一种微妙的渐进的色调创造的。似乎有一阵晨风轻触柳树的顶端。薄雾慢慢消逝——除此之外没有其他的动静和声音，春天还在迟迟未来。" *Chinese Painting*, p. 116.

现了其本已存在的统一性。

因此，马远所描绘的人类与自然的关系，不是一种互相超越的关系。其画作中并没有人类对自然的战胜，或是自然对人类的无情控制的迹象。气将所有的要素联系在了一起。人类与自然的力量之间有一种动态的平衡。在西方，就如同乔治·罗利(George Rowley)所指出的那样："中世纪的作品将自然描绘成神的创作；在文艺复兴与现当代时期，又侧重于自然现象对人类情绪的重要影响。"①

对于中国的画家(哲学家)而言，我们不需要试图增添自然与人类的相似性，因为对于他们而言，人类与自然或神之间不存在隔阂。自然与人类不是由超自然的神从无到有的创造。相反，人们在万物的自然精神中找到自身的资源与统一。

然而，我们如何能将不同的世界观与审美判断结合呢？保尔·齐夫(Paul Ziff)说道，为了正确地评价一个艺术作品，"人们必须理解它，欣赏它，对作品做出的大多评价需要与对其的鉴赏直接相关"②。但是在多数情形下，当我们遇到《柳岸远山图》之类的来自另一个传统的作品时，我们并不会对其进行审美判断。相反，我们会对其表现的世界观或相关要素进行知识性的、历史研究性的判断。我们对它的范畴，而不是这一特定的作品进行判断。我们倾向于将艺术作品仅视为表现某一特定的文化创作者的世界观的某种事物，于是我们错失了这一艺术作品本身。这意味着我们必须了解文化创作者的世界观，而这一了解不是为了对这一世界观进行评判，或以这一世界观为基础来用某种范畴或客体来取代特定的艺术作品，而是为了能让我们将艺术作品理解为艺术作品自身。

2. 文化创作者的审美取向

与"审美相美性的维度"紧密相连而又相独立的首层意义或维

① George Rowley. *Principles of Chinese Painting*. Princeton: Princeton University Press, 1959, p. 21.

② Paul Ziff. *Reasons in Art Criticism*, in *Art and Philosophy*, edited by W. E. Kennick. New York: St. Martin's Press, 1964, p. 607.

度是对某种审美特性基本的、一般的选择。这些选择与艺术家的文化背景息息相关。同时，它们还影响了文化内体验者的审美需求与期待。日本艺术家的众多作品中表现出的对“暗示”、“不规则性”、“简洁”以及“易逝性”①的喜好形成了一种鲜明的审美取向，形成了某种在此文化内通过对艺术作品的正确体验而自然实现的文化风格。在纯逻辑意义上而言，这一审美取向并不产生于文化创作者的世界观。然而，它总是与文化创作者的世界观相一致的，并且主要来源于这一世界观。②

在当今，某一文化的(特别是中国的)审美取向通常是由艺术家使用的实际素材所构成并展现的。劳伦斯·西克曼(Lawrence Sickman)甚至评论道：“中国绘画作品的特色来自于其材料的使用以及从古时发展来的某种形式。在丝或画纸上作画需要有墨水及水彩颜料，而这两个材料本身又适合被应用于轻薄及具有吸水性的材质上。”③他还评论道：“反言之，这些与众不同的材料与形式被保存了许多世纪并为艺术家们所使用，因为这些工具本身就创造了中国人最喜爱的审美特征。”④

我们所谓的“审美取向”是通过艺术家而影响个体艺术作品的某种文化范畴。对于文化内的艺术作品的体验者而言，它又是一个组织艺术作品理解的模式。它不仅属于艺术作品也属于主体，因为

---

① Donald Keene, Japanese Aesthetics, *Philosophy East and West*, XIX, 3. July 1969, pp. 293-306.

② 例如，Michael Sullivan 写道：“完成这一绝对的概念与中国式的思维方式中不包含‘完成’这一绝对的概念。中国画家刻画地避免‘完成’这一说法，因为他知道我们永远无法知悉所有的事物，我们所能够描述的，或是‘完成的’作品，在广义上来说是不存在的。他只能放逐他的想象并让其在无限的宇宙空间中徜徉。他所描绘的山水不是一个最终的表现，而是一个起点，不是一个终点，而是开启的一扇门。”*A Short History of Chinese Art*. Berkeley: University of California Press, 1967, p. 183.

③ Lawrence Sickman. *Chinese Calligraphy and Painting in the Collection of John M. Crawford, Jr.*. New York: The Pierpont Morgan Library, 1962, p. 17

④ Lawrence Sickman. *Chinese Calligraphy and Painting in the Collection of John M. Crawford, Jr.*. New York: The Pierpont Morgan Library, 1962, p. 17

它构成了主体的审美期望与需要的基础。但是，一种文化创作者的审美取向必须与“品味”区分开来。品味是对在某一范围内的接受的可能性或“风格”的质的分辨。而这一范围是由审美取向所创建的。我可能更喜欢古典的沉稳而不是浪漫风的动态，喜欢普桑(Poussin)的作品多过喜欢德拉克洛瓦(Delacroix)的作品，并且我可能对大卫(David)的评价高于对普桑的评价；但是这些区分与取向已经在更基本的取向层面上发生了，如对某种色彩、形式、视角或主题的偏爱。品位归属于个人；而审美取向属于某种文化，并在最基本的层面上影响个人的品位。

因而，审美取向既影响对主题的理解，又影响审美内容本身。格鲁克写道：“在勃鲁盖尔的想象中，圣经的主题变得极其真实；他视圣经中的事件为鲜活的农夫生活中的场景。他偏爱能够展现大众不间歇的动态的故事情节。”①F. 格鲁斯曼(F Grossman)说道：“就像在画作《受难之路》(*Procession to Calvary*)中所用的手法一样，勃鲁盖尔在《虐杀儿童》中将圣经中的场景表现为一种当代的事件，即对费兰德村(Flemish village)的残酷征战，因此这画作充满着极度的张力与辛酸。”②

就中国艺术而言，劳伦斯·宾雍(Lawrence Binyon)指出：“……中国艺术的某些阶段中所蕴藏的思想特别的现代，尤其是对人类在浩瀚的宇宙中的真实位置的接受，对万物生命的延续性的洞析，以及对非人类生命形式产生的不弱于对人类的同情与共鸣。因此，中国的绘画作品中缺少欧洲艺术所认为的最具表现力的符号，即纯粹的人类形式。因而，在欧洲艺术仅视景观为人类事件的背景这一传统出现的好几个世纪前，中国的艺术家就将景观发展成为一种独立的艺术。所以，我们所不重视的花与鸟的主题在中国艺术中

---

① Gustav Gluck, *Pieter Brueghel The Elder*, p. 8.

② F. Grossman, *The Paintings of Bruegel*. London: Phaidon Press, 1966, p. 199.

受到与人物形象一样的重视。”①

喜仁龙(Osvald Siren)将这一取向与中国古代地位非常低的雕塑相联系：“雕塑从未在古代中国被视为精致的艺术。这无疑是因为人物形象——西方雕塑的主要主题——从未在中国艺术中占据显要位置。”②

中国绘画中非常有限的主题通常被认为是受某种儒家伦理约束的结果。但是中国绘画中缺乏“悲伤的”主题，缺乏对人为恐怖的描绘，缺乏戈雅(Goya)之类的画家，并不是因为艺术家认为从道德的角度而言，只有某些事物才适合作为艺术表现的主题③，而是因为对这些(悲伤的、恐怖的)事件的个人反应以及这些事件本身就与统治生命的自然精神法则相违背。这是因为人为的恐怖是非自然的；根据“自然”在中国文化中的深奥含义，对人为恐怖的描绘是不为中国艺术家和文化所接受的。④

然而重要的儒家哲学很显然是发挥了作用的：道德的声望与成就意味着自我约束与“修养”。如同罗杰·弗莱(Roger Fry)所说的那样：“米开朗基罗在中国的艺术氛围中是不为接受的；更不能被接受的是埃尔·格列柯(El Greco)这类的画家，激昂的想象中产生的兴奋引导着他们的作品。而这种兴奋以及戏剧性的强烈人类情感

① Lawrence Binyon, *Chinese Art*. London: Kegan Paul, Trench, Trubner & Co., Ltd., 1935, p. x.

② Osvald Siren, in *Chinese Art: An Introductory Review of Painting, Ceramics, Textiles, Bronzes, Sculpture, Jade*, Etc., edited by Roger Fry, Lawrence Binyon, et al. Burlington Magazine Monograph. London: Bote Batsford Ltd., 1925, p. 47.

③ 虽然儒家的伦理学说似乎有时倡导批评家从某种提升的主题视角审视绘画作品，这常常只仅仅应付对传统道德疑虑的一种说法。参见 James F. Cahill. Confucian Elements in the Theory of Painting, in *The Confucian Persuasion*, edited by Arthur F. Wright. Standford: Standford University Press, 1960, p. 121.

④ 山水画让欣赏者觉得身临其境的价值进而证实了这一点。Cahill 写道：“直到十一世纪的下叶，艺术家就从未质疑过表现某一客体或场景的绘画应该像真实的客体和场景一样激发欣赏者的思想和感情这一概念。” *Chinese Painting* (Skira, 1960), p. 89.

似乎从未在中国艺术中存在过。”①

然而，对于比较批评而言，这仅仅意味着了解文化创作者的审美取向(并且视其为一种可供选择的审美可能性)有利于(且必需)对外来艺术作品的特性的理解。人们只有让背景文化中的审美取向成为组织他们认识的模式，才能正确地将艺术作品理解为审美作品。印度艺术偏爱夸张性、符号性、夸大性而不是栩栩如生的描绘；中国艺术偏向于含蓄的、微妙的而又优美的表现，虽然这种表现有着很多不同的个体表现手法。② 就好似人们要了解西方艺术家的强烈的人本主义以及他们对形式和色彩的选择，就必须通过艺术作品与这种审美取向的联系一样。用个人的“品位”去评价来自其他文化的具有不同审美取向性的作品是荒唐的。

3. 形式内容

我所说的“形式内容”是指实现的构成或设计、对比与张力的安排以及艺术作品的内在生命力。“形式内容”是审美体验的主要素材及价值的基本承载物。罗杰·弗莱指出：“我认为最让人震撼的是线条的旋律在艺术作品中所起到的重要作用。轮廓永远是形式最重要的特性。此外，旋律几乎总是具有流动性及延续性……绘画作品总是被视为对某段旋律的可见的记录。它是手所创造的舞蹈的画面。”③

中国绘画与书法是紧密相连的，并且从某种意义上来说，它们

---

① Roger Fry, in *Chinese Art*: *An Introductory Review*, p. 4.

② 与中国艺术家的极端与个性化的刻板映象相反，审美特性和个体艺术家的审美取向很显然(在中国文化中)得到了大量的关注。实际上，中国最早关于艺术的著作强调得更多的是艺术家的艺术力量(和道德特性)而不是某些特定艺术作品的审美属性。艺术家而不是他们的作品根据其优点而被分级。这一态度还在后来为(业余的)文人画家所发展(甚至过于强调)，他们认为画的特性总是直接反映了画家的个人或人类特性。

③ Roger Fry, in *Chinese Art*: *An Introductory Review*, p. 2.

是不可分离的。① 很多中国艺术（特别是山水画作品）的形式内容在画作中是显而易见的。旋律的流动以及微妙的色调渐变，隐约的线条而不是粗重的描绘或是细节的表现，对空间的细心构建，似乎不费吹乎之力，能够简单地为毛笔和墨水而表现，而所有的这些构成了作品的形式维度。宾雍评论道："中国画家有着精确把握色彩和谐的天分。没有什么艺术作品能像中国绘画一样娴熟地在设计中表现间隙的空间价值。"②

乔治·罗利发现：中国艺术家完美掌握了三种深度的原则；根据这种原则，空间的深度通过近景、中景、远景而表现；而这三种景都与画作平面相平行，因而景观之间的视觉跳跃通过空间的缺失而实现。③

这种视觉跳跃让观赏者不受限于固定的自我中心的视角，而洞悉到自然的、微妙的、无限的空间。"缺失"不意味着空洞；它们充满着意味，欣赏者能自由地在其中感受到自我的存在。

人类在自然中的存在通过马远对形式内容的灵活掌控而实现。劳伦斯·西克曼用以下的文字清楚描述了宋朝画家的常见技巧："画作没有最终的消失点或单一的视角。每一种元素都通过最典型或从绘画的角度而言让人最满意的角度来表现。欣赏者可以从高处俯视表现的场景，或者，他们也可以想象站在近景中仰

① Lawrence Sickman. *Chinese Calligraphy and Painting in the Collection of John M. Crawford, Jr.*, p. 19. "对中国书法的掌握……几乎需要精通绘画中所运用的所有笔法……" William Acker 还说："自公元五世纪，谢赫创作《古画品录》以来，优秀的中国批评家所惯用的评价绘画作品的关键标准基本上没有改变过，并且这些标准从最初就为书法艺术中的标准深厚影响。" *Some T'ang and Pre-T'ang Texts in Chinese Painting*, p. lii.

② Lawrence Binyon. *Chinese Art*, p. 7. James Cahill 还说道："正统的中国风格中，色彩是平面的非渐变的；色彩几乎从不像西方一样 被运用于塑造结构或在一个表面上描绘光线的减弱。" *Chinese Painting*, p. 15.

③ George Rowley, *Principles of Chinese Painting*, p. 64.

视高处。”①于是对形式内容的掌控开启了一系列的视角可能性。欣赏者并没有被预设一个固定的欣赏点；相反，他们以动态的方式观赏画作，就如同他们在画作所描绘的景观中漫步一般。

中国艺术的形式内容存在于作品的韵律般的生命力和精神共鸣之中，它不仅是世界观/审美取向的集合体，而且还是创作的素材以及适宜的创作方法的集合体。理论的视角和取向以及创建艺术作品的材料使得创作性包含了一种对规则的高度遵守以及(可能从一个相矛盾的角度来说，受传统束缚的)随意性。“随性挥舞画笔的艺术家回避了……绘画的艺术。”②宋朝画家的随意性并不意味着某种不受约束的“行动绘画”；而是意味着通过直接的审美意识，极为严谨地表现作为存在统一体的自然。这一统一体不是一种抽象，一个概念，而是赋予艺术家生气，赋予其画作灵感的重要的精神生命。于是，像王维一样的艺术家会写出以下的文字：“风从郁郁葱葱的树林中吹过，细沫般的水流在小溪中流淌。唉！这样的画作无法通过手的运动而只能通过渗入其中的精神而实现。这是就绘画的根本。”③

对展现这种随意性的绘画技术的掌握，意味着对墨水流畅性的完全控制。西克曼说过：“体现了画家性格特点的绘画风格必须是坚决的、一贯的。不可能有想法的改变或后期的修正或修改。”④

随意性意味着计算，意味着自觉地对元素或结构特征的高明安

① Lawrence Sickman and Alexander Soper. *The Art and Architecture of China*, p. 105. 另参见 Benjamin March. Linear Perspective in Chinese Painting, in *Eastern Art*, edited by Langdon Warner and Horace H. F. Jayne, Vol. III, 1931. March 对他的研究作出了以下的总结：“……中国的视角与西方文艺复兴时期的视角在两个典型的特性上有着差异——一个不受限制可移动的视点或是在一幅画面中的许多视点；以及对平行线的写实，而不是将其描绘成貌似平行的平行线。”(p. 139)

② 引自张彦远（公元 9 世纪）《历代名画记》in Siren, *The Chinese on the Art of Painting*, p. 24.

③ In *Sources of Chinese Tradition*, edited by Wm. Theodore de Bary, et al. New York: Columbia University Press, 1960, p. 295.

④ Lawrence Sickman. *Chinese Calligraphy and Painting In the Collection of John M. Crawford, Jr.*, p. 19.

排。思考的意识，通过其随意性，在画作中展现出来。勃鲁盖尔的画作与马远的作品相比，更清晰与精确，体现了对客体特性的更严慬的认识。在勃鲁盖尔的作品中，整体是由部分组成的。在马远的作品中，整体控制并决定着它的组成部分。在勃鲁盖尔的《虐杀儿童》中，我们可以识别客体的几何结构。而在马远的《柳岸远山图》中，我们只能感受到整体中的动态。

随意性在艺术作品中的形式体现，密切相关于传统以及通过熟谙以往的大量艺术精品而掌握的规则。中国艺术，长久以来是鉴赏家的艺术。在中国发展起来的高水平的鉴赏技术使得艺术家们在大多情形下能运用意义明确的完美标准。我们西方通常认为这些标准为传统严重束缚，是艺术家必须承载的负担(或是他需要克服的困难)。但是，除却极少的(但却是著名的)特例，中国艺术家将这种潜在批评家的极其精致的、尖锐的品位视为一种机会与挑战。它使艺术家能按照公认的并被清楚理解的标准进行创作，并遵守这种标准。因此，它让艺术家能在最大限度上锻炼他的能力甚至独创性。艺术家不需要浪费时间和精力为了创新而创新；而是全身心地投入到按照要求严格的品位标准表现其感受与直觉的任务中去。

方闻在他的著作中写道：“与中国书法紧密联系的中国画是以固定的图像形式类型和组合性的图式为基础的。吴历(1632—1718)曾说过，‘不以宋朝和元朝的风格形式为基础来作画就如同不用棋子来下棋一样。当面对着空空的棋盘时，我们该从何处着手开始呢?’当游戏或是运动在某种形式和规则的约束下进行时，重点就在于个人的行动和表现。中国画，就如同书法一样，每一个形式都是由一系列熟悉的笔触所构成，但是每一次对这些形式类型的运用都是新颖而独特的。”①

① Wen C. Fong. Orthodoxy and Change in Early Ch'ing Landscape Painting, *Oriental Art*, XVI, no. 1, p. 38. Victoria Contag 对这一观点作出了以下阐述：“在中国，大师的著作经常为后来的艺术家甚至是很知名的艺术家所模仿复制……这些中国艺术行家在乎的是模仿作品中展现的新的个人手法。行家们能通过对岩石的小小细节的刻画识别这是哪位大师的作品，就如同我们能通过信件上的地址认出是哪位亲友写了这封信。” *Chinese Masters of the 17th Century*, trans. By Michael Bullock. London: Lund Humphries, 1969, p. 3.

当今对形式内容的表现在中国艺术中的沿用可能被过分强调了。可是当所谓的彻底突破在不同时期出现的时候，为了激发灵感和获得指导而对古代艺术文化的追溯便也然存在。

罗越(Max Loehr)用以下的文字描绘了宋朝和元朝之间的对比："元朝的主要艺术问题是风格不为传统所影响。元朝的艺术家创造着他们自己的风格。相应地，在这个时期，不存在着风格的统一，虽然我们有时候会谈到所有艺术家的共通点。除了吴镇，其他画家都抗拒宋朝的风格而倾向于压抑色调和淡彩。并且他们似乎都关注于结构理论和一种新的线性感。"①罗越继而探讨了明朝的绘画风格："艺术家们肯定对古时的风格进行了钻研。但这些古时的风格没有被用作主题或绘画内容，而是被用作方法。元朝的画家们也是这样。然而，在明朝时期，古代直到宋朝晚期为止的不可争议的风格带着真理的花环。在一种经院哲学的精神下，这些风格被视为真。"②

这种中国绘画对传统的依附似乎说明中国画家，以及某些古典主义的西方艺术家和批评家，相信美学合法性中存在着某种普遍的经久的原则。一个有关"形式内容"关键问题是(这一问题是在比较批评的背景中产生的)：艺术中形式的原理是否完全为文化所束缚，或者说美学正确性中是否存在着普遍的原理？

一个常见的问题是：在音乐中是否有可以作为优美音乐的普遍实现形式的"结构标记"。或者说，建筑中是否存在着从审美的角度而言具有普遍正确性的组成部分。这些问题都具有严格的经验性，很难得出肯定的答案。③ 但是，在我看来，这些问题无论如何

① Max Loehr. Chinese Painting After Sung. *Yale Art Gallery*, *Ryerson Lecture*, March 2, 1967.

② Max Loehr. Chinese Painting After Sung. *Yale Art Gallery*, *Ryerson Lecture*, March 2, 1967.

③ 就我所知，至今为止这一领域还没有出现过许多具有高度科学性的实验。Segall、Cambell 和 Hersovits 教授所开展的此类"比较认识"的基本研究[见 *Science*, 139(1936), p. 769]发现了即使是非常基本的感知行为也通常在很大程度上受到文化的影响。

都不是探讨美学或比较批评中相关话题的最好的方式。因为无论为形式内容提供指导的一般原理(或法则)是否存在，那种仅靠自身就能让艺术作品具有吸引力或让艺术作品产生“美”的可明言的特性是肯定不存在的。这是因为没有哪种单一的属性或要素能满足美学正确性和合法性的要求。艺术作品中一种让人心宜的色彩和谐或正确的音乐曲调的单一存在很难激发审美兴趣。实际上，某些构成部分或是色彩模式可能尽管对于它们自身而言是正确的，却完全不适宜于表现主义的画作。相反，一个扭曲的部分或是一种不和谐的色彩安排，虽然自身并不具备审美愉悦性，却可能在某一特定的作品中发挥作用并为作品的合法性作出贡献。

艺术作品的形式内容是作品的整体构成部分。其不能被视为包含着一般原理的碎片而应是一种格式塔，一种结构化的统一的整体。这意味着，艺术作品的形式内容永远是独特的。它是特定东西方艺术作品的特殊的、不可取代的、作为审美体验的内容而存在的线条、色彩、和谐、对比和张力。

这一背景下引发的另一个需要深入探讨的问题是关于我们从审美的角度(通过形式内容)体验一个在其产生的文化背景下不被视为艺术作品的客体。旧石器时代的洞穴绘画以及许多中世纪时期的印度雕塑都被广为视作宗教仪式或崇拜的器具，而不是为了审美思考的创作。然后，此类的客体，虽然不是下意识地被创作为审美思考的对象，它们从形式的角度上而言无疑会给人们审美愉悦感。如果除这之外，它们能轻松地承载图像学的分析，我认为它们没有理由不被视为“艺术作品”。一个有着非审美用途的客体如果具有与艺术作品的主题相联系的符号形式，并能经得起图像学的研究，那么就能激发我们的审美兴趣。

于是，在我看来，艺术作品与符号、手工艺品之间的区别一定不在于这一客体在文化和艺术家意图中的作用，而是作品创建审美意义的方式。符号或是手工艺品的意义完全(或者至少主要)来自于它的主题(或者“表现符号”)，而艺术作品的意义则来自于它的内容。符号或是低级的艺术作品的意义基本上都存在于作品之外；这种作品是传统的、历史的，它的符号性仅体现在它表现了另一事物。这种作品来自于其主题的意义以及这一作品所表现的主题，常常为非美学的词汇所描述。其意义在作品创作之前就界定了，并且其意义与展现意义的客体相独立。①

而艺术作品的意义则通常是内在于作品之中的。它为作品所特有，与内容一样是作品本身。艺术作品的意义离却了具体的特定作品就不再存在。简而言之，此意义是呈现性而不是再现性的。

4. 符号价值

“符号在产生背景下意味着用于识别的秘密标记。”它“来原于希腊文字中的Symballo，意思是集合、加入或联合”②。符号或“符号价值”被广泛视为艺术中意义的最基本承载物。

在当今存在着很多艺术中的符号图式，但是为了认识比较批评中的某些问题，我们需要引用菲利普·惠瑞(Philip Wheelright)对其所谓的“张力符号”③进行的排序，并对艺术中的符号价值进行广泛意义上的分类，并粗略地(并意识到这种分类不是彻底的或是全尽的)将其分为三个主要种类。这三个主要领域的前两个种类包

---

① 另一个例子是，很多被发现的巨岩佛雕(如在阿富汗的巴米扬立佛)对感情的表现不是通过内在的审美特性而是通过与纯粹的尺寸大小相关的心理联系——激起敬畏之情。

② Peter Fingesten. The Six-Fold Law of Symbolism. *The Journal of Aesthetics and Art Criticism*, XXI, 4(Summer 1963), p. 387.

③ 参见其著作 *Metaphor and Reality* (Bloomington: Indiana University Press, 1962), Chapter V. Wheelwright 将速记符号在逻辑上区分为“一种公认的正确(符号)，一种对正确使用它们的人来讲意义一致(的符号)”，以及“无法被完全界定的张力符号，这种符号用一系列的存在潜在关联性的联系来微妙地描述生活”。继而区分了五种 张力符号的类型：(1)一首诗或(一般意义上的艺术作品)中描绘的主要影像——一种没有任何渊源并只在艺术作品中发挥影响作用的符号(如 Mallarme 的诗作《牧神》)；(2)个人的符号——一种独特交织的联系(如 Crane 的作品《亚特兰蒂斯》)；(3)前人留下的重要符号——艺术家在早先的艺术作品中总结提炼的符号(如 Eliot 的《荒原》中的“交际花”)；(4)文化范畴的符号——对于社会、异教组织或更大的世俗的或宗教团体的成员非常重要的符号”；(5)原型符号——“对于人类一般而言有相同或相似意义的符号”。

含一些附属类型。这些种类是：

（1）自然的符号价值：当"太阳"被作为"热"的象征，当"强光"被用作表现"精神的光照"，这就是所谓的自然的符号价值。这种符号价值具有两种类型：经验的和原型的。"太阳"对"热"的表现表源于对自然中的某种规律的观察；这种联系在经验中直接习得；这一符号在此背景下被运用时，其含义范围十分窄小。而"强光"为"精神的光照"的表征，如同惠瑞①所指出的那样，是具有原型性的；它来自于无意识的联系；这种关联似乎是一种体验的结果；它具有广泛的内涵效力，因此比"经验性"的符号具有更广的含义范畴。

自然的符号价值显然不会给比较批评带来特别的问题，因它们不会成为跨文化解析和评价的障碍。它们实际上是最能被精确理解的符号价值，因为它们具有普遍性。它们还是内容中最不具备审美趣味的存在（可能这是因为其普遍性）。②

（2）惯用的符号价值：惯用符号不来源于符号与符号所表现的客体之间的自然的或是表象的联系；相反，它是非常地随意的，它是通过教育而习得的。

---

① 参见其著作 *Metaphor and Reality*（Bloomington：Indiana University Press，1962），Chapter V. Wheelwright 将速记符号在逻辑上区分为"一种公认的正确（符号），一种对正确使用它们的人来讲意义一致（的符号）"，以及"无法被完全界定的张力符号，这种符号用一系列的存在潜在关联性的联系来微妙地描述生活"。继而区分了五种 张力符号的类型：（1）一首诗或（一般意义上的艺术作品）中描绘的主要影像———种没有任何渊源并只在艺术作品中发挥影响作用的符号（如 Mallarme 的诗作《牧神》）；（2）个人的符号———种独特交织的联系（如 Crane 的作品《亚特兰蒂斯》）；（3）前人留下的重要符号——艺术家在早先的艺术作品中总结提炼的符号（如 Eliot 的《荒原》中的"交际花"）；（4）文化范畴的符号——对于社会、异教组织或更大的世俗的或宗教团体的成员非常重要的符号"；以及（5）原型符号——"对于人类一般而言有相同或相似意义的符号"。

② 当然，在艺术解析中，心理分析学的视角通常认为所有的有效符号都具有原型特性，即便它们只有通过深入研究才能被理解并且通常具有高度的想象推测性。

这一种类可以被区分为很多不同的类型，如从广泛的自然(“母牛”被视为“繁殖力”的象征)到纯文化的符号(“鸽子”象征着“和平”)；但是就我们当下的意图而言，我们能将其粗略分为(a)环境的；(b)文化的；(c)个人的。环境的符号价值存在于客体自身的暗示(“柳树”象征着“悲伤”)，文化的符号价值取决于特定的文化信念或宗教历史事件(“十字架”象征着“磨难”)，而个人的符号价值存在于艺术家的特别的主观选择(里尔克(Rilke)的“视角”)。

环境与文化的符号价值由文化内的成员所无意识地共享，这些成员对这些符号的意义有着广泛的不同层次的理解。而个人的符号价值虽然在特性上来讲仍具有惯用性，其实质上是艺术家想象的建构并作为个人视角的承载物。它们只在艺术作品自身的背景下作为符号而存在；换言之，其作为符号的价值锁定于作品之中。如叶芝(Yeats)的《海豚》，卡夫卡(Kafka)的《城堡》，以及更多其他的文化艺术的例子，其影响力表现为它们通过作品表现了存在的意义和关系。

惯用符号价值通常被认为比其他任何事物都更易构成来自于X文化的艺术作品与Y文化的欣赏者之间的障碍，因为在这些符号价值被广泛运用时，它们的功用常常取决于与文化相关联的体验和联系；因而，只有熟悉这些体验和联系的欣赏者才能实现对这些符号的彻底体验。惯用的符号价值，特别是这种文化符号，传达了一种特殊的意义；它们在传达旧的意义的同时并不怎么表现或揭示新的意义。换言之，他们具有彻底的历史性。

此外，艺术作品的符号价值不是算术意义上对其形式内容的添加，而是对作品的线条、色彩和造型的意义的表现。这意味着为了体现艺术作品真实的存在，欣赏者必须(或多或少地总是)将其符号价值直接理解为复杂的审美体验的内容。

于是，这一审美关联的维度揭示了很多人确实常常错失了在对他文化的作品体验中的重要组成部分。但是这并不是说，外来的作品对于我们而言永远是陌生的和难以理解的，而是说欣赏者必须习得足够的来自另一文化的惯用符号以获得对某一特定的作品的正确

（通常意味着不错误的）理解；但是，关键点在于，除非作品的审美特性完全取决于它与文化的关联（在这种情形下，欣赏者可能会合理地怀疑作品中缺乏了某些东西，作品过于地说教），这种对他文化的学习应该在很多情形下是个漫长的过程。① 实际上，就审美判断的可能性而言，文化外成员可能实际上更具备某种优势，因为通常欣赏者对自身文化的过多了解会影响他们对文化内作品的体验——常规符号具备着非常丰富的、复杂的意义，因而人们很难超越其文学上的或是表现性的意义去对其进行审美理解。在我们的一般观察中，当我们认识到某种惯用符号价值时，我们通常过多地注重其内容而忽略了更深层地对作品的体验。②

然而，在此出现的一个理深层次的问题是（通过惯用符号价值）对艺术作品的理解，因为艺术作品是其源文化的艺术历史的组成部分，因为艺术作品只有在其历史背景下才能被理解。理查德·沃尔海姆（Richard Wollheim）指出：在 1917 年，马塞尔·杜尚（Marcel Duchamp）向一个艺术展提交了一个陶瓷作品，杜尚在尿壶上手写了制造商的签名。这一反传统的作品具有多重重要性；但是从艺术的角度来审视这一作品，艾德里安·斯托克斯（Adrian Stokes）认为我们需要注意到客体的“模式和造型……一种从许多绘画和雕塑中习得的重要性”。换言之，如果我们不了解艺术的变形手法，我们就很难了解到杜尚艺术作品的意图。③

---

① 因而，某些像 Donald Keene 的学者会评论道（可能过于夸张地评论道）：“像 Matsukaze 一样的能剧……对于我们的意义几乎与它对于十四世纪日本的意义是一样的。”世阿弥自己也提醒我们：“在见证了能剧的人中，行家用通过他们的大脑观看能剧，而外行者通过他们的眼来观看。大脑看到的是其精髓实质；而眼所看到的是表演。”p. 302.

② Stuart Hampshire. Logic and Appreciation, in *Problems in Aesthetics*, edited by Morris Weitz. London: The Macmillan Company, 1959, p. 823. 他写道：“（在某种意义上）事物在它们被真正看到或听到之前就被‘认识到了’。‘这意味着什么？’是阻拦［审美］认知的原初反应。”

③ Richard Wollheim. *Art and Its Objects*. New York: Harper & Row Publishers, 1968, pp. 127-128.

这一问题在很多后期的中国绘画作品中清晰存在，这些艺术作品实际上只是对其他艺术作品的评论。① 但是就解析和评价的可能性而言，人们鉴赏艺术作品的审美价值，如果越是需要“对艺术变形的历史知识的了解”，那么审美价值就越不可能是作品的内在属性。如此，这一现实就减轻了难题。

(3)实质性的符号价值：我们需要区分的最后一种符号主义在艺术中的形式从根本上与其他两种形式不同(也许这种形式本不应被列为类型之一；但是我们分类方法与手段的缺乏驱使我们将其列在此位)，因为这一类型严格存在于作为艺术作品的艺术作品之中。换言之，这种符号类型在很大程度上并不存在于艺术作品自身之中，而存在于它所参加的并为之实现的精神存在之中。通过其形式内容以及其他审美关联的维度，艺术作品(如果它是好的艺术作品)在此的最大功用被视为对意义和价值的独特关注。当艺术作品展现其自身的审美存在中的精神存在时，实质的符号层次被实现。作为实质的符号而言，艺术作品是它的意义、它自身的绚烂的形式。在此，跨文化的障碍并不存在，因为当欣赏者在其他的维度中或通过其他维度关注到作品的这一层次时，他们不是通过对现实的文化视角而是通过对人类与世界的认知而对作品进行审视。解析和评价在此则涉及艺术作品将体验者带到艺术作品所展现的高度的、强烈的意识中去的能力。

三

为了解答一个基本的问题：即为了理解艺术作品完全的审美潜能，我们需要具备何种的关于它文化艺术作品以及其源文化的知识，我们区分了四种美学关联的维度。认识和理解激发个体艺术作品创作的文化创作者的世界观是十分关键的，虽然对很多人而言这样的认知和理解是非常难以达到的。我们中的很多人过于以自己的

① Max Loehr. Art-Historical Art：Ching Painting, *Oriental Art*, Vol. 16, No. 1 (Spring 1970).

世界观为中心，而无法理解它文化的许多重要观点。但是只要这一错误是存在于我们身上，而不是观点身上，那么这就是可以纠正的。

文化创作者的审美取向与其世界观紧密相连。它控制着对素材或主题的选择，以及对文化中的影响个体艺术作品的基本审美价值的选择。在文化中运用的某种特定的艺术形式，如中国艺术中的惜墨如金，具有极强的重要作用。同时对这些方法的可能性和局限性的了解也是很重要的。然而，审美取向可以被理解为一种观念的组织模式，并且这种理解有助于我们对艺术作品的美学属性的把握。

从形式术语上来说，形式内容是艺术作品，而且显而易见是艺术作品的审美体验的主要内容。它是艺术家的创造方法，为审美敏感性所把握。不通过假定的、通用的绝对的艺术原则，我们仍能发现一种认识艺术作品中的审美卓越性的普遍的可能性。

然而，艺术作品，至少从传统的意义上而言，不仅仅是一种抽象概念和形式内容的整合；其包含了广泛的意义，这些意义通过多种方式与形式内容相联系。简而言之，存在着多种需要被认知和理解的符号价值。这其中的一些，如同自然的符号价值一样，并没有给比较批评带来某些特别的问题；而其他的，如不同的惯用文化符号确实给比较批评带来了一些难题，因为文化外成员永远无法像文化内成员那样能过联系和记忆来体验某些符号。但是一种基本的理解能让文化外成员对作品产生很深的理解，他们甚至比文化内欣赏者更具优势，因为他们不会被惯用意义所束缚，而致使其不能领会艺术作品本身。

艺术作品是一种多维度的多层的客体，因为它既是一种历史文化的产物(社会文化分析以它作为一种含义清晰的客体来理解某种文化)又是一种审美客体。但这并不意味着批评家或是哲学观众必须是艺术历史学家、社会学家、语言学家等才能解析和评价来自它文化的艺术作品，因为这意味着将意义与审美内容相分离，在这种情形下，艺术作品不被视为艺术作品，而是其他某些事物。在最后的分析中，为了实现作品的审美内容，需要认知、识别和理解严格意义上的文化要素。这就是比较批评的可能性；它使得我们理解艺术作品完全的文化和个体的真实性。

比较批评并不意味着做出跨文化的判断，如西方艺术中的某个作品 X(如一段莫托特的协奏曲)与东方艺术中的作品 Y(如印度的拉格)相比是好或是坏。这种类型的判断假设了一种不受文化约束的、不与文化相联系的、标准的美学判断的可能存在，一种很难实现的可能性。

比较批评的任务只是为人们铺路，使人们从艺术作品自身存在中获得对艺术作品的本质的审美存在的理解。

第四章　论艺术之概念

艺术不可遗忘其本源。人是工匠，亦为诗人。

——雅克·马里坦

一

想要理解艺术是什么，换句话说，想要竭尽所能对艺术下一个确切的定义，我们就要看看艺术如何从宗教中生发源出，还要尽可能地分离出艺术在摆脱其所源出且依赖的宗教而获得其自身的自主性的发展历程中最突出的一些特点。这并不是说，艺术的宗教渊源就是艺术唯一的来源或血缘(毋庸置疑，艺术同样也直接源自于游戏、表现等心理需求)；任何渊源的解释也不过是一种大略的纲要，其价值重在逻辑，而非历史；这就是说，我们只有通过审视与艺术有着血缘关系，并在最初有所依赖的宗教，才能找到艺术的本质的关键所在。我相信，这些话并非赘言。

吉拉德斯·范·德·略夫曾言之凿凿地指出，在“原始文化”或任何文化的“原始魔法阶段”，宗教生活的表现形式——戏剧、歌咏、舞蹈——曾被视为神力的中心。“曾经有一个时期”，他写道：“对于曾生活于这个时期的所谓原始人来说，当艺术和宗教彼此之间走得非常亲近时，这两者的地位就会变得相差无几。歌咏成为祷告文；戏剧变成神圣的表演；舞蹈变作祭礼。”①简而言之，艺术变成了宗教仪式——具有了魔力。这些表现形式既生成也体现出

① Geradus van der Leeuw. Sacred and Profane Beauty: The Holy in Art, translated by David E. Green. New York: Holt, Rine and Winston, 1963, p. 11.

一种精神力量，它能够根本性地转变与之接触的任何事物或人。

而从本质上而言，所有魔法孜孜以求的都是对神秘力量的掌控。这种力量遍在于自然和生命，并也潜在地干涉人间事务。仪式、典礼能够让参与者与这种力量合二为一，由此参与者能够将这种力量直接显现出来，进而能够表达参与者自身的意志。以此类推，宗教生活的诸多表现形式——舞蹈、歌咏——的醉翁之意不在乎无功利的玄思冥想（虽然艺术作品大概应该如此），而是权力的传递者和接受者。这种**神圣权力**内在于艺术作品之中（就其根本而言，权力需要参与者的配合），并赋予了作品特殊的价值。

当这种艺术—宗教作品置于权力的中心时，对于那些与之配合无间的人，它就表现和包含了这种神圣精神的内在性。从严格意义上说，作品就其本身而言是无生命的，并且在失去利用价值之后，便会被人弃之不顾（如同某些非洲人的面具）；也就是说，当它不再产生这种内在的精神力量时，它就无用武之地。当作品具有圣洁或神圣之功用时，它才是权力的中心。

“权力”是精神的力量——一种能量的积聚。正如所有文化中的修道者一样，人们认为他们能够产生和蕴藏一种特殊的丰盈的能量（一种“热力”或苦行）。在古印度传说里，因为这种高度密集的力量，修行者甚至对神灵都构成了威胁。这种艺术——宗教作品亦复如是，当它表演或制作地非常完美时，人们就认为它显示了神力。在这个阶段，这种神力仅仅是仪式性的，也就是说，只要这种艺术—宗教作品表演非常完美时，它就存在；这种神力同时也是广大无限的；它植根于现实，也被看作是对现实的“模仿”。

艺术和宗教之间的血缘关系的第二个阶段或时期是奠基于“传统”①文化之时。随着概念神学的发展，人们要求艺术—宗教作品去传播理念、概念和观念。这种艺术—宗教作品变成了符号的承担者，而且通常是传统的那种。因此在最好的情况下，它也只能发挥

① “传统”文化或“传统”阶段的文化，笔者指的是一种社会知识分子的精神生活的模式，即通过一种提升的自我意识和传播价值观念的能力，建立起一套包括神话、诗歌和教义的共享（口头或书面的模式）。

符号的功用，指向自身之外的其他事物的存在状态。尽管传统阶段仍然保留着一些权力导向的原始时代的特征，但其着重灵性的超越性特征，并知道此时应运而生的艺术作品是一种传播和传递的手段，具有一些与这些特征相关的意义，譬如圣爱和至善。而此时的艺术家就是一个制造者、一个工匠。因此，当他将诸多现实或仪式表现出来时，他并不是表现他自己或他自己的直觉。

在艺术与宗教之间的“传统”关系里，因为重在艺术作为符号的功用，我们发现，艺术的审美价值常常屈从于宗教的需要，尤其是要求艺术作品具有与自身相符的教育意义时更为明显。这种情况在西方中世纪更是屡见不鲜。在很大程度上，局限于传统的符号体系的“**意义**”维度支配着一切。于是，这个阶段的艺术作品的意义必然是**外在于**作品的。要表达的寓意是既定的，它只是需要借助艺术来表现或传播。在此，艺术作品的审美价值取决于它在多大程度上有助于宗教教义。

文艺复兴之后，随着艺术家成为特立独行、自由自觉的**创造者**，在西方世界艺术和宗教就在诸多方面分道扬镳。① 我们看到，艺术可以直接地表现灵性。这种灵性既不是“原始”阶段的**权力**，也不是“传统”时期的意义，而是“**特质**”。它让我们将艺术视为一种自主的精神性活动。浪漫主义者主张的艺术是“在有限可感的形式中追求无限可见”的观点在很大程度上是它的渊源。尽管在认可这一点上我们可能有所踌躇，但我们确实可以看到艺术清清楚楚地

---

① 毋庸置疑，分道扬镳的根源部分在于组织化宗教的信仰。随着信仰在概念形式方面的符号手段的日趋进步，它摆脱了艺术，甚至站在了艺术的对立面，因为艺术可能阻碍宗教意识。赫伯特·里德把这一过程描述为：“宗教仪式含有艺术的意义——它需要艺术创造宗教仪式的对象，宗教情感也必须由宗教对象而产生。就此而言，艺术和宗教是互相依赖的。在信仰的阐释阶段，艺术必要性是可有可无的。它的用处仅限于符号的阐明、信仰的简略表达和教化目的，即一种服务文盲的图像语言。但是在宗教的理性化阶段，尤其是当宗教变成一种哲学概念和个人玄思之事务时，就必然产生一种感觉：宗教要摆脱艺术作品之类的感性表现——实际上这些对象被视为与灵性生活是格格不入的。”（Art and Religion，*The listener*，5 August，1936.）

表现在图像、形式之中，也看到艺术对自我和世界的直觉。从结构意义到形式关系，再到美(如果这个词的这种用法可以如此使用的话)，我们看到它们赋予了艺术一种灵性的特征。

因此，艺术从宗教中出现是这样一个过程：不断地提起、保留和同时改造它们最初形成的关系的基本特征。当艺术获得自主时，这意味着，当**特质**成为艺术的首要范畴时，**权力、意义和美**对于艺术仍然是自成一格，成为艺术作品内在的结构或目的。

艺术作品的权力，我们可以将之称为“审美力”，如同魔力一般，是一种难以言表的生命感受。人们可以从艺术作品中察觉到这种力量，但是和魔力不同的是，它有一种恒久性：艺术作品的这种力量并不依存于作品在宗教仪式中的使用。然而“审美力”是“神秘的”，因为它无法以任何可量化的指标来解释。艺术作品的内在生命是不可度量的：天平不能标明“审美力”的多少；但是它可以被欣赏，实际上无论何时，只要一个艺术作品被正确地当做艺术作品来体验，都是可以被欣赏的。

“审美力”是艺术作品积聚的力量，它的能量(šakti)(借用一个简单的梵语词)发出光芒，让志趣相投的欣赏者仿佛沉溺其中，不能自拔。审美力是活泼的、奔流的，是艺术作品的生命力。无论这种力量是隐还是秀，始终显示着它的存在。这种“魔力”就是艺术作品的内在精神生命和韵律。

艺术作品的“意义”也类似于此。当艺术实现自主后，它的意义不再是在一套传统的符号体系和一系列毫不相干的既定概念体系中寻觅；相反，它的意义就在作品之中。艺术作品的意义，简而言之，就是其审美内容。意义取决于具体的艺术作品本身所能够表现出来的内容。艺术作品可能会有一种可识别的素材(尽管在音乐或建筑中并不常见)，这种素材(熟悉的图像、表现方式、各种图文符号)也可以是艺术作品的意义的原因之一，但不能将意义简缩为符号或相关素材自身之间的一些关联。实际上，即便艺术作品彻底免去任何可辨识的符号表现，它仍然是有意义的。

当**特质**成为艺术作品的首要范畴，艺术的“意义”于是变成了艺术作品自身的诸多可能性的实现。一个艺术作品的意义取决于其自身产生的诸多可能性的实现程度。

要把艺术作品的特殊内在意义说清楚，我们遇到的主要困难是，通常在理论上而言，我们的回答取决于意义＝指称性(在某种或其他含义上)一词的概念是什么。而对于意义来说，“指称性意义”通常是最重要的(如果不是全部的话)。譬如伦纳德·迈耶认为意义的定义是“如果某物关联、指向或涉及其自身之外的某物，那么它就可以有意义，如此一来，它的所有性质就指向和显现于这种关联之中，并可以推断：

> 意义不是一个事物的属性。刺激物本身并不能说明意义。刺激物可以有多种不同的意义。对于一位地质学家来说，一块巨石可能说明冰川曾在某处逐渐消失；对于一名农夫而言，同样的石头可能意味着田地需要清理，以便耕作；而在雕刻家眼中，这块巨石可能具有艺术创作的潜质。一块岩石，一个语词或动作，对于其和作为其本身而言，仅仅是一个刺激物，是毫无意义的。①

但是艺术作品并非顽石，也不是某个中性的刺激物。艺术作品与自然之物的迥异之处正在于其有自身的意义，无需任何特选的感知模式就可以实现其自身的诸多可能性。当然，艺术作品也可以超审美的方式来感知——在艺术商人眼中，它就是一个具有潜在利润之物；在搬运工看来，它就是一个要小心打包、轻拿轻放的物品。然而，从审美的角度来看，艺术作品具有(是)一种内在的意义——它实现了它自己产生的诸多可能性。

因此，艺术的“意义”在语义上更相关于价值论，而不是认识论。我们常常会问：“什么是生命的意义?”“什么是‘上帝存在’的意义”？前者中的“意义”更契合艺术的“意义”的意涵。当我们去追问生命的意义时，我们是在追问一个“目的”，也就是一个实现的

---

① Leonard B. Meyer. *Emotion and Meaning in Music*. Chicago: The University of Chicago Press, 1956, p. 34.

过程，某物给予人的一种可贵或值得的感受。我们不是在追问一个命题或伪命题的概念意涵，也不是缺少这种意涵。在生命的意义的这个问题上，我们认为意义是一种(生命的)属性，而不是一种(符号和指称之间的)关系。对于艺术来说，也是如此。一件艺术作品的意义是它的一种属性；意义是艺术作品自身的行进和完成。但是它和人的生命的意义一样，都不是空疏无物的。如果人的生命存在意义，那么这种意义肯定是自足的，或者完全包裹于自我之中。人的生命的意义和艺术的意义一样，都将我们带入与世界的新关系之中；诸多可能性的实现既是一个开显，也是一个内在。

但是“实现诸多可能性”究竟意味着什么呢？对于艺术作品的“实现”，笔者认为，意味着让艺术作品有一个适宜的结局，并展现出这个结局的实现过程。

艺术作品是有目的的形式，也就是说，一旦着手创作，艺术作品就极力实现与自身相符合的目的。奥克塔维奥·帕斯写道：

> 诗句流动、行进。这种流动让诗成为整体。去流动不仅意味着动，而且是朝着某物的运动；让语词停驻和飞驰之间的张力是一种与某物邂逅的行进。语词寻觅着语词，从而让其行进，让其由停驻到流变获得意义。①

对于戏剧，苏珊·朗格也指出：

> 剧本前的几行文字，让人既意识到生活的大致情况，也体会到其特殊的境遇。就好像点心盘上摆放的小人一样，几个角色组合在一起就是一个战略格局……在现实世界之中，我们可以见证某些超凡之举，也可逐渐领悟其背后的大背景；在剧院里，我们可以感受险恶的局势，也可以看到一些举动必定会由此而生。这就创造了既定的现实与它尚未实现的结果、“悬而

① Octavio Paz. The bow and the lyre, trans. By Ruth L. C. Simms. Austin and London: University of Texas Press, 1973, p. 142.

未决的形式”、戏剧的本质幻相之间的张力。①

诗歌、戏剧，实际上绘画和作曲也是如此——不管这种艺术主要相关于“时间”还是“空间”——都创造了它自身期待、可预料和期许的条件，并召唤着解决和实现。朝着实现的行进——展现出来的过程——当然不是机械的；它不是艺术家设定好了开头的几个词、几种颜色、几条线和面，然后其他的一切就会依照这种设定按部就班地流溢出来，就像在演绎推理中，结论从前提中推演出来一样。对于艺术作品的结局或完成的适宜性，也依赖于一些精致和惊异的元素；换句话说，结局的适宜性要求在主题方面(例如诗歌中的隐喻揭示出事物或事物之间的关系中出人意料的特质)或纯粹形式的考量上(技术性的才能或技能可以挖掘出艺术介质新的潜能；也可能突破一些老的限制)具有独创性、新颖性。

因此，艺术作品所要实现的“自身的诸多可能性”要求艺术介质的**整体性**——“**整体性**”意味着“**完整性**”和对材质的“**忠实使用**”。艺术作品对自身的界定不仅取决于素材的拣选：最初的选择会影响，但不能决定之后的安排；而且还取决于对素材充分有效的使用：它要建立起自己独特而恰当的基调，对感受特有而适宜的表述——这种感受让作品圆满而成为一个整体。“忠实于介质”，一方面是原汁原味地使用介质的材料，另一方面意味着既要处理好，也要控制好这种材料的内在特质。艺术家必须既服务于介质，又掌控介质。譬如当下动辄百万的艺术形式——电影，实现这种介质的诸多可能性意味着电影必须是(这样或那样的)电影，具有电影之为电影、摄影影像的鲜明特征。然而与此同时——为了在观众和电影之间(对于电影来说，最困难的问题在于既要显得别具一格，又要想方设法自然而然地吸引观众，还要显得没有刻意雕琢②)制造

① Susanne K. Langer. *Feeling and Form*. New York: Charles Scribner's Sons, 1953, p. 311.

② Siegfried Krocauer. *Theory of Film: The Redemption of Physical Reality*. Oxford: Oxford University Press, 1960, pp. 3-5.

一种有意的审美距离，电影必须对自身这种介质进行探究。成功的电影——作为艺术形式——是那种让观众立刻就能一目了然，知道电影(情节)是讲什么，又让观众雾里看花，要求给予关注，因为它是一种形式素材的自我包含的结构。大多数电影完全是显而易见的，因此一眼便已看透。正是因为这些电影无法以艺术的要求去完整地运用这种介质，所以它们只是“娱乐”。作为艺术作品的电影，实际上有相当多这样的电影，具有其自身的意义，并且作为一个特殊的结构化整体，它既是一目了然的，也是自适自足的。

正如我们之前所言，艺术作品既是一个过程，也是一种完成。也就是说，成功的艺术作品能够既实现与自身相适宜的结局，又能展现实现这种结局的过程。——这种展现要处理既定和自我创造的种种境况。舞蹈评论家约翰·J. 马丁写道：

> 舞蹈创造中最主要的考虑可能是：什么样的动作能够实现自身内在的情绪、目的、功用和情感的意义。①

他还继续写道：

> 当舞蹈者对他的动作所占据和经过的空间的意识越来越清楚时，他会有意地把他自己与他周围的环境关联起来。这种关联不仅是环境的物理层面，还具有情感的意味。②

我们会补充说，舞蹈也创造了它自己的空间。既有舞蹈者的动作所占据和经过的实际的、物理的环境(一定大小的舞台)的自然空间，也有舞蹈自身界定的空间，内在于舞蹈的空间。

总之，艺术既包括给定的条件，也有自我创造的条件，艺术作

① John J. Martin. *An Introduction to the Dance*. New York: W. W. Norton & Co., Inc., 1939, p. 62.

② John J. Martin. *An Introduction to the Dance*. New York: W. W. Norton & Co., Inc., 1939, p. 63.

品有权(当然是通过艺术家)在这些条件构成的框架之中决定自身。这种艺术作品的自我决定也同样适用于人，他们都是处于“生存条件”的框架之中，要求着自我实现。因此，艺术作品的意义是艺术作为自身的自由的表现。自由正意味着某物(人或事物)有权去实现其为自身设定的诸多可能性。就本体论而言，最有意义的事物是最有自由的事物，同时也是最有创造力/创造性的事物——在此艺术作品能够作为其自身而存在。

正如我们所言，艺术因其自身的特质和抗争具有了自主性。当艺术自主后，马上就具有审美力，内在意义和适宜的美。至此，我们已经探讨了审美力和内在意涵或意义。现在我们简要地转向美。我们认识到，艺术的美不能简化为“有吸引力的”、“漂亮的”或者任何跟“完美”相应的客套话；美和“适宜”有关，也就是要适宜于个别的、具体的、实存的艺术作品。因此，作品的美离不开其自身的审美力和意义内容；而作为一种光芒四射的形式，它变成了艺术作品本身。

“光芒四射”、“耀眼夺目”的形式听上去有一种中世纪的味道，而一些近现代的运动(比如“波普”艺术或更抽象的表现主义)似乎对这样的观念嗤之以鼻；然而对于理解艺术作为一种生命存在的自主形式的意图来说，它们仍然是不可或缺的——因为艺术就其本质而言，是一种超越性抗争的表现。那些对于艺术作品在形式上来说适宜的东西并非是自然给予的；它是一种创造力的成就，并因此总是指向一种超越自身的精神性存在的深度或维度。艺术作为艺术不能解决“适宜的美”的问题；抽象(或非抽象)的表现主义的作品，比如塞尚的作品，极力寻求一种与自身相适宜的形式成就——就将这种成就展现出来而言，它是成功的艺术作品。

总而言之，艺术可以说是源自于宗教，首先作为魔力或神力的中心，艺术和宗教是融为一体的。其次在传播一种外在的既定的意义时，艺术处于从属的地位。之后，艺术借助自身的特质和抗争，获得了自主性。当艺术自主后，它马上具有了审美力、内在意义和适宜的美，同时它也有了自己的目的。

二

“艺术是什么”这个问题可以从几种不同的层次和种类的概说来切入。它可以作为“艺术哲学”的问题来处理，对此可以以一种高明的形而上学的方式来回答(黑格尔式——“艺术是人的一种精神性活动，它从感性的介质中脱胎而出，包含着与其息息相关的目的”)；它也可以从更经验性的角度来处理，即找出艺术作品所具有的一些特征，依据这些特征可以将艺术作品与其他事物区分开来，或者由这些特征就可以顺理成章地推演出一种特殊的审美经验。

但通常认为，这个问题本身存在着一些语言学和逻辑上的困惑，由此就似乎排除了任何实质性的答案。首先，我们确实可以看到这样的情况：艺术世界(所有我们可以接受为艺术的事物)非常纷繁复杂，从精致的中国花瓶、巨大的哥特式教堂到几首小曲和交响乐，从抒情诗、抽象画，到神像和国王肖像，无一不囊括其中，所以要找出所有事物背后的究竟真实或本质是极为渺茫的，也不会是饶有趣味的。其次要追问(和回答)这个问题似乎总是要跟具体的文化时空关联在一起。换句话说，这个问题的意义是受特定文化制约的——这可能也是无法逃避的事实。而且这个问题看上去并非是要追问我们如何描述或定义艺术是什么，而是规定艺术应该是什么。“是艺术什么”背后的答案通常是解答者对于艺术应该是什么的一种要求或规定。(比如托尔斯泰著名的文章《论艺术》)

不少美学家(大名鼎鼎的莫里斯·威茨)步着维特根斯坦的后尘，也认为人们不可能通过阐明艺术作品的一些充分必要的属性，就可以给艺术作品的概念下一个定义。他们说，从逻辑上来讲，想要借助任何一套将艺术作品和其他事物区分开来的本质属性来给界定艺术是行不通的。

> 艺术本质的问题就好像游戏本质的问题，至少在这些方面是一致的：如果我们如实地审视我们称之为“艺术”的东西，

> 我们也会发现它们之间没有共同属性——只有部分的相似性。知道艺术是什么并非是要把握一些显而易见或隐约难辨的本质，而是能够凭借这些相似性，去认识、描述和解释这些所我们称之为“艺术”的事物。①

“艺术”，这种观点认为，是一个“开放性的概念”，也就是说，“其适用的条件是可修订的和订正的”。

莫里斯·曼德尔鲍姆在他的文章《关于艺术的家族相似和一般界定》②中巧妙地批评了这种对艺术作品持唯“家族相似论”(维特根斯坦所界定的)的观点，指出对于所有接受家族相似论的人来说，忽略了这样一个事实：艺术作品有共同属性，尽管它并不一定就在艺术作品直接表现出来的诸多特征之中，它就是共同血统。艺术作品可以有这种类别的“相关属性”——尽管想要切实地说明它们难于登天。但对于新颖而异质的形式，艺术世界也并非是固步自封。事实上这并不意味“艺术”一定是威茨所言的一种“开放性的概念”。这种艺术的定义可能适用于未来的艺术案例，当然这些案例也可以具有新特性，但仍然要受到艺术的精确定义或一般概念的制约。

对于“什么是艺术”的回答，曼德尔鲍姆中肯地指出，逃避这个问题是无济于事的，只有更深入地审视才能找到答案。

从宗教中出现的艺术实现了自身的自主性或完整性之后，艺术作品正如我们所看到的那样，马上致力于成为有力量的、有意义的和美丽的。如果这就是艺术作品自身孜孜以求的，那么找到(或者寻找)所有艺术作品的本质的和显现的定义性特性就不成之为问题了。艺术作品的具体形式以审美力、内在意义和适宜的美为目的。审美力、意义和美变成了“深层结构”，艺术的根本意向性。它们

---

① Morris Weitz. The Role of Theory in Aesthetics, *The Journal of Aesthetics and Art Criticism*, Vol. XV, No. 1. September 1956, pp. 27-35.

② *The Amercian Philosophical Quarterly*, Vol. II, No. 3, July 1965, pp. 219-228.

成为了首要范畴或“相关属性”。

让我们看得更深远些吧。

三

艺术是“模仿”。

> 模仿的本能从小就植根于人心中。人与其他动物的一个不同之处就在于人是最具有模仿性的生物。通过模仿，人学会了最初的知识。每个人都能从模仿的成果中获得快感。
>
> （《诗学》，4，2）

在西方最早关于艺术的哲学理论就是艺术是一种模仿。柏拉图把模仿解释为“复制”——柏拉图认为，艺术家所关心的是通过对事物的感性特征的复制来再现事物。艺术并不模仿或复制理念。它只复制表面形式，因此它距离至真至善要比距离事物本身或表面形式要远得多。① 而主张模仿是人的本能的亚里士多德则十分精到地发展了模仿一词的内涵。他认为，艺术主要是模仿行为、动作、特征或事件的典型或普遍性维度，由此揭示出它们的普遍意义。“艺术所模仿的”，W. D. 罗斯写道：“是‘特征、感情和动作’——不是感性世界，而是人的心灵世界。在所有艺术之中，最不具有模仿性的，即对既定存在的某物最不费心复制的是音乐。而亚里士多德认为，音乐是最具有模仿性的。”②

① 参看 Republic，Bk，X。

② W. D. Ross, *Aristotle*. New York：Merdian Books, Inc.，1959，p. 269. 哈维·D. 戈尔茨坦在一篇饶有趣味的文章《再论模仿与净化作用》（*The Journal of Aesthetics and Art Criticism*. Vol. XXIV，no. 4. Summer 1966，pp. 567-577）中指出，虽然亚里士多德也使用“模仿”一词来表达复制的概念，但是对于亚里士多德来说，模仿首先相关于一种对自然模仿的方法或过程，而不是对感性对象的再现。

然而模仿理论到了普罗提诺那里，他是柏拉图忠实的拥趸，却明确地抛弃了柏拉图关于模仿是对感性事物的复制的限定。普罗提诺认为，灵魂可以升腾到美的理念，而美和其他理念一样，都可以作为灵魂创造力的模型而映照在人们心中。普罗提诺指出，艺术“没有直接地复制所见事物，而是回到了自然本身所源起的理性法则之中，并且大多数艺术作品就是它们自身，它们拥有美，并填补了自然的缺失”①。

17世纪的新古典主义重新要求艺术模仿自然，但是它却忽视了普罗提诺的解释，转而强调模仿是对一般自然结构的亦步亦趋。逼真意味着对完美典范的模仿。譬如在谈到人的场景时：

> ……对于画家或诗人来说，不是现实的善恶纠结混杂的人和行为，而是各种类型的性格和纯粹逻辑化的寓言在某处程度上进行着一种类似推理的活动，即从心灵之所想推论善良之行为，由此创作出真正的典范。②

在经受了浪漫主义的冲击，人们在很大程度上将模仿理论搁置起来之后，“模仿”在现代再次成为艺术关注的中心。比如，里奥·斯坦伯格认为：“世世代代的艺术确定无疑地告诉我们，大多数艺术明确致力于模仿自然，捕捉相似性，描绘事物与环境——简而言之，就是再现。”而有人把再现解释为“一种艺术的外来因素——一种对大众或教会的妥协”，还有人主张“通过避开外在的参照物，现代艺术构建出完全异质和新颖的事物”。斯坦伯格则极力解释这些历史事实并不重要，他坚持认为：“现代艺术并没有抛弃模仿自然，并且就其最有力的表现形式而言，再现仍然是一个必

---

① *Enneads*, V, 8, 1, trans. By Stenphen Mackenna.

② Katherune Everett Gilbert and Helmut Kuhn. *A history of Esthetics*. Bloomington: Indiana University Press, 1953, p. 220.

要条件，而不是可弃之不顾的负担。”①

然而，苏珊·K·朗格发现：

> 在艺术理论尚未成熟的阶段，人们首先要围绕着意象及其原型的关系去思考，也许是很自然的事。而将绘画、塑像或图解式的描述视为对现实的模仿，同样是很自然的事。令人惊异的是，艺术理论早已超越了幼稚阶段，每个严肃的艺术家又意识到了模仿既非艺术创作目的，又非艺术创作手段，而意象及其原型的关系却一直是艺术哲学上的中心问题。它是作为形式与内容问题、诠释问题、概念化问题、真实与虚假问题以及印象与表现问题而出现的。模仿自然的概念并非适用于所有的艺术。一座楼房模仿什么呢？一支乐曲又模仿什么特定的事物呢？②

---

① Leo Steinberg. The Eye Is a Part of the Mind, in *Reflections on Art*, edited by Susanne K. Langer. New York：Oxford University，1961，p. 245.

斯坦伯格接着树立了一个反对这种观点的稻草人。反方认为“艺术是模仿”是别无选择，他对此的解释是，在很大程度上，这是一种符号化的过程（“艺术的再现是图像符号的塑造，以充当视觉经验的某些领域的近似物”）。艺术完全凭空而起是十分罕有的，因此是无中生有。

② Susanne K. Langer. *Feeling and Form*，p. 46.

在他的《艺术与经院哲学》里，杰克斯·马利坦也指出：“模仿—复制理论所坚持的内容，心里非常清楚且在民众的想象的简要图示之中也有一席之地的概念，都是难以界定的。这就是事实。”

“它是对物自体和可知类型的模仿或复制吗？但那是一个概念而非感觉的对象……因此艺术不能直接复制。它是对事物在我们身上产生的感觉的模仿或复制吗？但是这种感觉只有当通过一种内在的回忆和情感的环境的折射，才能让我们每个人知晓。更重要的是，感觉永远改变在变动之中，在感觉的世界里，所有事物都变得扭曲，且不断地混杂在一起。因此从纯粹感性的角度来看，未来主义者必须承认，一匹飞驰的马的蹄子不是四只，而是二十只……”

“于是这种对自然的再现或精确的复制，似乎成为一种不可追求的对象——当人们试图去界定一个概念时，概念灰飞烟灭。”

但是有些艺术作品确实重在复制，或者试图去复制感觉的外在对象；另一些则是呈现具体的事物、人或事件的本质特性；还有一些是表现一类事物的普遍或典型的特征；然而还有一些可能和这些“模仿”的路数都不相同。那么，何种意义的模仿才适应于所有的艺术作品呢？“模仿”又是如何相关于、有助于更深入地解释艺术的意向性是审美力，内在意义和适宜的美吗？

“在古希腊”，瓦拉迪斯劳·达达基兹注意到，“*mimesis* 意指模仿，但是这个词在词义上所适用的是表演而不是复制”①。确切地说，艺术的模仿意味着“表演出来”——一幅图画源自精神存在的根本，因此艺术作品有能力表现或表演它自己的审美内容或意义。艺术的模仿实际上是艺术作品具有基于现实的表现性内容。最具有模仿性的艺术作品就是一种精神存在的力量的聚集。于是，艺术的模仿意味着在精神最本质的层面上被现实所决定。这就是说，艺术具有一种与精神存在的韵律和力量一致的——由此产生的——创造性的冲动。

当我们说“基于”、“根本”时，意指的是“联系着”，其确切含义是“被影响”：就“影响”的完整意义而言，它指的是分享着影响之本源的本质特征。因此“模仿”是一种属性，而不是关系；也就是说，它是一种内在于艺术作品的特质，而不是介于艺术作品和外在于艺术作品的某物或某过程之间的某物。

由此，在这样的意义上，“模仿”有助于我们去理解艺术作品是其自身的意义的命题和艺术是自主的命题。这种命题并没有准确地说明(正如克里夫·贝尔所做的那样)艺术无需描绘任何源自于生活的事物，也不能说明“我们不必具有对形式和色彩的感受，也无需对三维空间的有所了解，就可以欣赏艺术”②。至于艺术作品应该(或不应该)具有一种可识别的素材，应该(或不应该)表现这种或那种事物，这种命题也未提及。它所论述的是艺术作品的审美内容，如果它是有意义的，那么它就必须在最深层处，有能力和信

① Tatarkiewiez, *op*, *cit*., p. 17.

② Clive Bell. *Art*. London: Chatto & Windus, Ltd., 1928, p. 16.

心承受现实一个或多个维度或方面的影响。但是这何以可能呢?

叔本华认为，艺术作品(和流派)依照意志的对象化和柏拉图的理念的体现可以分为不同的等级；它们都是对理念的复制，只是在清晰和能力上有程度上的差异。但叔本华真正看重的是想象或“天才”的创造性洞见，即意识最对象化的形式。与只能满足自我的欲望实现的需要的幻想相比，叔本华认为，当人们获得正确的理解后，就知道想象力的构建自始至终都是模仿性的，因为它揭示了现实的本质特征，而且这种揭示不是一种符号的指示，而是一种直接的呈现。①

“想象”可被定义为通过创造由记忆所构建的事物(或事件)之间的关系，而产生一个当下感知的内在世界。

与流行的观念不同，想象不是一种逃避现实的活动；它实际上是一种对相关经验，对与“他者”——一个或多个现实层面或维度的关联的强化和探索。想象通过人与这种世界的合一，从而摆脱了由小我主宰的世界。想象是心灵对现实的开放；它是一种适宜的经验，并通过这种适宜，去克服人的疏离。

正如席勒和其他人所指出的那样，想象是一种游戏：它是一种自由创造的活动。人们认为，自然的创造性是完全束缚于主导规律和法则(重力)，或偶然事件(随机选择)。人类的创造性则不同，它不是“必然”。创造的过程有因果，有限制(在只有创造性的表现才能满足的特殊需求面前，艺术家的确常常感到一定程度的必然性)，但是当这种创造性是真实的时，它就是自己决定自己，并因此是自由的。当我写一首诗，谱一段曲，赏一下园时，我在游戏：我因为活动本身而参与到活动之中。尽管自然对我的活动设下了限制(我无法创作超出听力感知的范围之外的乐曲)，我的活动是不逾规矩的，但却是我心中自然而然的流露。因此，我在自由地活动。

---

① “只有通过纯粹的凝神观照……完全融入对象之中，才可以理解理念，而天才的天性之中就包含了这种凝神观照的杰出能力。这要求人应该完全遗忘自身和他所处的关系。天才是最彻底的对象性，即心灵的对象化倾向，而不是相反的指向自身本身的主体性。”Ⅲ, 36.

想象意味着摆脱了看待事物的习惯性反应，自由地创造一个有序的作品。借助想象(总是通过理智而了解)，人们组织经验，阐明事物之间的新关系，对可能极为普通的事物赋予秩序和价值——但是关键在于，依照想象活动根本的客观性，它是被现实所束缚的。每当想象是自由时，想象就享受着对现实的服从。作为受现实影响的存在，它分享着现实的本质特征。

而与此同时，想象自身的主观性也是受到现实牵引的，因为没有记忆，就没有想象。这并不是说，如果有人罹患失忆症，那么他就不能进行艺术创造活动；而是说，过去经验的强化使得人们的意识更清楚，而这对于艺术创造来说是必需的。想象通过(内在的)过去创造(外在的)当下。它要求人们调出过去强烈的经验，尤其是那些对于适应于或作用于当下毫无用处的经验，并用一个形象生动的感受来统摄这些经验。

因此，想象总是跟洞见或直觉联合在一起，由此区别于单纯的“幻想”。幻想往往跟白日梦或一种只有过去或满怀希望的未来的记忆游戏混杂在一起；想象则是一种通过对过去的强化而对当下的构建。白日梦等让人入乎其中，不能自拔；想象则通过把握当下和创造新事物，让人出乎其外。白日梦会让人不知不觉地沉浸于人的全部欲求之中；而想象则使得人们集中精神关注那些将被建构的关系。①

然而，想象或艺术的直觉，并不像比较纯粹的精神直觉，后者相关于哲学的神秘主义，它不需要对自我的完全超越。在这种全神贯注的活动之中，它关注自我，遗忘自我，而不是彻底地放弃自我或否定自我。它的“内容”自始至终既是现象的，又是本体的，彼此交织，好像它既是一种感性的介质，也是一种沉寂的灵性——一种存在的力量或韵律(正如传统中国人所称的“气韵”)。艺术的想

① 这种说法与弗洛伊德对于艺术创造力的观点截然相反。据弗洛伊德的观点，所有的创造力都可以简化为一种对艺术家寻求满足和实现欲求而被现实所拒绝后的补偿。于是艺术成为一种实现愿望的欲求的显现，并在一定程度上，是一一对应的。参看他的《诗人与白日梦的关系》。有趣的是，对于粗鄙的艺术或者令普罗大众魂回梦牵的东西，诸如所谓的肥皂剧，弗洛伊德对艺术所作的论断皆非虚言。

象和创造性洞见离开了它的表现，就无法体现于形式。人们不是有了一种对"气韵"的艺术直觉，然后再去四处寻求一种表现气韵的方式；而是人们的这种直觉和表现是互不可少，一并而生的。

换句话说，艺术的创造性与艺术使用的特殊介质相关（匪夷所思的是，人们时常忘记了这一点）。想象，创造性洞见，要靠艺术形式的材料来实现，因此就常常涉及理性或批判的判断。近来对艺术创作性的分析的确考察了这一点，但是它们急于清除身上所有的浪漫主义痕迹，于是又在其他方面露出了破绽。它们把创造性仅仅理解为这种批判性能力的运作，由此它们缺乏对创造性的抗争、胜利、恐惧或喜悦的感受。① 这些分析错误地忽视了艺术家的深层意义：艺术家不是其作品力量的源泉，而是作品力量显现的场所，是创造力聚集的场所。

总之，套用以前的说法，艺术家是自然的工具，而不是介质的控制者，自然通过艺术家而运作——他的创造性是一种模仿。②

因此，在努力"体现"精神性力量这一点上，艺术的模仿就类似于艺术—宗教作品的原始魔力，但不同之处在于当它决定自己的审美内容时，它认为这种力量和能力是自为的，而不是控制外在于它的某物——或者与外在于它的某物建立一种关系。模仿是对精神存在的力量和韵律的描绘和呈现（而不是复制、再现、象征、反映）。"模仿"让艺术作品成为其自身的意义，并在实际上成就了相应的光芒四射和光彩夺人的形式，而我们就将这种形式视为美的艺术作品的突出特质。

艺术是"表现"。

油是橄榄的"表现"；果汁是葡萄的"表现"。传统的艺术表现

① 参看 Vincent Tomas, Creativity in Art. *The Philosophical Review.* Vol. LXVⅡ, No. 1. Jan. 1958; Monroe C. Beardsley. On the Creation of Art. *The Journal of Aesthetics and Art Criticism.* Vol. XXⅢ, No. 3, 1965.

② 因此这个命题的意义常常变成艺术创造力既是艺术家的阐明或自我形成，也是艺术作品的创造。艺术的创造力形成了艺术家；它是一种自我发现和自我塑造，而不仅仅是一种自我表现。因此，一个艺术家的创造力既对他而言是个惊喜，也对其他人来说是个奇迹。

理论认为，艺术家通过表现这种方式将自己的情感和情绪宣泄出来，从而不再陷入狂躁、盲目和混乱之中。“表现”是一种秩序化和自我净化。而当它作为净化时，体现在艺术作品中的情感能引起或引出欣赏者的相应的反应或认同。根据这种理论，表现不同于仅仅原始情感的“激发”或“显现”，因为艺术家和凝神观照的欣赏者都是清醒或理智的。比如谈到表演的艺术，柯林伍德曾写道：

> 如果演员的任务不是娱乐而是艺术，他所追求的目标就不是在观众身上造成一种预想的情感效应，而是凭借一整套的表现手段，或通过半属口语，半属手势的语言去探测他自己的情感，去发现他尚未察觉的他自己身上的种种情感，同时允许观众也目击这种发现，从而使他们在自己身上也做到同样的发现。在这种情况下，流出真实的眼泪并不表明一个优秀演员的能力，使演员本身和观众都清楚眼泪为什么流，这才是演员的真正本领。
>
> 上述道理适用于各种艺术。艺术家决不能夸夸其谈。一个人为了发泄精力，运用传统的艺术材料作为手段写作、绘画等，以便展现情感的各种情状，人们可能夸他很会出风头，但与此同时，他也与艺术家的名号失之交臂。①

艺术表现理论经历了一段饶有趣味和相当奇特的历史发展。它滥觞于浪漫主义对艺术家是一个自我意识的创作者的推崇，由此艺术被视为艺术家自我表现的手段。这个理论在其最初形成的时候(尤金·弗农、克罗斯、柯林伍德、杜卡瑟)主要关注的是创造性过程，有时则把艺术的实际制作贬谪为第二位。在最初的时候，艺术作品的创造被视为一种治疗。它让艺术家和他的艺术的体验者认识到一种猛烈的、未竟的情感力量，并暗示着摆脱这种情感力量。

然而，像苏珊·朗格这样的思想家们认识到对于这种创造过程的心理状态，传统表现理论充其只能用于一种特殊的创造

① R. G. Collingwood. *The Principles of Art*. Oxford: The Clarendon Press, 1938, p. 120.

性，并以一种更精准的方式指出，艺术作品可能是一种人类情感的象征。从而艺术作品变成一种表现性形式，一种对玄思冥想的感受的阐明。

不久之后，分析哲学导向的哲学家们(门罗·比尔兹利，O. K. 鲍斯瓦，约翰·霍斯珀斯)发现表现理论的所有概念都缺乏清晰性，“表达”、“表现性”、“表现”这些语词运用地十分宽泛。通过追问我们如何将拟人化的性质清楚地归因于艺术作品(“忧伤的音乐”是典型或范式)，这种批评将整个理论从艺术家转向为艺术作品本身的表现价值。而他们推论出的结果是表现理论无足轻重。所有用于探讨艺术作品的表现语言，都可以不加减损地转译为(关于形式特质和介质的)非表现语言。

然而近来另一些分析哲学导向的作者(Alan Tormay. *The Concept of Expression*, Guy Sircelio, *Mind and Art*: *An Essay on the Varieties of Expression*)却想方设法极力拯救这种理论。比如拟人性谓词在艺术作品中应用的方式跟在自然对象中的方式不同，并由此说明“表现”、“表现性”、“表达”这些词是对于审美分析来说是何等必要。但是，他们的重心仍然放在为何艺术作品是人类某种情感的表现。现在这个理论可能需要从根本上做一个更加基础性的重构。

大多数艺术表现理论，正如约翰·霍斯珀斯所说的那样①，局限在分析情感或情绪的表现；能够弄清楚艺术家的构想和观念的表现的寥寥无几(尽管当托尔斯泰谈及艺术家表现基督教的手足情谊的观念时，他想要将这两者合而为一)。至于艺术家、艺术作品和欣赏者之间存在的关系，也主要是基于因果模型来分析。这种模型认为，艺术作品是艺术家情感表现的结果，而从根本上而言，它本身就是一种产生特殊效果的手段(原因)，这种特殊效果也就是欣赏者凝神观照时的体验。

① John Hospers. The Concept of Artistic Expression, reprinted with some changes by the author in *Problems of Aesthetics*, edited by Morris Weitz. New York: The Machmillan Company, 1970.

但艺术作品作为一个聚集意义和价值的事物，它不是原因，而是**源头**；在此审美价值得以显现。艺术作品产生的感受是内在于或干脆是由艺术作品的形式特质所决定。我们认为，艺术作品并不引起或唤起情感，也不会让人简单地认同情感(悲伤、快乐等)。当人们产生相应的反应时，它是对艺术作品自身的表现力、意义和特质的认同。

就艺术作品呈现出一种强有力的审美内容来说，它是能力的表现。这种内容表明艺术家成功地将原始创造力转化为一种令作品完满的克制情感。“模仿”指的是朝着精神力量的审美力之根本，现实的创造力之根基行进；“表现”则意味着真实地呈现由艺术作品所创造的力量。

从这样的维度来看，艺术家和艺术作品是一体的。当评判艺术作品时(比如霍斯珀斯说：“当我们评判一个艺术作品的审美价值时，我们不是判断艺术创作的过程……”)①，为了避免传统理论的不成熟，对表现理论的批评走向了另一个极端，它们力图将艺术家与他的创作彻底分开，着重强调主观性或艺术家的个人情感。批评家们说，创作过程是一回事，艺术作品又是一回事。

但很明显的是，如果在用词上放宽一点的话，那么艺术作品正是因其特殊创作过程才成之为艺术作品；艺术作品的存在就是艺术作品自身的生成。简而言之，艺术作品是其存在的过程：画家的创作是一笔一画胸有成竹，好像就是最后定型的色彩。我们可以说，这种绘画的审美力就是它逐渐生成的力量；是一种被掌控和规训的力量，仿佛遍在于作品之中。缺少这种力量，艺术作品可能是漂亮精致的，但却无法实现艺术本身的目的性，即有力的、有意义的和美的。

当艺术的独立内容(传统的符号意义，字面含义或信息)与给信息或意义润色以便传播的感性形式之间的矛盾变得突显时，宣传的喉舌(虚伪的社会学，政治等等)或鄙薄的艺术就登场了。真正或成功的艺术作品的表现能构建作品的审美意义，而且这种意义丝毫不可减损。

---

① John Hospers. The Concept of Artistic Expression, reprinted with some changes by the author in *Problems of Aesthetics*, edited by Morris Weitz. New York: The Machmillan Company, 1970, p. 227.

这种艺术作品并不传达一种外在的意义——或者情感的表征。

根据苏珊·K. 朗格的观点，我们可以，笔者也认为，艺术作品是一种表现性的形式——但是仅就其产生表现出来的意义而言。然而，朗格非常正确地指出：

> 在某种特殊的意义上，艺术作品是一种符号，因为它履行了符号部分而非全部的功能；特别是艺术不代指别的事物，也不指涉外在于它的事物。根据对“符号”的一般界定，艺术作品不能归于符号一类。但是这种一般的界定（某物代表别的某物）忽视了符号最大的知性价值和主要功用——它们能够陈述经验，能够客观地呈现对象，以便凝神观照、逻辑直觉、认识和理解。①

但是从本质上创造的意义是什么呢？什么是它自身的意义呢？我们认为，现实对艺术作品的影响，现实通过创造性意识的对象化赋予审美内容的方式与“模仿”有着极大的关联。我们现在认为，“表现”与构建作品的形式关系的明晰呈现有关。这些浸透着情感的关系从它们自身的内在适当性中获得意义。在某种程度上，这是一种循环；但是这种循环是不可避免的，它自身显现着意义的独特性（这个意义不代表别的东西，也不是单纯关联性的，即与某种素材相关的事物的聚集），并体现在所有成功的艺术作品之中。以这种特殊的方式，艺术作品充满情感地将自身呈现出来，并通过其自身的审美内容，使之成为一种表现形式。

文森特·托马斯认为，“对象化的表现”这一概念的优点之一就是“具有在既定的条件下对凝神观照的欣赏者产生一种审美的表现效果”②，也就是它能够让我们明白“并非所有的对象化表现的

---

① Susanne K. Langer. *Problems of Art*: *in A Modern Book of Esthetics*, edited by Melvin Rader, 4th edition. New York: Holt, Rinehart and Winston, Inc., 1973, p. 296.

② Vincent Tomas. From Science, Language and Human Rights, in *Philosophy Looks at the Arts*, edited by Joseph Margolis. New York' Charles Scribner's Sons, 1962, p. 31.

客体都是艺术表现的产物”，他说“对诸如落日余晖、自然风光、浮木等自然客体采取这种审美的凝神观照；并且，当我们这么做的时候，我们发现对这些事物的体验之中包含着这些事物的情感意味。然而并没有人将自己的情感表现在这些事物之中”①。

但是对于某物“采取一种态度”和对于某物的“特质进行欣赏”并不是一回事。我们认为，正是与美相关的“表现”能够让我们明确地将艺术作品和落日余晖、散落浮木区分开来——尽管后者可能激动人心且饶有趣味。

和落日余晖、散落浮木不同的是，作为表现性形式的艺术作品将美表现出来，这种形式也就是前文提及的过程和呈现不可剥离。当我们将艺术家和艺术作品完全割裂时，将艺术作品和采取某种超然的审美态度进行凝神观照的欣赏者完全割裂时，我们将无法认识艺术的特殊目的：有力的、有意义的和美的。当实现这些目的时，它们和艺术作品融为一体。总之，艺术作品的审美特质不是一种可孤立的形式安排，正如它的意义并非一种独立的符号内容。艺术作品所实现和呈现的特质和美在于它形式的适宜和不可分割的审美力与意义。落日余晖、散落浮木可以令人产生兴趣，可以对形式特质、线条、色彩、纹路进行具有审美意味的繁复布置，毫无疑问也可以让人对之采取一种审美的欣赏态度，但是对这些特质的体认和对艺术特质的体验并不相同。后者需要一种对抽象形式特质超然关注的态度(落日余晖使人铭刻在心，但就“铭刻在心”这个词的字面意义来看，是被落日“消极地影响”)；就艺术作品作为一种表现性形式而言，要体验其特质，就需要我们的理智和直觉以及辨识的感性能力的全力以赴。

四

我们已经指出，要想对艺术下一个恰当的定义，我们就不能将

① Vincent Tomas. From Science, Language and Human Rights, in *Philosophy Looks at the Arts*, edited by Joseph Margolis. New York' Charles Scribner's Sons, 1962, p. 43.

艺术家和艺术作品完全割裂，就不能将艺术作品和凝神观照的欣赏者完全分离。艺术作品之所以是艺术作品，在于“创造性过程”。这个(理智的、情感的、直觉的)过程让艺术作品兼具模仿性与表现性，并实现了其具有审美力、内在意义和适宜的美的目的。与此同时，艺术作品似乎存在于一个意识世界之中(艺术作品只存在于意识之中，反之则是一个客观存在)，因此当对艺术作品完全没有体验时，也就无法将其感知。

审美经验常常被简化为，或被武断地分解为一种审美态度(无功利，距离)或一种审美情感(强烈的愉悦)。至少自康德以来，以审美态度反对实用态度就变成了老生常谈。据说，审美态度是自在自为的，其感知的对象并不像实用态度那样将之作为下一个目的的手段，而是其本身就是作为目的被感知，值得我们紧密关注。在审美经验里，我们必须抽离所有个人或功利性的利害，以便我们专注于它的内在特质。据说我们必须保持距离，如此我们才可能接纳艺术作品所呈现的内容。一个恰当的“距离”必须介入于我们自己和艺术作品之间，这样我们才可以对艺术作品进行审美体验。①

时至今日，不管这种“审美态度”如何界定，显而易见的

① 爱德华·布洛写过一篇著名的文章：《作为艺术的因素和审美的原则的“心理距离说”》。在这篇文章里，他指出审美经验要求某种介于“我们自身与我们的感受之间”或“我们自身和这些感受的源泉或载体之间”的距离。布洛认为这种距离“是通过将对象及其吸引力与人自身分离，也就是通过使客体摆脱了人本身的实际需要和目的”而取得的。他还认为，“距离并不意味一种非人情的纯粹理智的利害关系。相反它是一种人情的关系，往往具有鲜明的情感色彩，只不过有些奇异的特性罢了。距离的特殊性在于这种关系的个性特质，可以这样说，它是经过过滤的。它去除了吸引力中实际的、具体的部分，但没有丧失其原本的结构”。他通过提出距离的内在矛盾，进而推论道：“所以说，无论是在艺术欣赏的领域，还是在艺术生产之中，最理想的境界是把距离减少到极致，而又不至于消失的境界。”这就是既让参与者深深陷入艺术作品之中，又让参与者仍然明确地意识到它是艺术作品。尽管“心理距离说”存在许多模棱两可和令人困惑之处，但它——或者与之类似的理论——已经被广为接受，用来描述我们对于艺术作品的审美经验应有的态度。

是，这种态度(基本上是我们对艺术作品敞开)不是审美经验的本质特征，而是审美经验的条件之一。当人们将一件艺术作品(或一个自然事物)作为一个审美对象之前，人们就必须悬置他们实用的和其他有抑制审美作用的利害问题。对于欣赏对象的审美特质来说，这种悬置是必需的，但它并不足以让我们在充分意义上体验对象。简而言之，一种正确的"审美态度"可以让我们正确地体验一个艺术作品，但是这种态度肯定不是这种经验本身的基本要素。

克里夫·贝尔曾指出，"所有感性的人都赞成存在一种由艺术作品唤起的特殊情感"，以及"我们除了靠我们的情感，别无他法来辨识艺术作品"①。如今无论这种审美情感是我们自己的还是艺术作品带来的愉悦的对象化(桑塔耶那)，非常明显的是，这种情感并非我们对艺术作品的体验的本质特征，因为它并不考虑体验中具体的认知的和精神性的维度；这种"审美情感"充其量只是审美体验常有的伴随之物。当艺术作品的审美体验处于作品的掌控之中时，艺术作品所有的目的性就显现出来。

对艺术作品(具有审美力、内在意义和适宜的美)的体验包括吸收、辨别和领悟，并要求分寸拿捏地恰到好处，这样才能浑然一体。请让我一一道来。

在现实生活中，当我们遇到强权，强力(尤其是暴力)的情形时，我们的反应是保护自己免受其害，我们甚至可能会以牙还牙。而对于艺术作品则不然，我们会吸收这种审美力，我们会将之作为自身存在的条件去接纳它；我们会把它融入我们情感的脉络之中，毫无保留地接受它。吸收是一种移情式的欣然接受，但它并非是对于某种特殊形态或结构而产生的一种精神心理学的过程(如浮龙·李的"山脉升起")，相反它将艺术作品所表现的情感在我们身上唤醒。艺术作品影响着我们的存在，而经由艺术家，存在的力和节奏影响着艺术作品本身。

总之，一件艺术作品的审美力——真正的艺术作品——并

① Bell, *op*, *cit*, . p. 4.

非只是将体验者淹没；相反，虽然艺术作品一开始可能是与体验者相异的，但它会表现为一个将体验者与之关联在一起的契机。

我们吸收审美力；我们辨识意义。在审美经验里，艺术作品的内在意义把其自身作为某种可被辨识的事物，而不是某种可在概念上知晓的事物呈现在我们面前。辨识，当然也是一种知晓。它有它自己的理性，但由于直接和定性的鉴赏力，它和概念性的知识、推论性的理解，以及抽象、理性的观念不同。辨识意味着欣赏：它意味着在精神上明白一个作品实现了其自身产生的诸多可能性，了解作品被带入一个适宜的目的，并展现出这个目的是如何实现的过程。

因此这种类型的辨识就预设了一种敏锐的感受力和博学多才的前提条件。它要求人们能够辨识新奇性和独创性，同时理解主题性和其他纯粹符号性的意义，以及情感性的格调。简而言之，它要求人们能够充分领会构建作品的意义。

意义是艺术的认知场所。在我们对于艺术作品的体验里，我们必须是聪颖的参与者。我们不需要知道这个作品“意味”着什么，但要去理解作品的意义。

我们吸收审美力，我们辨识内在意义，我们领会艺术作品是恰当的美。在形式层面或者形式维度，审美经验并非仅仅是对诸多特质的注意，也不像通常的普通感知那样从诸多特质到其他令人感兴趣的方面的浮光掠影。它是对色彩、纹路、形态、声音、空间、节奏的游戏的密切关注，这些事物既具有自身的完整性，又促成艺术作品成为一种形式的格式塔。领悟意味着区别和判断，它是一种体验者的活动；它是一种在艺术作品和对之凝神观照的体验者之间活跃的介入。

至此，吸收、辨识、领会实际上并非审美经验中各自独立的片刻或特征，相反它们相互交融渗透，共同构成我们关于艺术作品的经验的过程。这个过程要求体验者的理智与直觉，以及感知力的全力以赴。在艺术作品的掌控之下，这一过程将带给体验者一种浑然一体之感。而让艺术作品产生的创造性过程，同时也是艺术家自我表达和自我构造的过程，因此这种体验者能力的游戏是一种对自我的拥有——是一种自身灵性的实现。在艺术里，以心印心，无论这种浑然一体之感是转瞬即逝，还是持存恒久，都得到了实现。

最初宗教通过艺术孜孜以求的，如今艺术在其自己的精神世界便唾手可得。

五

总之，艺术源出于宗教，一开始凭借它处于魔力或神力的中心与宗教齐头并进，然后它扮演着从属的角色，传播一种外在的既定意义。后来它借助自身的特质和抗争实现自主。当它自主之后，它同时也是具有审美力、有意义和美的。

于是艺术作品就有了它自己的目的，确切地说，它要追求审美力、内在意义和适宜的美。

艺术作品具有的审美力要达到这样的程度：它显现出一种内在的精神力量，这种力量或节奏遍在于艺术作品之中，并因其独特的生命力为人所识。

艺术作品具有的内在意义，意蕴要达到这样的程度：它实现自己产生的所有可能性；这种实现是指将艺术作品引入一个恰当的目的，并将这一恰当目的实现的过程显现出来。

艺术作品具有的适宜的美，要达到这样的程度：它以一种与自身相适宜的形式杰作呈现出来。

艺术作品是模仿性的，这是因为艺术创造活动分享了现实的根本特性，由此艺术作品成为一种精神性存在的力量的呈现(而非复制、再现、符号象征、反映)。

艺术作品是表现性的，这是因为艺术作品展现了它的创造性过程；当艺术家的视角成为艺术作品自身的审美内容时，这种视角也是表现性的。

艺术作品是因意识而存在的对象，吸收(其审美力)、辨识(其内在意义)和领悟(适宜的美)是体验它的方式；这三个部分共同形成了这一种经验的过程，并在拥有自我或试下自我本身的灵性时臻于极致。

因此，艺术作品是一种被造物。当它实现自身的目的时，它既具模仿性，又具表现性，并对意识表演着它自身的审美内容。

中西美学比较

陈望衡

华夏审美意识的基因

人类有相似的童年。只要对史前人类略作考察，就不难发现，处在原始时期的各民族，其生活方式、文化性格大体是差不多的。在野蛮期与文明期(采用摩尔根关于人类社会发展的分期法，即分为蒙昧期、野蛮期、文明期)之交，各民族开始显露其不同的文化个性，所以，对于各民族来说，文明开端期极为重要。我们探索中华民族的审美基因，就试图从这个时期的文化现象入手。

另外，图腾作为盛行于原始氏族社会的文化现象亦包含有民族审美意识的基因。每个民族都有关于自己部族的产生及最初发展的神话与传说，这些神话与传说，均有一定的真实的历史因子，是远古人类真实存在过的事实和真实存在过的意识。所有这些，都是我们探索中国民族审美意识基因的重要材料。

一、八卦系统：美与真同体

人类早期均有过巫术活动，这种巫术活动朝文明发展，则出现占筮，从某种意义上说，占筮是从巫术到文明的中介，它寓含丰富的民族文化丰富的因子。占筮的方法很多，在中国最重要的运用八卦占筮。八卦存在于中国最为古老的占筮著作《易》之中，《易》有三种，最古老为《连山易》，其后为《归藏易》，最后为《周易》。《连山易》与《归藏易》均失传，现存的是《周易》。周易产生的年代，大致为商末周初。《连山易》与《归藏易》就不可考了。八卦是《易》之基础，《连山易》中就有了，那么，它是谁作的呢？《周易·系辞下传》说是伏羲作的，伏羲是中华民族的始祖，神话中的形象是人首蛇身，它的存在年代无从确考。

八卦是中华民族伟大智慧的体现。它由阴阳二爻组成，阴爻为“——”，阳爻为“—”。关于阴阳二爻的来历说法很多。由阴阳二爻组成的八卦、六十四卦代表许多事物，构成一个庞大的易象体系，《周易》用这个体系，构制了一个神奇的宇宙图式。这个宇宙图式功能很多：一是说明宇宙的产生，即所谓“《易》有太极，是生两仪，两仪生四象，四象生八卦。八卦定吉凶，吉凶生大业”①。二是说明宇宙间诸多事物的基本性质和相互关系；三是说明宇宙中万事万物的运动及其发展变化规律。当然不能说这个庞大精致的宇宙图式如何科学，这毕竟是几千年前生产力水平很低时期人们的创造。但是，它的确在相当程度上揭示了宇宙运动的奥秘。这一点已为众多易学家所公认。

从《易》用象来说明宇宙的规律这个意义言，我们可以得出《易》象是“真”的图解这一看法，但是，这是不够全面的。因为《周易》毕竟不是科学大全。《周易》的本质，是一种哲学。作为哲学，它的使命是在最高的抽象上解释宇宙的本体。在中国哲学，“真”这个概念，既指认识论的意义上真理，也指本体论意义上道。我们说，《周易》的象是真的图像，这真同样包含有这两个方面的意义。

按照传统的易学，《周易》是由象数、义理两大因素构成的。其中，“象”处于最基础的地位。诸凡失得、悔吝、吉凶、进退、昼夜等等有关人生命运、是非、得失的判断都蕴含在易象之中，卦爻辞只是对“象”的提示罢了②。关于易象的特殊重要意义，《周易·系辞上传》说得很清楚：“子曰：‘书不尽言，言不尽意。’然则圣人之意其不可见乎？子曰：‘圣人立象以尽意，设卦以尽情伪。”这里将达意的两种工具：“言”与“象”进行了比较，认为“言不尽意”，而“象”可以尽意。魏晋时的大玄学家王弼对《系辞传》的这一

① 《周易·系辞上传》。

② 《周易·系辞上传》云：“圣人设卦观象，系辞焉而明吉凶，刚柔相推而生变化。是故吉凶者，失得之象也；悔吝者，忧虞之象也；变化者，进退之象也；刚柔者，昼夜之象也。……是故君子居则观其象而玩其辞，动则观其变而玩其占，是以自天佑之，吉无不利。”这段文字将“象”的重要性说得非常充分。

观点予以发挥，说："夫象者，出意者也。言者，明象者也。尽意莫若象，尽象莫若言。"①

一是"言不尽意"，二是"尽意莫若象"，话是说得再明白不过了，"象"在尽意上优于"言"。这个观点对中国美学影响极其深远。与西方的美学传统比较，则可明显发现，中国美学重"象"，而西方美学重"言"。

我们知道，西方美学的源头之一是古希腊的理性主义。这种理性主义与语言密切相关。古希腊哲学家赫拉克利特提出"逻各斯"概念，"逻各斯"通常指规律，是事物变化的尺度，它也有语言的意义。西方美学受这种理性主义影响很深。古希腊最早的哲学家毕达哥拉斯、赫拉克利特、苏格拉底、柏拉图等都热衷从逻辑上去讨论美，他们构制了许多美的定义，互相论辩。这种传统直达今日。

与西方美学这种传统不同，中国美学很少从逻辑上讨论什么是美的问题，探索如何用准确的语言来表达什么是美，而是热衷于将对美的理解与把握用象表达出来，因此，意象的构制显得特别重要。这样，不是美(逻辑的、语言的概括)而是意象(感性的、形象的呈现)成为中国美学的核心范畴。仿照西方美学提问：什么是美，或美在哪里？那么，中国美学的回答则是：美在意象。

西方美学中也有意象这一概念，但是，中国美学的意象概念与西方美学中的意象概念是不同的，这种不同主要还在象的不同。中国古典美学中意象的"象"虽然也来自客观世界，但不重在对客观事物作摹仿，而重在对客观事物作表征。王弼说《周易》的卦象："触类可为其象，合义可为其征。"②"触类"强调象的概括性，一般性；"征"强调象的表义功能，它是一种象征。《周易·系辞上传》一方面说："象者，像也。"另一方面又说："圣人有以见天下之迹，而拟诸形容，象其物宜，是故谓之象。""何谓"物宜"？就是物所应当有的样子、合乎其本性的样子。径直说，"物宜"即物的本性，即"道"，道是宇宙本体，中国美学讲的真，就是"物宜"，也就是

① 王弼：《周易略例·明象》。

② 王弼：《周易略例·明象》。

道。“象”在作为“物宜”或者说“道”的表征时，它就是美的。

中国哲学中的象既有客观性，又有主观性。它作为“物宜”之象时，就包含有一定的主观性，因为所谓“宜”离不开人的理解。更重要的是，中国哲学中讲的象往往指一种心象，后来，由“象”衍生出“境”这一概念，境也是象，但境的主观性更强，因为境由心造。① 按中国古典美学，谈到象的时候，还不能不顾及它的客观性，所谓“观物取象”；而谈到境时，则完全不顾及它的客观性，只是说“游心造境”了。游心造的境比之观物取的象，当然空灵得多，虚幻得多。虽然把握它不易，但它更切近中国哲学的最高概念道的性质。于是，不是象，而是境成为中国古典美学的最高范畴。

中国古典美学有关象的理论，源头之一是《周易》的八卦，由此，我们得出中国古典美学的一个基因：美真同象。

二、汉字造形：“美”与“善”同义

一般来说，文字的出现应是文明期产生的重要标志，文字是人类的活化石，通过字义的溯源，我们可以了解不少人类文明发生的秘密。“美”是最早汉字之一，这说明中华民族审美意识的发生是非常之早的。

在甲骨文中，“美”字写作：

这个字的上半部是个“羊”字，其形状像羊头；下半部是个“大”字，“大”字像正面站立的人。《说文解字》说：“大，天大地大人亦大，故大象人形。”这样看来，“美”是：“羊”字与“大”字的结合。它的意义是什么呢？目前有三种说法：

第一种说法也是古老的说法是“羊大为美”。此说出自东汉许

① 梁启超说：“境者心造也。”见《惟自由书·明心》，《饮冰室合集》文集之二，中华书局 1941 年版，第 45 页。

慎的《说文解字》。许慎说："美，甘也，从羊，从大，羊在六畜主给膳也，美与善同意。"这里说的"甘"字，"从口含一"，本义为甜，在这里引申为可口。羊是生活在中国西北部的汉人祖先羌部落最主要的食物来源。羊大则肥，羊肥则可口。宋代学者徐铉为许慎的《说文解字》做注，曰："羊大则美。"

第二种说法是"羊人为美"。此说又可分为二：一认为美字的上部是羊角，下是人，全字为头上戴着羊角的巫人形象。① 肖兵、李泽厚持此看法。另认为美字上部是羽毛的装饰物如雉尾之类，下是人。② 康殷持此种看法。两说都将美字的起源归之于巫术。

第三说是"色好为美"。马叙伦持此说。马先生认为"美"本书"媄"，"媄，色好也。"他说："徐铉谓羊大则美，亦附会耳。伦谓美字盖从大，芈音微纽，故美音无鄙切。"马叙伦认为："美转注为媺。媺，从女，媺声，亦可证美从芈得声也。芈羊形近，故讹为羊。"③这样说来，美实与羊无关，美来自女色之好。

以上三说，各自强调了审美发生的一方面的原因。第一说"羊大为美"，强调了审美起源于物质功利；第二说"羊人为美"，强调审美起源于巫术；第三说"色好为美"，强调了审美起源于性爱。审美发生的确与这三者密切相关。但是，第一说应该说是根本的。对于原始人类来说，首要的是活着，而活着必须有食物。个体生存无疑是第一义的。第二义应是种的繁殖了，这关系到种族的生存。因此，体现性爱意义的"色好为美"应摆在第二位。对于原始人来说，巫术很重要的。然而它毕竟是服务于个体的生存和种族的生存的，而且它实质上是一种精神性的活动，故其地位尚不足以与前二者相提并论，它只是审美发生的中介。

其实，不管是"羊大为美"、"羊人为美"，还是"色好为美"都说明审美发生服从于功利。功利先于审美，功利孕育审美，功利决

---

① 肖兵：《美・美人・美神》，见《美的研究与欣赏：第一辑》，重庆出版社 1982 年版，第 25 页。

② 康殷：《文字源流浅说》，荣宝斋 1979 年版，第 9 页。

③ 马叙伦：《说文解字六书疏证》卷七。

定审美。广义的善即为功利。从这说，善为美。

以上我们所说的虽然据自中国文化史的材料，但具有全人类的意义。虽然各民族的审美发生不都通过“羊”体现出来，但审美孕育于功利之中，这是没有什么不同的。值得我们格外注意的是，中国汉字的“善”具有多义性。它与“膳”字相通，可用来说饮食。善引申为实际功利，为成功，为“好”。善后来又用来指品德高尚，遂成为伦理学的范畴。“善”字的意义变迁史为我们进一步探索中国审美意识的起源提供了方向。从中国美学的实际来看，美与善(伦理学意义上的)的关系非常密切，这在儒家美学中体现得十分突出。善即美，众所公认为中国美学的一大特点。

从文字学角度来分析，我们发现，“美”字与“善”字中都含有一个“羊”字。羊是中国西北地区羌人的图腾。《说文解字》云：“羌，西戎牧羊人也，从人从羊。”这羌人是周人的祖先。作为氏族的图腾，羊是吉祥、幸福的象征。“羊”、“祥”通用，屡见于甲骨文、金文之中。《说文解字》云：“羊，祥也。”而“祥”又通“善”。《尔雅释祜》：“祥，善也。”这样，由“羊”而通“祥”，由“祥”而通“善”。至于“善”字的本义，《说文解字》云：“善，吉也，从言言，从羊，此与羲、美同意。”“羲”由“羊”、“禾”、“戈”三字组成，意味着畜牧业、农业和战争三者的结合。这三者的确很重要，有了这三者，部落自然强大，人丁自然兴旺，那当然是大善、大美的了。

日本学者笠原仲二在接受许慎的“羊大则美”的观点后，从审美生理与心理的角度对此观点有所发挥。他认为“羊大”作为美的出发点，可以有四个方面的意思：第一，在视觉方面，羊的庞大身躯给人强壮的感觉；第二，在味觉方面，羊肉的丰腴肥厚给人“甘”的感觉；第三，在触觉方面，羊毛的细软、丰厚对人的御寒产生期待的感觉；第四，在经济方面，羊具有很高的价值，使人产生欲望的感觉。这些内容从心理的角度讲，都可称为幸福和吉祥的感受，它包含在喜好、欢欣、快乐之中。① 这种分析是很细致，很

① ［日］笠原仲二：《古代中国人的美意识》，杨若薇译，生活·读书·新知三联书店 1988 年版，第 3 页。

有说服力。它主要是从羊对人的经济价值这方面来谈的，由经济价值而到审美价值，因功利而为美。

日本另一学者，著名的美学家今道友信则从羊在祭祀中的作用来谈它为什么成为美的。今道友信先生认为，“美”、“羲”、“善”都有一个“羊”字头。这个羊不能仅从美味的角度去理解，而应该联系《论语》中“告朔之饩羊”去理解。他说“告朔之饩羊”是每月初一祭庙用的活羊。从这句话，我们可以转而联想到“牺牲”这个词内在的含义。羊是牺牲的象征。因而，每当自己双肩扛起牺牲的羊时，就成了含义为对社会负责的“羲”字，这个字的构造是在我肩上背着羊是十分明了的。而且，那个我所付出的牺牲的大小，是要符合规定的。即一定的牺牲，放在一定的献台上，这时构成的不正是“善”字吗？今道友信还认为，善字的下半部是从“豆”字得来的，“豆”是中国古代的一种食器，浅如盘，下有圆座。根据这种分析，今道友信认为，善与牺牲有关，当牺牲超出一切规格，大到连自己也要毁灭的时候，这就是美了。今道友信先生说：“美相当于宗教里所说的‘圣’。美是作为宗教里的理想道德而存在的最高概念。”①

将以上看法概括起来，中华民族的审美意识一个重要基因是“美善同义”。

三、龙凤图腾：和合为美

人类处于原始氏族社会时期，都盛行过图腾崇拜。图腾的实体以动物居多，也有植物、无生物或自然现象。摩尔根说图腾“意指一个氏族的标志或图徽”。作为氏族标志的图腾积淀着丰富的文化内容，包括制度的、观念的、宗教的……原始氏族的审美观念不是独立的，它也浓缩在图腾文化之中。因此，从分析图腾形象入手去探索某一民族审美意识的基因不失为一种很好的途径。

---

① ［日］今道友信：《关于美》，鲍显阳、王永丽译，黑龙江人民出版社1983年版，第20页。

中华民族是由许多民族构成的。追溯到远古时代，在中国这块土地上，存在许多的氏族，氏族组成胞族，胞族组成部落，部落组成民族，各民族又共同组成中华民族。各个氏族、胞族、部落、民族都有自己的图腾，在不断融合的过程中，他们所崇奉的图腾形象也发生着变化。中华民族共同崇奉的图腾是龙与凤。

与世界上别的民族的图腾有个很大不同，中华民族所崇奉的龙与凤不是实有的动物，而是虚构的动物。从龙与凤的创造我们很能见出中华民族审美意识的某些重要的特点。

龙的创造过程至今没有完全一致的看法。可以认定的是龙的原型是蛇，蛇是水虫，据有些学者研究，以蛇为图腾的当是生活在中国江淮流域的太昊部落，太昊部落的首领为伏羲氏。神话中说伏羲氏“人首蛇身”。太昊部落以蛇为图腾，看来以渔猎为生是无疑的了。在中国的中部与西北部是黄帝部落和炎帝部落。黄帝部落和炎帝部落以游牧农耕为主要生活方式。他们的图腾主要为兽类。炎帝神农氏在神话中形象是牛首。看来炎帝部落以牛为图腾了。炎、黄部落曾在涿鹿展开大战，黄帝战胜了炎帝，炎黄部落实现了统一。炎黄统一后与太昊的后代蚩尤部落打了一仗，蚩尤打败了，被合入炎黄联盟。黄帝在征服蚩尤后，吸收了不少蚩尤部落的文化，其中包括蛇图腾。这样，原来的兽图腾与蛇图腾开始融合，产生了最早的龙。河南省濮阳西水坡仰韶文化遗址墓葬发现了最早的龙图案，该形象化为马首蛇身。墓葬的主人据说是黄帝部落的一氏族首领。黄帝成为中华民族的共主以后，其形象与龙的形象密切相关。《太平御览》中《大星列象图》云：“轩辕十七星在七星北，如龙之体，主雷雨之神。”又传说黄帝“其兽黄龙”①，他铸的鼎“象龙腾云”②，最后他也是乘龙而升天的③。黄帝部落在发展的过程中，征服、同化了许多部落，这样，作为部落图腾的龙，也就吸收别的部落图腾的部分形象。这样，龙就成了一个综合了蛇类、兽类、鸟类许多成

① 《淮南子·天文篇》。

② 《鼎录》。

③ 《史记·封禅书》。

分的十分怪异、神奇的动物形象。中国的古书这样描述龙的形象："鹿角，牛耳，驼首，兔目，蛇颈，蜃腹，鱼鳞，虎掌，鹰爪：龙之状也。"①"龙之象，马首蛇尾。"②这大概是龙的标准形象了。值得我们注意的是，有些龙并不是这样的标准形象，然而也是龙。古书有许多这样的记载。如《陈书·五行志》云："有黑龙如狗。"《水经注》云："(龙)类青牛焉。"《太平广记》卷四二五引《录异记》云："(龙)大者数丈，小者丈余，如五方之色，有如牛马驴羊之形。"《邵氏闻见后录》卷卅云："龙类最众，有如猫者。"为什么龙有这么多形状呢？这可能与生活在中国大地的许多氏族不同情况地接受龙图腾有关。本来各氏族均有自己的图腾，在加入以黄帝为共主的中华民族大联盟以后，就将龙图腾与自己原来的图腾结合起来，于是就产生了各式各样的龙。

凤是中华民族另一主要图腾。凤的最初形象是玄鸟，它最早是生活在中国东南地区的东夷部落的图腾。东夷部落的祖先是少昊氏。《左传·昭公十七年》说，少昊氏以鸟名为官名。可见少昊氏以鸟为图腾。建立商朝的殷族属于东夷族。凤的形象以野鸡为基础，综合了多种动物的形象。《说文解字》云："凤之象也，鸿前鹿后，鹳颡鸳思，龙文龟背，燕颔鸡啄，五色备举。"可见，凤的形象也是各部落图腾综合的产物。

龙凤无疑是中华民族公认的美的代表，它们的形象反映了各氏族、各部落的团结统一。它们的美体现了中华民族最为看重的一种品格即"和合"的品格。

在中华民族的文化中，虽然龙凤并提，但就社会影响来说，大抵上，龙超过凤。我们一般说自己是龙的传人，却未见说是凤的传人。这个原因，主要来自封建文化的宗法制，按宗法制，父系为尊，龙是父系的代表，凤是母系的代表。宗法制奠定封建社会的基础，作为一国之君的皇上，自然是龙，而皇后就是凤。这里似是显出尊卑之别了。

① 《涌幢小品》卷三十一。

② 《论衡·龙虚》。

然而如果追溯龙凤图腾的源头，我们则可以看到，龙与凤两大图腾其实并没有尊卑之别。炎帝族在崇龙的同时，也崇凤，属于炎黄部落的大舜，更是被认为是凤凰化身，舜祭祖，“箫韶九成，凤凰来仪”①。中国夏商周三代，商代是崇凤的，“天命玄鸟，降而生商”。至于周，也有“凤鸣岐山”的佳话。周代特别是西周的青铜器的纹饰中凤凰占据十分突出的地位，而作为青铜器标志性的饕餮纹在此一时期则少见。更有说服力的是，凤崇拜与中国的太阳崇拜合一，传说中的“太阳乌”即为凤凰，在土文物中，河姆渡的“双鸟朝阳纹”更是佐证了太阳与凤凰的密切关系。众所周知，太阳崇拜几乎是人类共同的崇拜，而且也可以视为人类的第一自然物崇拜。

值得我们注意的是，在周及周前的青铜器纹饰中，不仅没有发现龙与凤争斗的图案，倒发现一种龙凤同体纹。这一图案有力地说明了中华民族中多民族的亲和性、统一性。

龙凤之间尊卑区别，可能受阴阳文化的影响，中国的阴阳文化始于《周易》，不过，《周易》中《易经》不直接谈阴阳，但隐含阴阳，《易传》则大谈阴阳，《易传·系辞上传》云：“天尊地卑，乾坤定矣。卑高以陈，贵贱位矣。”按《系辞传》体系，阳乾为阳，坤为阴。这样，阴阳就见出尊卑了。不过，有一点需要说明，《易传》产生于战国。而《易经》则产生于商周之际。按《易经》文本，阴阳并无尊卑之别。

然而，自封建社会始，实际上存在有重龙轻凤的现象。帝王为了显示君临天下的威严，以龙自居。在宗法等级秩序井然的封建社会，不仅是帝王，就是普通百姓也倾向于龙文化，谁个不想出人头地？“鱼跃龙门”遂成为为士人最高的人生理想。这种宣传，在相当程度上强化了宗法等级观念，它的副作用是不可忽视的。

龙凤的配合是一种绝佳的和合。龙是阳刚的代表，凤是阴柔的代表，一为壮美，一为优美，相得益彰。中华民族在审美理想上非常推崇刚柔相济之美。苏轼用两句诗概括了这种美的境界：“端庄

---

① 《尚书·虞夏书》。

杂流丽，刚健含婀娜。”①刘熙载赞扬王羲之书法之美，说是“力屈万夫，韵高千古”②。他认为优秀的书法应蕴含“阴阳二气”。这种刚柔相济之美，形象地说，就是龙飞凤舞。

龙凤文化是中国传统文化的两翼，它们从两个不同的方面展现中华文化的精神，如果从龙凤文化原初的象征拓展开去，是不是可以将它们的文化含义排成两个相对的系列：龙：天、帝、父、权力、凶悍、战斗、伟力、进取、崇高、威严、至尊……凤：地、后、母、幸福、仁慈、和平、智慧、谦让、优美、亲合、至贵……龙凤的精神其实也可以乾坤二卦来象征：乾卦的精神是“天行健，君子以自强不息”。坤卦的精神是“地势坤，君子以厚德载物”。龙代表中华民族刚毅、进取、万难不屈的一面；凤则代表中华民族仁慈、宽厚、智慧灵动的一面。龙凤文化相对、互补、相渗、互含、合一，演化出中华文化的大千世界。可以说，在龙凤身上，寄寓了中华民族自帝王将相到市井百姓、农家小院全部的人生理想。龙与凤像两面鲜亮的旗帜，高扬在中华民族漫长的艰难奋进的历史征途上。

和合创美，这是我们从龙凤形象得出的重要结论。

四 、原始歌舞：礼乐相亲

礼乐是中国传统文化核心的两元，“礼”是中国传统的政治、伦理、祭祀的规章制度及其相关的仪式；“乐”是以音乐歌舞为中心的各种艺术活动。最早的艺术活动是在原始的宗教活动中产生的，而最早的礼也是有关祭祀的礼。礼乐的结合最早实现于祭祀活动之中。原始宗教包含有早期人类全部活动的内涵，大至部落、民族、国家(应该说准国家)的政治、战争、庆典等重大活动，小至个人的婚娶、起居等琐事，都离不开宗教活动。随着社会的进步，政治、战争、伦理等逐渐地从原始宗教中脱离出来了，但并不彻

① 苏轼：《和子由论书》。

② 刘熙载：《艺概 · 书概》。

底，封建王朝进行重大的政治、庆典活动都还要祭祀天地神灵、祖宗。同样，作为原始宗教活动形式的艺术，也摆脱了宗教的附庸地位，取得了独立，只有一小部分艺术仍然在为宗教服务。

值得我们重视的是，礼乐虽然与宗教的关系淡化了，但它固有的政治、伦理的意义倒是加强了。礼主要是政治、伦理之礼，乐与这种礼仍然有密切关系。在中国几千年的传统文化中，礼乐结下了不解之缘。与之相应，中华文化中，善与美也就牢不可分。善最早产生于礼之中，美最早也就产生乐之中。因此可以说，礼乐相亲是中华文化的最本质的特点，也是中华美学最本质的特点。

中华文化的礼乐相亲传统可以追溯到黄帝、炎帝时代。据史书记载，黄帝部族的乐舞名《云门》(又称《云门大卷》)。《周礼》云黄帝"舞云门以祀天神"①，《云门》可能是云之舞。据《韩非子·十过》，黄帝曾大合鬼神，在泰山举行过部落联盟大会，在会上，演奏了大型歌舞——《清角》。《清角》集合了虎、豹、象、蛟、风、雨等共同起舞。黄帝还组织过名为《咸池》的大型歌舞。《庄子·至乐》云，黄帝将《咸池》之乐"张之洞庭之野，鸟闻之而飞，兽闻之而走，鱼闻之不入，卒闻之，相与而观之"。帝颛顼的乐舞为《六茎》，是一种植物歌舞。帝喾的乐舞为《五英》，《汉书·礼乐志》云："《五英》，英华茂也。"也是植物歌舞。帝尧的乐舞为《大章》，据《吕氏春秋·古乐》，此歌舞"效山林溪谷之音为歌"。以上这些乐舞有一个共同的特点：都用自然形象来起舞，是典型的自然图腾歌舞。

原始歌舞中，帝舜的乐舞最为重要，《尚书·虞夏书》中有诸多记载：

> 夔曰："戛击鸣球，搏拊、琴、瑟、以咏。"祖考来格，虞宾在位，群后德让。下管鼗鼓，合止木兄吾攵，笙镛以间，鸟兽跄跄，《箫韶》九成，凤凰来仪。夔曰：於！击石拊石，百兽率舞。庶尹允谐。帝庸作歌。曰："敕天之命，惟时惟几。

① 《周礼·大司马》。

乃歌曰："股肱哉！元首起哉！百工熙哉！"皋陶拜稽首扬言曰："念哉！率作兴事，慎乃宪，钦哉！屡肯乃成，钦哉！"乃赓歌曰："元首明哉，股肱良哉！庶事康哉！"又歌曰："元首从脞哉！股肱惰哉！万事堕哉！"帝拜曰："俞，往钦哉！"

这段文章非常重要，就礼乐的关系来说，礼与乐的关系相当明确，也相当完整了。与前代的乐舞相比较，它有这样几个特点：第一，它不是全用动物、植物形象，而是主要用人的形象；第二，它用了许多的乐器；第三，它演奏的乐是孔子极为崇拜的《韶乐》；第四，乐舞的价值乃在合礼，成礼。帝舜说："敕天之命，惟时惟几。"即是说，上天的心意，大概就是这样的吧！这就等于说，《韶乐》是天地之志，是一之乐。战国时的音乐美学著作《乐记》云："大乐与天地同和"，很可能就出自这里。帝舜还为乐作歌，其歌词曰："股肱喜哉，元首超哉，百工熙哉！"意思是大臣们兴高采烈，国君奋发有为，百姓们安居乐业。

自远古帝王历代承继并在承继中有所创造的礼乐相亲体制，至帝舜可谓相对比较地完善了。其后，这一体制为周公所继承。周公的最大贡献是将这一宗教性的礼乐文化改造成政治性的礼乐文化。周公制礼作乐，将礼乐作为国家的根本制度。孔子是周公的崇拜者，他概括自己的政治主张是复周礼，而他又特别喜欢乐，重视乐。孔子于礼乐文化的重要贡献，就是将周公的政治性的礼乐文化进一步美学化了。不仅乐，在他看来，具有非同寻常的怡情悦性的功能，他说他听《韶乐》三个月不知肉味，诚然是有所夸张的，但他从《韶乐》中获得极大的精神愉快是确实的，"乐"在帝舜是娱神的工具，在周公是合同人心的工具，而在孔子主要是审美愉快的重要源头。至于"礼"，作为国家、部族的关涉宗教、政治、道德等一系列的制度，其功能性是很鲜明的，其目的是维护国家的、部族的、社会的利益，当然其中是统治者的利益，在孔子承认并肯定这的这方面的作用，但是，他提出"文质彬彬"说，用"文"来修饰礼，规范礼，强调仅仅只是质好，还不是君子，还需要文，于是，审美就给提出来了，"礼化"的实质成为"文化"。

礼乐文化经过孔子的改造成为儒家文化的总体名词，也成为中华文化的主流，就其美学上意义来说，礼乐相亲是中国古典美学的文化基础。礼乐中所包含的政治与审美的不可分离性是中华古典美学的精髓。在中国政治与审美虽然有矛盾，但更多的是和谐。诗之言志与诗之言情、诗之教化与诗之悦情从来就是统一的，而且这种统一，不是外在的，而是内在的。所有这一切，不能不追溯到中国古代的原始歌舞。正是原始歌舞中所包含的礼乐相亲的因子，成为中国古典美学善与美相统一的基因。

（原载《华中师范大学学报》2000 年第 5 期，《人大复印资料 · 美学》2000 年第 12 期）

简论中华民族的审美理想

在世界文化之林中，中华民族的文化具有明显特色，诸多特色中最为重要的是“和”，这种“和”文化，往往将两个对立的方面统一起来，极其圆融，又极其灵动，圆融见其大全，灵动见其变化。这种文化反映在美学上，就审美理想来说，则有这样三个突出的体现：乐天忧世、崇阳恋阴、尚贵羡仙。

一、乐天忧世

中华民族对于人生的态度，在乐与忧之间。乐的是天，忧的是世。关于乐天，《易传·系辞上传》说得很清楚：“乐天知命，故不忧。”这里讲的“天”，基本的意思是天然；“命”，指命数，命数是天的规律性的表达。《易传》这里表达的思想，与道家的“道法自然”是相一致的。按照这种理论，天地万物包括人在内，都有其自身的不以人的意志为转移的运动规律，人如果能从宏观的角度理解这种伟大的天然，将自己的全部活动纳入宇宙的天然之中去，就“吉”，“无不利”，即使有困难，有危险，也能“厉，无咎”。

人生事业，不外乎进退、动静、健顺两大维度，《周易》打头的两个卦，乾卦与坤卦分别表达这两种人生态度，乾为进、动、健，坤为退、静、顺，虽然具体态度迥异，但都符合事物本性。《乾卦·彖传》云：“乾道变化，各正性命。”坤也如此，《坤卦·文言》云：“坤至柔而动也刚，至静而德方。后得主而有常，含万物而化光。坤道其顺乎！承天而时行。”乾道“御天”而行；坤道承天而动，都不离以天命为正。

“天命”在周易中也用“时”来表示，《易传·系辞上传》提出

“时行则行，时止则止，与时偕行”的观念。“与时偕行”即与“天”同行。与天同行，那就是“得正”。“正”，用今天的话来说，就是规律，“得正”，就是按规律办事。能按规律办事，事情就能办成，事情办成，其效为善，也为美。《坤·文言》说：“君子黄中通理，正位居体，美在其中，畅于四支，发于事业，美之至也。”这里说的“通理”，通的是宇宙的根本规律，所谓“正位”，即选取与自己的本性相适合的位置。

按中国哲学，天既然被理解成天然，也就可以理解成本性。天即性。宇宙万物各有其性，也各有其天。天、性决定了每一物在宇宙的大世界中所应做的，所能做的，这就是命。命由性出，性由天定。《庄子·马蹄篇》提出“天放”的概念。天放，放的是天，也是天使之放。庄子反对伯乐相马的做法，认为那种给马套上笼头、钉上马掌、配上鞍鞯的种种做法，都是对马的伤害。而让马没有任何羁绊，自由驰骋，那才是天放，那才是美。

合符本性的生存，似是最低的生存方式，却也是最高的生存方式。说是最低，因为从逻辑上讲，这要求并不高，难道鸟不应该在天空飞翔，鱼不应该在水里遨游，马不应该在大地奔驰吗？当然，应该这样，但是，在实际上，要做到这一点，有时并不容易。一国之君的鲁王不就将海鸟当做神供在庙堂上，按照人的方式在养它吗？最后，竟然让海鸟被那种只有在人看来是美妙的音乐给吓死了。《易传》、《庄子》说的“天”指自然之天，人能以合乎人的自然天性的方式生活着，怎么能不快乐呢？这当然是一种美的享受了。

先秦儒家也讲“天”，不过，这种“天”更多的是神性，孔子说：“获罪于天，无所祷也。”①孔子的学生子夏说：“死生由命，富贵在天。”②这两处说的“天”都有神的意味。虽然，孔子承认有一种体现为神的意旨的“天”在，但是他并不把主要的精力放在如何体会神的意图上，他更重视的是如何在实际生活中体现“仁”与“礼”。在他看来，仁与礼其实是合乎天意的。他在遭到宋国司马桓魋围困

① 《论语·八佾》。

② 《论语·颜渊》。

时说："天生德于予，桓魋其如予何？"①孔子说的德，当然是指他身体力行的仁与礼。这种品德，在他看为，是上天赐予的。

什么是孔子的快乐？孔子的快乐较庄子复杂，他说："饭疏食，饮水，曲肱而枕之，乐亦在其中矣。不义而富且贵，于我如浮云。"②这里说的乐，内涵丰富。"饭疏食，饮水"这种贫寒的生活本身当然不值得乐，所谓"乐在其中"不是指这种生活本身，而是指在这种生活中仍然坚持体仁践礼。也就是说，乐，不在贫，而在安贫；安的也不在贫，而在贫中坚守的仁与礼。这样，孔子说的"天"实际是人意，当然不是一般的人意，而是圣人之意，亦即道。

中国先秦的儒道文化后来的发展是两者的合流，这样，中国传统文化说的"天"就以自然之天为本，而又融会了神明之天、人伦之天；天意就这样成为自然之意、神明之意、圣人之意的统一体。中国哲学所推崇的"天人合一"就是这样的统一。当然，这种统一，只是精神上的，不是实践上的。在中国人看来，只要精神上做到"上下与天地同流"，就是天人合一。天人合一的快乐是最高的快乐。《乐记》云："大乐与天地同和。""与天和者谓之天乐。"

先秦以后的中国知识分子，在探讨人生快乐时，不同情况地将最高的快乐归属于"天人合一"。陶渊明自称"乐乎天命复奚疑"，以物我两忘的态度，尽情欣赏自然山水：或采菊于东篱，或凝眸于南山，或对话于飞鸟。至于死，他以达观的态度看待之，说是"死去何足道，托体同山阿"。苏轼在《赤壁赋》中也深入地探讨了"天人合一"的快乐，他认为，像水与月这样的自然物是无穷无尽的，"盖将自其变者而观之，则天地曾不能一瞬；自其不变者而观之，则物与我皆无尽也。而又何羡乎？"既然如此，因人生短暂而悲哀其实是不必的。他对他的朋友说："且夫天地之间，物各有主，苟非吾之所有，虽一毫而莫取。惟江上之清风与山间之明月，耳得之而为声，目遇之而为成色，取之无禁，用之不竭，是造物者之无尽藏也，而吾与子所共适。"这就是说，只有与徜徉于大自然之间与

① 《论语·述而》。
② 《论语·述而》。

天地共同着生命才是最大的快乐。

虽然中国传统文化强调以“乐天知命”的态度对待生活，但并不是一味讲“乐”，不讲“忧”的。实际上，中国传统文化中讲“忧”多于讲“乐”。拿中国最古老的哲学著作《周易》来说，虽然《系辞上传》说“乐天知命故不忧”，但《系辞下传》又说：“作易者其有忧患乎?”只要稍许深入地阅读《周易》六十四卦，则不难发现，这本占筮之作，自始至终谈得最多的是如何避凶趋吉，居安思危。我们读《周易》感到耳旁有两种声音，一是号角，另一是警钟。两种声音相较，警钟之声更是惊心动魄。

《周易》理念的核心是“变”。一切皆变，物极必反。事物坏到极点，有可能转向好的方面；事物好到极点，也有可能转向坏的方面。否极可以泰来，泰极也可以否来。故处困当发愤，居安必思危。六十四卦排在最后的一卦不是表示成功的“既济”卦，而是表示没有成功的“未济”卦。这种排列，绝非出于形式上的考虑，而是有着极为深刻的哲理。也许正是因为这个世界没有完善的“既济”，而只有不完善的“未济”，我们才更应该努力，永不懈怠地努力。而且正是因为一切都在变动着，既没有永久的成功，也没有永久的失败。正是因为一切都有可能！我们更应警惧！《系辞下传》说：“子曰：危者，安其位者也，亡者，保其存者也，乱者，有其治者也。是故君子安不忘危，存不存亡，治不忘乱，是以身安而国家可保也。易曰：‘其亡其亡，系于苞桑。’”从总体上讲，《周易》的主题是警惧存忧。

《老子》强调“反者道之动”，祸与福相伏相依，同样包含有警惧存忧的思想。中国传统文化虽然不乏“自强不息”的洪钟大吕之声，但更多的却是谨慎忧患之音。在这点上，中国的儒道文化是一致的，孔子强调“人无远虑，必有近忧”。

在中国传统文化中，从哲学维度强调人要存忧患之心诚然可贵，但中华文化的忧患观念最为重要的不是忧患的态度，而是忧患的内涵。从儒家的最古老的典籍《礼记》提出“大道之行，天下为公”的思想始，中国儒家一直弘扬的是这种忧国忧民的传统。战国时，孟子接着《礼记》说的“老吾老以及人之老，幼吾幼以及人之幼”，响亮地提出“民为贵，君为轻，社稷次之”①。将忧民摆在首要地位。张载接着孟子说，将忧患的内容扩大到天地万物，提出“民吾同胞物吾与也”②，明确表示，作为知识分子，其人生意义就在于“为天地立心，为生民立命，为往圣继绝学，为万世开太平”③。

正是这种忧患意识，使得中华美学的伦理特色获得一种较为浓重的悲剧情调与崇高气概。中国社会长达几千年，动乱的时间多于太平年月，因而，悲凉兼悲愤的精神可以说渗透中华五千年的文化史。由于中国老百姓的命运紧密地地联系到国家政权，而中国五千年来的历史多又是改朝换代式的动乱，因而中华美学中的悲剧情调其具体内容更多地体现为“国破家何在，城春草木生”的慨叹。实际的悲剧反映在文学艺术之中，成为中国文学艺术史的主旋律之一。中国美学特有“教化”说、“诗史”说、“兴寄”说，都与中华民族的历史与文化传统有密切关系。

中华民族“乐天知命”的传统在美学并没有表现为优美或者喜剧的形式，它更多地作为一种精神渗透在中国人的审美境界中，而且它不仅不与中华民族特有的忧患意识构成对立，而且与之相融合，从而形成一种博大的精神情怀。这种情怀在范仲淹的《岳阳楼记》中表现得最为典型，那就是“先天下之忧而忧，后天下之乐而乐”的天地精神。这种精神所体现的审美形态是复合型的，崇高兼有优美，悲剧兼有喜剧。

二、崇阳恋阴

中华文化讲阴阳，阴一般表示母性的、柔性的、退让的、宽容的方向；阳一般表示父性的、刚性的、进取的、坚定的方向。从美学角度看阴，阴体现为秀美，阳体现为壮美。按西方美学体系，阴

① 《孟子·尽心下》。
② 张载：《正蒙·西铭》。
③ 张载：《张载集·拾遗·近思录拾遗·张子语录》。

为优美，阳为崇高。

阴阳所代表的两种方向在中华文化中是统一的，这集中体现在《周易》之中。《周易》作为中华哲学的总源头，其基本点是讲阴阳。从总体倾向来说，《周易》崇阳，阳总是作为打破固有格局的刚健力量，是将事物推向新阶段的积极因素。《周易》的第一卦乾卦是对阳刚的颂歌。《彖传》赞美乾："大哉乾元，万物资始，乃统天。"值得我们注意的是，《周易》崇阳，但是并不贬阴。《周易》的第二卦为坤，坤是纯阴的卦，对于坤卦，《彖传》同样取赞美的态度："至哉坤元，万物资生，乃顺承天。"

这里，《易经》与《易传》有所区别。仅从《易经》来看，阳与阴的地位无所谓尊卑。

《易传》则有所不同，《系辞上传》说："天尊地卑，乾坤定矣，卑高以陈，贵贱位矣。"多少含有尊阳卑阴的意思，但是这种意思并不是很强的，从易传的总的思想倾向来看，它更多地强调阴阳两者缺一不可，"一阴一阳之谓道"、"阴阳不测之谓神"①。

当然，也应该看到，中国传统文化在其发展过程中，的确也出现过尊阳卑阴的说法，具体表现为重男轻女的传统观念。另外，在文献中也发现有因阳为生命力向上的力量因而更值得重视的种种言论。但如果不只看这些理论性的文字，而能透入整个中华文化的底蕴，则能发现，中华文化其实更多体现出来的是崇阳恋阴的特色。

崇阳，更多地体现为一种理性的精神，而恋阴则更多地体现为一种情感的意味。

从总体上来看，中华文化是在推崇一种积极的阳刚的精神，《周易》将乾卦放在第一位，明显地说明了这一点。乾是纯阳之卦，在人类社会生活中，它象征父、君、男性。众所周知，中华文化是一种父权崇拜、君权崇拜、男性崇拜的文化，这种文化在封建宗法社会得到强调。乾卦的基本精神是《象传》所说的"天行健，君子以自强不息"。在中国美学上它体现为刚健，这种刚健之美，在西方美学体系中称为"崇高"。

① 《周易·系辞上传》。

坤卦是纯阴之卦，它集中体现中华民族积极的阴柔精神。在人类社会生活中，它象征母、后、女性。中国社会与人类其他民族一样，经历过母系氏族社会，虽然后来进入了父系氏族社会，但母系社会的遗存比较多，加上儒家的孝道观念的影响，在一个家庭中，有背景的或者特别能干的女性家长往往有很高的威望和实际的权力。坤卦在美学上体现为阴柔。“其静也翕，其动也辟。”比较乾坤两卦，在情感意味上，对乾，更多的是崇，是敬；对坤，更多的是恋，是爱。这从《文言传》看得清楚：

乾：乾始能以美利利天下，不言所利，大矣哉！大矣乾乎！刚健中正，纯粹精也。

坤：君子黄中通理，正位居体，美在其中，而畅于四支，发于事业，美之至也！

中华文化崇阳恋阴的精神在许多方面以不同的形式体现出来。就做人来说，中华文化十分重视节操，这节操关系国家、民族的根本利益，也关系个人的人格尊严，在这样的大事上，中国人不容些许含糊。孔子的学生曾子说：“可以托六尺之孤，可以寄百里之命，临大节而不可夺也——君子人与？君子人也。”①这种人将“节”看得比生命更重要。与“节”处于同样地位的是“志”。孔子说：“三军可夺帅也，匹夫不可夺志也。”②“志士仁人，无求生以害仁，有杀生以成仁。”③孔子看来，“志”比“帅”位重要，“仁”比“生”重要。《新序》中那位“不食嗟来之食”的饿者，千古之下让人感叹唏嘘。这方面的事例极多，最著名的有文天祥，抗元失败被俘，忽必烈劝降长达两年，他决计不从，主张“人生自古谁无死，只留丹心照汗青”，从容就义。

① 《论语·泰伯》。
② 《论语·子罕》。
③ 《论语·卫灵公》。

重视守志、持节，可以归属于“中道”，“中道”讲“正”。“正”指正确的道德立场。这些都属于大是大非的问题，在这些问题上，中华文化的立场是坚定的，这可以说是“崇阳”。

但是，我们也要看到，中华文化又是最讲“和道”的，孔子的学生有子说：“礼之用，和为贵，先王之道斯为美。”①以“和”为美，是中华民族美学最为重要的传统。《周易》“中孚”生动地描绘“和道”之美：“鸣鹤在阴，其子和之。我有好爵，吾与尔靡之。”“和”的核心是“爱人”，仁的核心也是“爱人”。“樊迟问仁，子曰：爱人。”②爱是善的基础，也是美的灵魂。没有爱谈不上善，也谈不上美。

讲“和”必然讲“恕”。“曾子曰：‘夫子之道，忠恕而已矣。’”③“忠”重在诚信，主要用于自己人；“恕”重在宽厚，主要用于自己的对手。“恕”道最为看重的是“己所不欲，勿施于人”④。在“德”、“怨”的问题上，儒家既讲德怨分明，主张以德报德，以怨报怨，同时又主张“以直报怨”，“以德报怨”。“忠”也好，“恕”也好，共同目的是实现“和”。

对人讲“和”，讲“忠”，讲“恕”；对自己，则要讲“谦”。谦虚是中华民族非常看重的美德，《周易》中专设谦卦，讨论谦虚的问题。“和”、“忠”、“恕”、“谦”都含有浓郁的人情味，都体现出让、退、柔这方面的意思，因此，这方面的思想可以说是“恋阴”。

中国的文化往往是两两结成对子，其中之一更多地体现为阳，另则体现为阴。阳与阴不是固定的，比如，男女相对，男为阳，女为阴；但如果女为主人，男为仆人，则主人为阳，仆人为阴。儒家文化与道家文化结成对子，一般来说，儒家为阳，道家为阴。先秦战国时期，治国有王道、霸道之分，王道尚礼，霸道尚武，这样，王道为阴，霸道为阳。韵文学中，往往诗与词对举，中国向来有

---

① 《论语·学而》。
② 《论语·颜渊》。
③ 《论语·里仁》。
④ 《论语·颜渊》。

“诗庄词媚”一说，在功能上，诗言志，重视“兴寄”；词道情，重视抒情。套用阴阳，则诗为阳，词为阴。唐宋诗人，往往是既写诗又写词，他们的诗词往往是两种不同风格，以欧阳修最为明显。欧阳修的诗刚健朴实，风劲骨健；而其词则一副女孩情态，极尽柔媚。

中华文化总的倾向是崇阳恋阴，但由于多种原因，这种崇阳恋阴是不均衡的，其中，崇阳的一面不及恋阴的一面，因而中华文化在总体上又偏于阴柔，是一种更多地偏向阴性的文化。中华文化的两大主流——儒家与道家，就它们之间的比较而言，似是道家偏柔，儒家偏刚，殊不知，儒家也是一种柔性文化，“儒者，柔也”。儒家在做人上，尚气节，的确有刚性的一面；但是又尚仁爱，也有尚阴柔的一面。而在治国上，儒家则明确地主张德政，这种德政发展为王道，与霸道相对立。王道尚文，霸道尚武。中国几千年的封建社会史，除了极短的时期外，基本上是儒家为国家意识形态的主流，这就让中国文化长期来一直偏于阴柔，这种状况当然影响到中国的古典美学。中国的古典的美学，为什么那样重情，重韵，重隐，重曲？显然，与中国文化偏阴柔的倾向相关。不含贬义地说，中国古典美学是一种相当女性化的美学。

三、尚贵羡仙

尚贵羡仙是中华文化又一传统。贵，意味着入世，升官，发财；仙，意味着出世，退隐，自由。显然，前一种思想更多地与儒家思想相联系，后一种思想则更多地与道家思想相联系。这种文化传统之所以具有美学的意义，也可以看作一种美学传统，是因为它是两种不同的人生快乐，体现出两种不同的审美理想。宋代欧阳修说：

> 夫穷天下之物，无不得其欲者，富贵者之乐也；至于荫长松，藉丰草，听山溜之潺湲，饮石泉之滴沥，此山林者之乐也。而山林之士视天下为乐，不一动其心；或有欲于心，顾力

不可得而止者，乃能退而获乐于斯。彼富贵者能致物矣，而其不可得兼者，惟山林之乐尔。惟富贵者而不得兼，然后贫贱之士有以自足而高世。其不能两得，亦其理与势之然与！①

按照儒家的人生观，人生在世，应该为国家，为社会作出贡献，具体说来就是“仕”。因为只有致仕才有可能借助君主的力量，实现造福天下兼光宗耀祖的人生理想，儒家知识分子无不是这样做的，他们通过各种方式，包括权臣举荐、国家科举，特别是科举，以获得最高统治者的青睐，以挤进为官者的行列。在中国封建社会，做上官，就意味着富贵。这种在为国为民的事业中同时也实现自己的快乐虽然并不等同审美的愉快，却可以转化成审美的快乐。

为周公所初创经历代统治者及其御用知识分子完善的礼制，逐渐内化为人的审美心理，进入审美理想。那些能体现高贵地位的形式都被看成美的体现，成为人们崇敬进而爱慕的对象。由于统治阶级的思想即是统治的思想，统治阶级的这种审美观也就影响到普通百姓。中国社会为什么对红、黄这两种颜色普遍地尊重？因为这两种颜色代表着富贵。到清代，统治者以繁复为美，宫殿的画栋雕梁不消说，即使日常生活用的家具，也无不雕刻上各种吉祥图案，且越繁琐、越精细越好。这种审美观影响着整个社会的审美风尚。

在先秦，与儒家的治国思想相对的是道家思想，道家主出世的人生观，这种出世不是无奈的被动，而是一种自主的选择。在道家看来，儒家讲仁，讲爱，虽然也不错，但不是人性的最高的追求。“泉涸，鱼相与与陆，相呴，相濡以沫，不如相忘于江湖”②，同样，“与其誉尧而非桀也，不如两忘而化其道”③。那要怎样才能实现这种“相忘于江湖”的快乐？按老子的理论，是“法自然”，即每个人都回归到自然本性。怎样回归自然本性？庄子提出“坐忘”，

① 欧阳修：《浮槎山水记》。
② 《庄子 · 大宗师》。
③ 《庄子 · 大宗师》。

“堕肢体，黜聪明。离形去知，同于大通”①。即由社会人回归到自然人。当然，人不可能真正回归自然，但是，可以在两种意义上实现这种回归，一是在精神上实现在对社会超越，不再以功名利禄为念；二是走向自然山水，与最能体现自然精神的自然界为伍，徜徉于山水之间，啸傲云烟，即所谓的“出世”，欧阳修说的山水之乐就来自于此。

在先秦，儒家其实也不是一味入世，孔子说：“道不行，乘桴浮于海。”也就是出世，不过，在儒家，只是在“道不行”时才这样做的，这是一种被动的撤退。孔子在与学生言志时，赞赏曾点的“浴乎沂，风乎舞雩，咏而归”的人生理想，说明他也重视山水之乐，不过，儒家的山水之乐，更多地体现为对不仁义的富贵生活的对抗。孔子说：“饭疏食饮水，曲肱而枕之，乐亦在其中矣。不义而富且贵，于我如浮云。”②

中国的知识分子，自先秦以后，纯粹的儒家、道家不多，即使是出家做了道士的知识分子，也多少有着儒家的思想，因此，欧阳修说的两种乐通常是兼着的。通常的情况是：达则兼济天下，穷则独善其身。兼济天下时，享受着富贵者之乐，独善其身是享受着山林者之乐。

山林者之乐的享受者主要为隐士，隐士有两类，一类是假隐士，身在山林，“心存魏阙”，如孔稚珪《北山移文》中所痛斥的周颙，他们大概不太可能真正感受山林之乐的。另一类则是真隐士，最有名的是东汉的严子陵。他是坚决不去做官的，范仲淹称颂他的品德是“云山苍苍，江水泱泱”。应该说，他们才是山水的真知音。还有一类则是出入于隐与非隐之间的，如李白，他的人生宗旨是：“人生在世不称意，明朝散发弄扁舟。”称意时，享受的是富贵者之乐，不称意时，享受的则是山林者之乐。

汉代道教兴起，人们逐渐将隐士与道术联系起来，那就是说，做隐士不仅可以躲避社会凶险，而且可以兼治道术，修炼成仙。于

① 《庄子·大宗师》。

② 《论语·述而》。

是，神仙作为一种人生理想提出来了。当然，神仙是没有的，但确有经过修炼而长寿的人。道教初创时，融进了一些神仙方术，神仙方术借宗教成为信仰的对象，它的真实性就不容置疑的了。各种神仙的故事在中国社会广泛传播，绘形绘色，极大地影响了中国人的审美观。

流传在人们生活中的仙是人，又不是人。他们仍然生活在人世间，不仅可以享受着人世间的一切快乐包括“富贵者之乐”的那份快乐，而且没有任何人世间的烦恼，因为他超越了人世间所有束缚包括生死大劫。这当然最切合中国人的人生理想了。中国美学的审美理想也就在这里获得了新的生长点。仙人实是超人，这种超人式的仙界，是一种让人可慕、可近、可亲甚至在幻觉中可触然而实际上又不可即的彼岸世界，一种无比美妙的审美境界。

佛教传入中国后，经历了一个漫长的中国化的过程，至禅宗的出现，佛教的中国化始告完成，禅宗是一种融合佛学与庄学的宗教理论，或者说，庄学化的佛教理论，庄学是中国神仙学的重要源头之一，从羡庄到羡仙，是十分自然的过程，从某种意义上说，庄就是仙。由于禅宗的理论实是佛学的庄学化，因此，中国人很自然地将佛教的菩萨都看成是神仙。成仙与成佛被看成是一回事。仙佛在中国文化中往往合流了。民间传说的济公，既可以说是佛，也可以说是仙。

“贵”与“仙”体现出中国人审美理想的两个侧面，前一面更多地体现出儒家的人生哲学，后一面则集中地体现了道家、道教与禅宗的人生哲学。它们各自体现出中国入世与出世的审美观。

（原载《衡阳师院学报》2007 年第 1 期；《人民大学复印资料 · 美学》2007 年第 5 期）

中国古典美学体系论

中华美学是中华民族在长达四五千年的历史行程中逐步创立并完善起来的，它有自己的一套理论体系，有自己的一套范畴，而与西方美学大相径庭。值得指出的是，尽管理论体系、范畴与西方不同，但所研究的对象是一致的。美学作为一门人文科学，不只某一民族具有，各民族都有，因为任何民族都有自己的审美活动，是不是将研究审美活动的理论成果抽出来称之为一门学科那是次要的。西方明确提出要建立一门名叫 Aesthetic（中译为“美学”）的学科是 18 世纪的事，这并不等于 18 世纪以前西方无美学。同样，中国明确提出要建立美学学科也很迟，比西方还要晚，甚至在提出要建立美学学科这件事上明显地受到西方的影响，但并不等于在此之前中国无美学。这是首先要予以说明的。

中华美学在自己的发展过程中形成了自己的理论体系，简论如下。

一、以“意象”为基本范畴审美本体论系统

本体论（ontology）是关于事物存在的理论，“存在”在西语中用的词是 on 或 being。存在又分两种情况，一种是现象的存在，我们称之为“体”；另一种是本质的存在，我们称之为“本”。存在论研究的是事物的本质，是本质的存在。哲学本体论研究的是最高的存在。哲学虽然美其名说是研究宇宙的本体，其实，还是研究的是与人相关的价值世界，故，价值也是一种存在。任何一门学科，它研究的对象都应是存在，所以都有一个存在论的问题。按西方美学体系，它的研究的对象是“感性认识的完善”即“美”，那么，这美就

是它的存在，它的本体，关于美的研究构成了美学的本体论系统。

关于美的问题，提问的方式有两种：一种是“什么东西是美的?”另一种是“美是什么?”古希腊哲学家柏拉图(Plato，前427—前347)有一篇著名的文章《大希庇阿斯篇——论美》将这两种提问方式亮出来了：

苏：美的东西之所以美，是否也由于美?

希：是的，由于美。

苏：美也是一个真实的东西?

希：很真实，这有什么难题?

苏：我们的论敌现在要问了：“客人，请告诉我什么是美?”

希：我想他问的意思是：什么东西是美的?

苏：我想不是这个意思，希庇阿斯，他要问美是什么。

希：这两个问题有什么分别呢?

苏：你看不出吗?

希：我看不出一点分别。

苏：我想你对这分别知道很多，只是你不肯说。不管怎样，他问的不是：什么东西是美的?而是：什么是美?请你想一想。①

这里提出了两种提问的方式：一种是问“什么东西是美的?”另一种是“什么是美?”换句话说，前一种提问，是问“美在哪里”，后一种提问是“问美是什么”。

柏拉图文章中写的苏格拉底与希庇阿斯关于美的讨论，希庇阿斯对美的理解，总是与具体的事物联系在一起，他说“美是一位漂亮的小姐”，苏格拉底则驳斥：如此说，“一匹漂亮的母马不也可以是美的”？苏格拉底的意思很清楚，他要探寻的是“美本身的存

① ［古希腊］柏拉图：《文艺对话集》，朱光潜译，人民文学出版社1963年版，第180页。

在”，是让美的事物成为美的事物的那个东西。

柏拉图借苏格拉底批驳了希庇阿斯，坚持的是苏格拉底所代表的路线，由此，也开辟了西方美学中本体论的传统：探究美本身，即美的本质。

中国古代美学中极少孤立地探讨美是什么的讨论，即便是像孔子说的“里仁为美”、孟子说的“充实之谓美”，也不是在探讨美的本质，这里的“美”似乎还不能等同于后来说的美，它更多的是说善；好，即便有那么一点探讨美的本质的意思，这种提问的方式也未能坚持下去，成为中国古代美学本体论的传统。在中国古代美学中，讨论最多的是“美在哪里”，即“什么东西是美的”？

不能说中国古代哲学没有探讨过诸如事物本质这类抽象的问题，道家哲学就将“天地之始”“万物之母”定位为“道”。这当然是属于本体论，但是，道家讲的道虽然是“天地之始”，“万物之母”，但道并不是纯然抽象存在，道就存在于万事万物之中。所以，本与体合一。道虽然存在于万事万物之中，却不能用任何一个事物来指称它，所以它“无名”。道既不能归之于“有”，也不能归之于“无”，或者说，道既是“有”，也是“无”，所以道才“玄之又玄”。

那么，如何知“道”？靠人去体，即“体道”；去观，即“观道”；去味，即“味道”；去悟，即“悟道”。不体，不观，不味，不悟，哪有道的存在？由此可见，道的存在与对道的把握方式是密不可分的，道就在对道的各种认知、体悟之中。中国哲学的本体论与方法论就这样合为一体。

由此，也导出了中国古代美学中的本体论。如同“道”在万事万物之中而不能归之于某物一样，“美”也在美的事物之中而不能归之于某一美的事物。同样，如何知“美”，也不能离开对美的把握，美就在观美、听美、味美等具体的审美活动之中。

中国人的自我意识，审美意识迟于宇宙意识，也迟于道德意识，而且审美意识一直蕴藏在宇宙意识、道德意识之中，中国人的宇宙意识、道德意识早在先秦时期，就不仅觉醒而且比较完善了，而审美意识则迟至汉魏南北朝才逐渐觉醒。审美意识的觉醒不在感受到了美，而是觉出了美在哪里？当汉代的王逸说《离骚》“依诗取兴，引类譬喻”①时，只是走到美的门口，而未能登堂入室，因为他说“依诗取兴，引类譬喻”，那“譬喻”仍然只是道德的比喻。扬雄感受到了赋的美，说“诗人之赋丽以则，辞人之赋丽以淫”②，但是他也不明白这美在何处？我认为，直到南北朝时，刘勰拈出“意象”这一概念，说“窥意象而运斤”③，审美意识才明显地觉醒了，因为此时的中国人知道了美在“意象”之中，这正如“易”在象中、“道”在物之中一样。

“意象”之本为“象”。“象”既是意象之本，也是美之本，无象则无美。中国古典美学对“象”的重视可以追溯到汉字的创造，汉字就是“象”。尽管世界上各民族的最早的文字都是象形的，但只有中国保持这种象形的传统。语言是思维的现实，而文字又是语言的现实，所以中国人的思维方式与审美方式不能不受到这种传统的影响。

语言哪怕是象形文字构成的语言，都不可避免地具有抽象性，它的本质是明理的，而“象”虽然于理上不见得比“言”更高明，但在揭示这个世界的真实存在上却有言不可替代之处，因为这个世界本就是感性的存在，所以“象”比之“言”，更接近现实本身，更能显示生命的真实。《周易·系辞上传》最早提出“言不尽意，立象以尽意”，为中国古典美学的本体论奠定了第一块基石。

其后，刘勰将审美形象定为“意象”，说诗人“窥意象而运斤”，则为中国古典美学的本体论奠定了第二块基石。唐代的诗人王昌龄提出“意境”这个概念，虽然他对意境的解释与日后众多美学家的解释还有距离，但毕竟提出了一个重要的美学概念。“意境”与“意象”相比，其意蕴就深邃多了。这就为中国古典美学的本体论奠定了第三块基石。在唐代，皎然、刘禹锡等人，将佛经中常出现的“境”挪到审美上，提出许多重要命题，特别是刘禹锡“境生于象外”(《董氏武陵集记》)一语揭示中国古典美学最高范畴“境界”的

① 王逸：《离骚经序》。
② 扬雄：《法言·吾子》。
③ 刘勰：《文心雕龙·神思》。

本质。到清末民国初，王国维在《人间词话》中强调“境界”的重要性，将之视为艺术美之本，又提出人生也有境界。于是“境界”遂成为中国古典美学的最高范畴。“意境”与“境界”要讨论艺术美时它们是相通的，但用在探讨人生修养，意境就不好用了。王国维是中国古典美学本体论的最后完成者。于是，象——意象——意境——境界，中国美学的发展完善明显地呈现出四个阶段。

中国美学讲的象实是道的外化、道的象征。中国古人，通过对象的观察去把握道。南北朝时的画家宗炳提出“澄怀味象”，也提出“澄怀观道”。象怎么可味？因为象中有道；道怎么可观？因为道在象中。中国美学实际认为美是道的形式或象征。

作为道的形式或象征的象，在中国古代哲学称之为“意象”，意象，顾名思义是意之象，这意，有两种内涵：第一重内涵是作为宇宙本体的道，因为此，意象可以通达天地，这就为意象升华为境界奠定了基础与可能；第二重内涵是主体对道的理解与把握，这一重内涵，不仅让意象具有审美主体的主观性，而且也让道具有了可以为人理解的亲人性。意象的二重内涵，共同构成了审美的内涵，这二重内涵是不可分割的，是融合在一起的，潜藏于象内，又借象而开显。美就在意象。

二、以“味”为核心范畴的审美体验论系统

在审美心理方面，中国古典美学与西方美学也存在明显的差异。西方美学基本上是从认识论角度来看待审美的。鲍姆嘉通说：“美学(美的艺术理论，低级知识的理论，用美的方式去思维的艺术，类比推理的艺术)是研究感性知识的科学。”“美学的目的是(单就它本身来说)感性认识的完善(这就是美)。”①既然将审美看作一种知识，必然将审美看成认识。在西方美学，审美心理基本上等同于认识心理。

① 转引自北京大学哲学系美学教研室：《西方美学家论美和美感》，商务印书馆1979年版，第142页。

从认识论的维度看审美，以主客对立为前提，所以在西方美学中，审美主体与审美客体是区分很清楚的。这与西方哲学以主客两分为特征是一致的。中国古典美学的审美心理理论则有所不同，它基本上属于体验论系统。中国古典美学建立在“天人合一”的基础上，人心与自然(天)“一气流通”融为一体，无有间隔。在中华民族的审美心理中，天地自然如人一样，充溢着生命气息，而且人的生命就是宇宙生命的凝聚，因而人可以“上与造物者游，而下与外死生无终始者为友”①。建立在这种哲学基础上的审美理论不可能是主体与客体对立的认识论，而只能是主体与客体交感的体验论。

“交感”是中国古典美学体验论的基础。所谓交感，一是感兴，主体的情感由物的形貌所感发。因是物之象作用于人感官，故又称“物感”或“感物”。“感”强调这种活动是感性的。“兴”是情感的活动包括为情感所激发的想象。二是感会，强调主体与客体相互作用，不只是客体动情于人，还有主体移情于物。两者相互作用，不分主次、轻重。陆机将这种作用称为“应感”②。刘勰描绘这种主客交感，“目既往还，心亦吐纳”，“情往似赠，兴来如答”③。遍照金刚则说是：“安神净虑，目睹其物，即入于心，心通其物，物通即言。”④

在交感的基础上，审美心理继续深入则为“妙悟”。审美的深入，情感活动非常强烈。它必然启动想象，想象是在已知不完备的情况下，对事物的意蕴及发展趋向超常规的非逻辑的把握。这种把握虽然不一定是正确的，但往往是超前的、深刻的。强烈的情感活动不仅启动了想象，还启动了理智，只是在审美的情境下，理智的活动融入了想象，只是潜在是影响着想象的发展方向，深化想象的内涵。尽管如此，它也有助于审美的深入。这种心理状态，中国古典美学称之为“妙悟”。“悟”与理解处于同一层次，但理解是逻辑

① 《庄子·天下》。
② 陆机：《文赋》。
③ 刘勰：《文心雕龙·物色》。
④ ［日］遍照金刚：《文镜秘府论·论文意》。

的，而悟是非逻辑的，感性的。称其为“妙”，则是因为“不涉理路，不落言筌”，“羚羊挂角，无迹可求”①，它是直觉的。

审美心理的高峰体验是“物我两忘”。庄子描绘这种物我两忘用“化蝶”来比喻。他说：“昔者庄周梦为蝴蝶，栩栩然蝴蝶也，自喻适志与，不知周也。俄然觉，则蘧蘧然周也。不知周之梦为蝴蝶与？蝴蝶之梦为周与？”②物我两忘，是精神上的，这个“忘”不能简单地理解成忘掉，它揭示在审美的巅峰状态，主体那种“神与物游”的高度自由。审美的自由就是这样一种精神上的自由。

中国古典美学表述审美心理的核心范畴是“味”。味本来自饮食文化，但当进入哲学领域，就完全是另一种意义了。老子首先将味引入哲学，他提出“味无味”。“无味”，说是味，说明道是感性的，但又说无味，说明道不能归于一种事物，它是无限的。道的这样一种性质决定了味道的味，不能像味食一样，用舌头去品尝，而是要用心去品尝。用心去品尝与用心去思考是不一样的，前者具有感性的意义，后者则纯是逻辑推理。所以，“味”，就是体悟。

中国古典美学用“味”而不是用“视”作为美感的核心范畴是耐人寻味的。把握事物视与味各有优点，视的前提，是主客保持一定距离，这样便于主体观察。视的优点是掌握的材料清晰，相对较为全面，因而视通常被看作认识的主要感觉。味的前提，则必须是主体与客体相接触，它对对象的把握也许不全面，也不清晰，但是更细腻、更微妙。这种把握主要是一种体验。

我们的古人用味来作为把握道进而用来把握艺术美的主要方式，是非常高明的。味与悟同为理性直觉，只是悟更多地用于对道的把握，而味更多地用于对美的把握。

味除了与道相联系构成味道外，还与趣相联系，构成趣味。这恰好反映了美感的两个本质性的特点：一它是深刻的，具有形而上的意义；二它是愉快的，具有精神享受的意义。而这二者都统一在感性的“味”之中。

---

① 严羽：《沧浪诗话·诗辨》。

② 《庄子·齐物论》。

中国美学的审美体验论范畴，除味以外，还有“观”、“游”等。观与游与味一样，都不只是感性的，还兼有理性，是感性与理性的统一。味、观、游初起于感，而入于心。是心味，心观，心游。

三、“妙”为主要范畴的审美品评论系统

审美品评指对审美对象美学品格的评价。西方美学似乎这一部分比较薄弱，而在中国古典美学中它占有重要地位。中国古代美学中的审美品评，始于画论与书论。唐代的张怀瓘评书法，就有神、妙、能三品，宋代画家黄休复说画有四格：逸格、神格、妙格、能格。黄休复说：

> 逸格：画之逸格，最难其俦。拙规矩于方圆，鄙精研于彩绘，笔简形具，得之自然，莫可楷模，出于意表，故目之曰逸格尔。
>
> 神格：大凡画艺，应物象形，其天机迥高，思与神合。创意立体，妙合化权，非谓开厨已走，拔壁而飞，故目之曰神格尔。
>
> 妙格：画之于人，各有本性，笔精墨妙，不知所然。若投刃于解牛，类运斤于斫鼻，自心付手，曲尽玄微，故目之曰妙格尔。
>
> 能格：画有性周动植，学侔天功，乃到结岳融川，潜鳞翔羽，形象生动者，故目之曰能格尔。①

从黄休复的论述来看，“逸格”主要特点是：得之自然，莫可楷模，出于意表。“神格”主要特点是：应物象形，得其神韵，栩栩如生。“妙格”主要特点是：笔精墨妙，自由运斤，曲尽玄微。“能格”主要特点是：学侔天功，善于状物，形象生动。四格分别

① 王世桢：《王氏书画苑·益州名画录》。

从四个方面说明艺术美的性质：逸格重在创造，神格重在传神，妙格重在精微，能格重在生动。逸格最高。

黄休复崇尚逸格，显然持的是道家的美学观。这一思想，在后代的书画品评中，获得主流地位，而在诗文品评中则又未必。中国美学中，书画与诗文，用的是两套不完全相同的品评标准。书画品评，更多地讲自然、讲逸；诗文品评，则更多地讲情志、讲雅。

黄休复崇尚逸格，在中国美学史上的影响是很大的，但是，从整个中国美学史来看，不是逸，而是妙成为审美品评论中的中心范畴。妙之能获得这个地位，主要得益于《老子》用“妙”言“道”。

《老子》说：“道可道，非常道；名可名，非常名。无，名天地之始；有，名万物之母。故常无，欲以观其妙；常有，欲以观其徼。此两者，同出而异名，同谓之玄，玄之又玄，众妙之门。”老子这里明确地说，妙与作为“万物之母”的“无”相联系。老子用“无”与“有”来界定道。“无”作为“天地之始”，显然比作为“万物之母”的“有”更为根本。“无”作为“有”的否定，它是不可定义、不可限定也不可言传的。这种性质，老子称之为“妙”。

“妙”作为“道”的形容词，得天独厚地获得别的概念无法与之相比的优越地位。

“妙”较之“美”，具有明显的优点：第一，美是对事物外在形态的审美品评，而妙却更多的是对事物内在神韵的审美品评；第二，美较多地用于对具体人物、事物的评价，而妙则更多地用于对抽象的精神、事理的评价；第三，美更多地注重于事物静态的存在，而妙更多地注重于事物的动态的存在；第四，美更多地显现为具象、感性，易于把握，而妙更多地显现于抽象、理性，难以把握；第五，美更多地联系形而下的层面，为器，而妙更多地联系形而上的层面，为道。

“妙”在中国古典美学的审美品评论中取得中心范畴的地位，还得力于魏晋玄学。魏晋时期，玄风昌炽，《老子》、《庄子》、《周易》号称“三玄”，解读这三部书形成的学问被称为玄学。玄学家们大量地运用“妙”的概念来表达对“三玄”品评，同时还将它运用于人伦赏鉴与艺术欣赏中去，于是乎，众妙层出不穷，出现了不少由妙组成的词汇，诸如：妙句、妙楷、妙音、妙味、妙风、妙舞、妙花、妙色、妙香、妙容、妙手、妙兴、妙相、妙赏、妙年、妙士、妙舌、妙理、妙义、妙用、妙境、妙悟、妙觉、妙语、妙人，等等。

除了体现“道”的特点外，“妙”还有另一个重要性质：精微。王弼为《老子》作注：“妙者，微之极也。”①精微，通向神秘，通向变化，兼有“神”的含义；精微，通向自然，通向无限，兼有“逸”的含义；精微，通向工巧，通向生动，兼有“能”的含义。所以，“妙”集“逸”、“神”、“能”于一体，是最能代表中国美学特色的审美品评论范畴。

中国美学的审美品评论虽然以妙为中心范畴，但也还使用别的范畴，除了黄休复说的逸、神、妙、能外，还有美、妍、丽、气、骨、韵、清、雅、朴、巧、工，等等。美，前面已经谈过，妍、丽基本上与美同类，都强调外在的漂亮、精致。气、骨、韵则较多地强调内有生命力。气兼有自然元气与精神力量两方面的含义，用在审美上更多地指精神生命力。骨在审美中同样指内在的精神生命力，只是强调生命力的刚性的一面。韵则恰好与之相对，它强调的是精神生命力中的柔性的一面。清与浊相对，雅与俗相对，它们兼有儒道两家哲学的含义。就儒家来说，清与雅必然合乎名教；就道家来说，清与雅必然合乎自然。清与雅基本上相通，但清更倾向于道家，雅更倾向于儒家。朴，来自于道家。朴，强调自然、真。巧与工主要指人为努力所达到的完善，也用来说自然的美，因为自然的美是巧的极致、工的极致。

中国人对美的体验是相当丰富的，他们不只是用美一个概念而是用一个概念群从各个不同的方面、不同的维度表示美的各种不同的形态、性质及人们对它的感受。可以说，在世界，像中国人这样对美有如此丰富感受的民族是不多见的。

---

① 王弼：《王弼集·老子道德经注》。

四、真善美相统一的艺术创作论系统

中国古典美学以艺术美学为主体。许多美学思想是从探讨艺术创作与艺术欣赏得出来的。艺术创作与艺术欣赏两方面又以艺术创作更为重要。中国古典美学中的艺术创作论强调真善美的统一。艺术诚然要讲美的，但是艺术的美不能离开善与真。中国古典美学谈艺术美的创造，从来是将美与善、真联系在一起的。

中国儒家哲学主要是伦理哲学，善是中心概念。中国儒家对善的理解，是比较宽泛的。孟子说“可欲之谓善”①，此善含有合乎人性的全部需求的意思，这是广义的善。孔子没有给善下定义，从他使用善这一概念的实际情况来看，善偏于重伦理性的内涵，主要指仁爱。荀子对善的运用，基本上同于孔子。

中国哲学主张善与美的统一。这种统一，在表述上采用许多不同的形式：或用善与美这样的概念；或不用这样的概念但包含了两者的内涵。

孔子作为儒家学说的开创者，奠定了善美相分又善美统一的基本路线。他说《韶》乐“尽善尽美”，而《武》乐“尽美矣未尽善矣”②，明显见出美不是善。但另一方面，他更注重将美与善联系起来，而且用善来解释美，强调“里仁为美”③。

孔子说：“兴于诗，立于礼，成于乐。”④这里说的诗、礼、乐均兼善与美的成分，相比较而言，诗、乐二者，美的成分较重；礼则善的成分较重。诗、礼、乐三者，礼最为重要。三句话分别说诗、礼、乐的作用，并不意味着它们是孤立的，恰恰相反，它们是密切结合，相互渗透的，其中礼的渗透力最强，并体现出统帅的作用。孔子认为“诗”与“乐”都要合乎“礼”。他与子夏论诗，强调

---

① 《孟子·尽心章句下》。

② 《论语·八佾》。

③ 《论语·里仁》。

④ 《论语·八佾》。

“礼后”，即礼为诗之本①。诗的特点在“兴”，“兴”既有起情的作用，又有兴寄的作用，即立善的作用，起情而达于兴寄，这就通向“礼”。“乐”以融汇情感与理解为特点，在人格修养上，处于人格修养的最高层次。说“成于乐”，而不说成于礼，因为礼只是理性的形态，缺少情感的支撑。一种观念要真正在人心中生根，必须取理情交融的状态。在人性的内在心理及生理结构中，情处于自然生理性与社会理性中间的位置，理内化为情，这理也就能筑基于人的自然生理性了，当然也就在人心中生根了。再者，乐者，乐也。快乐这种情感，在人的所有情感中，自然是更为人喜爱了。说人格修养“成于乐”不是说这其中没有礼，只是说，没有礼的那种理性形态，礼的内涵仍然在，只是它转化为情感的形态了。

孔子讲《诗经》有“兴观群怨”的功能，兴是抒情，观是认识、群是协调人际关系、怨是批判社会不合理现象。孔子实际上已经亮出艺术崇善的主张了。《毛诗序》将这个观点加以发展，提出“风教”、“美刺”。所谓“风教”就是“风以动之，教以化之”，“上以风化下，下以风化上”，强调艺术应对整个社会都要有所教益。所谓“美刺”，美是赞美，自然赞美的是合乎礼的人物与现象；刺是批判，自然批判的是不合乎礼的人物与现象。其最终目的是：“正得失”，“美教化”，“厚人伦”“移风俗”。

儒家对艺术创作的纲领性命题是“诗言志”②。“诗言志”的“志”含义很丰富，是一种情理结合的思想倾向，其核心是合乎儒家伦理的经国之志，仁义之志。

关于文道关系，儒家也多有论述。儒家理解的道主要是人伦之道，即儒家的纲常。唐代古文运动中，韩愈说：“学古道则欲通其辞，通其辞者，本志于道者也。”③柳宗元提出“文者以明道”④，到

① 《论语·八佾》：“子夏问曰：‘巧笑倩兮，美目盼兮，素以为绚兮，何谓也?’‘绘事后素。’曰：‘礼后乎?’‘起予者商也!’‘始可言诗已矣。’”这里的“礼后”有多种解释，笔者取以礼为本的解释。

② 《尚书·舜典》，《毛诗序》则说：“诗者，志之所之也。”

③ 韩愈：《题哀辞后》。

④ 柳宗元：《答韦中立论师道书》。

宋代，周敦颐提出“文以载道”①，朱熹讲“文从道出”②，都十分强调“道”对“文”的统帅作用。

关于艺术创作中美与真的关系，中国古典美学其实是重真的，只是中国古典美学讲的真与西方美学讲的真有所不同。大体上来说，中国古典美学讲的真有三种形态：第一，宇宙精神之真，这“真”即为“道”，它是宇宙的本体，在中国哲学中又称之为“自然”、“天”、“天地”、“太极”、“一”、“无”等，在美学中通常用“神”来表达。老子说：“道之为物……其中有精，其精甚真，其中有信。”③第二，客观物象之真。这个真，中国古典美学通常用“形似”来表达。第三，思想情感之真。庄子说：“真者，精诚之至也。”“不精不诚不能动人。”④这种真实为精神生命，它常与“气”“神”相联系。三种真，中国古典美学第一看重的是宇宙精神之真，艺术只有体现出宇宙精神来，那才是最高的真实，其次看重的是主观思想情感之真。王国维认为，只有表达真情感，才能有境界。对于客观物象之真，中国古典美学是放在第三位的。它不是不重要，但总的来说，它要服从于宇宙精神之真与主观思想情感之真，而且它只是客观精神之真与主观情感之真的载体或物化形态。

中国古典美学有一著名的命题：“以形写神”。这一命题是晋代画家顾恺之提出来的，他认为，形只是表达神的工具，神似胜于形似。⑤ 所谓“神”，在顾恺之，主要是所画对象的内在精神。但后来，人们将“神”推向“道”，要求作品不仅要传出的所反映对象之精神，而且要传出宇宙之精神。这样，“神”就兼有第一种真与第三种真了。

关于“道”，在先秦，儒家与道家都用这个概念，只是儒家重

---

① 见周敦颐之《通书 · 文辞》，其文本为：“文所以载道也，轮辕而人弗庸，徒饰也，况虚车乎！”

② 见朱熹之《朱子语类 · 论文 · 上》卷四十七，其文本为：“这文皆是从道中流出，岂有文反能贯道之理？”

③ 《老子 · 第二十一章》。

④ 《庄子 · 渔父》。

⑤ 顾恺之：《魏晋胜流画赞》，又参见《世说新语 · 巧艺》。

人道，道家重天道。虽然道家批判儒家有为的人道，但儒家的人道并不排斥天道。先秦以后，儒道合流，魏晋玄学试图整合名教与自然，实际上就是整合人道与天道。到宋明理学，这种整合取得了成功。于是儒家的人伦之道也就是天道，谓之“天理”。这样，艺术创作要求所表现的宇宙精神之真，就包含了儒道两家的本体论。中国古典美学中的真与善实现了合流。

关于中国艺术创作崇真，有许多重要的理论。除“以形写神”外，还有刘勰的“言之文也，天地之心”①说，张璪的“外师造化、中得心源”②说，苏轼的“自然成文”③说，袁宏道的“独抒性灵”④说，王夫之的“天地致美”⑤说，石涛的“一画”⑥说，等等。

中华文化的主体是儒家文化与道家文化。其他还有佛教文化、道教文化及各少数民族的文化。这多元文化并不互相排斥，而是互相补充、互相吸收，呈圆融综合的格局。儒家美学重政教伦理，道家美学则更重自然情性。儒家美学更多地注重审美的社会效应，将审美更多地引向政治学、伦理学的领域；道家美学更多地注重审美的心理效应，将审美更多地引向心理学、艺术学的领域。由于中国封建社会长期以儒家作为国家的意识形态，因此儒家的美学在中国美学居骨干地位，而道家美学则为血肉。

不论是儒家还是道家，其哲学精神都是“天人合一”，只是在先秦，理解上有些差异，而中国哲学的高级形态——宋明理学，就能见出这种差异了。中国古典美学的本体论就建立在这种哲学基础之上。由情景两种基本因素构成的“意象”成为中国古典美学的审美本体，意象的最高形态为境界，它在艺术中的体现为意境。不是美，而是境界，成为中国古典美学的主题词。

以上，我们从本体论、品评论、体验论、艺术论等几个方面来

---

① 刘勰：《文心雕龙·原道》。

② 张彦远：《历代名画记》卷十。

③ 苏轼：《自评文》和《与谢民师推官书》。

④ 袁宏道：《叙小修诗》。

⑤ 王夫之：《诗广传·商颂三》卷五。

⑥ 石涛：《苦瓜和尚画语录·一画章》。

谈中国古典美学的体系，值得说明的是，许多概念的归类不是很妥当的，因为实际上，一个概念可以根据其不同的用法，归入不同的系统。中国古代美学，在概念的使用上，不看重概念的词性。事实上，现代语言学的词性分类法，在中国古代是没有的，中国古代语言的使用，重在语意。一个词，既可以作名词用，也可以作动词用，还可以作形容词用，决定性的是语境。像“品”，作名词用，它表示一种规格、一种性质、一种级别。中国古代论画，将画分成若干品级，有神品、妙品、逸品等。品也可以作为动词，这样，它就相当于当今的审美欣赏了。

中国古代美学是一种古典形态的学术体系，它虽然拥有极其丰富的于今天很有价值的资源，但它毕竟产生于古代中国的生活土壤，它在今天当然可以产生作用，成为建构当代美学的重要营养，但是，它必须经过当代人的理解、阐释。这种阐释是非常重要的。阐释，当然需要从文本出发，基本的语意是不容误读的，但是，所有的阐释，均是从阐释者的一种再理解、再创造，因而必然又是不一样的。同一文本，可以因为不同的阐释者生出无数个不同的说法来。这不仅是正常的，而且是必要的。中国古典美学的巨大生命力、它的无穷魅力，就存在于这种不断阐发之中，而且极为丰富的不同的阐发之中。

（原载《人文论丛》1999年第二卷，武汉大学出版社1999年版）

中西美学本体论比较

美学在中国既年轻又古老。虽然现代意义的美学学科在中国是20世纪初才有的，但中国几千年的文明史中，有着极为丰富的美学内涵，而且从某种意义上讲，中国的文明，是相当美学化的。真、善、美在中国的传统文化中并没有实现真正的分化，一直到近代；而西方，真、善、美三者的分化，则基本上在18世纪就已经完成，美学就是在这个世纪建立的。比较中国的美学本体论与西方的美学本体论，是一件很有意义的事，它能使人们更为清楚地看到中西文化的差异。美学本体论和哲学本体论无疑有着必然联系，正是基于这一看法，我们下面将要探讨的三个方面的比较，第一个方面较多地涉及哲学本体论的比较。关于比较的时间限度，考虑到20世纪是中国美学西化的世纪，二者融合多于对立，我们基本上没有列入考察的视野，因而我们的比较基本上划定在自古代至近代。

一、神与自然

中国和西方对世界的本体的看法，体现出两种不同的倾向：自然本体和神本体。前者认为世界的本源是自然，后者认为世界的本源是神。这种不同与宗教在两种不同的文化中所处的地位有很大的关系。

中国是一个宗教意识经较淡薄的国家。不能说中国没有神灵崇拜。中国商周神灵崇拜还相当严重，尤其是商，史书说是“率民以事鬼神”，但值得说明的是，中国先秦时期的鬼神主要是祖先神，即是说将祖先神化为崇拜对象，这鬼神不具有本体的意义。儒家创始人孔子基本上不讲神，说是“祭神在，祭神如神在”①，中国后来出现了道教，也从印度传入了佛教，虽然这两种宗教在中国社会一直有着重要的影响，在某些朝代还特别受到统治阶级的青睐，但从整个中华民族的历史来看，它们并没有成为主流的意识形态。

而在西方，情况则大不一样，宗教可以说一直影响社会主流的意识形态。当然，在西方历史的不同时期，宗教的影响也有强弱起伏之分。简言之，是中间强两头弱，在中世纪基督教几乎成了唯一的意识形态，而在古希腊罗马时期，宗教的影响虽然存在，但自然主义的理性思考与多神教的信仰并行不悖，而自文艺复兴以来，理性逐渐压倒神性，宗教从社会生活的中心淡出，但仍保持重要的影响力。

中国的先秦与古希腊罗马，在宗教所占社会地位方面有所差别，在对待自然的态度方面，也有所差异。先秦道家谈的“自然”有双重含义：作为世界本体的自然即自然而然和作为物质世界的自然界。道家显然强调前者，《老子》中的“自然”基本上是用作本体性概念的。“人法地，地法天，天法道，道法自然。”②这里的“自然”显然不是自然界，而是事物合乎自然本性的存在，即本然，本然作为一种哲学概括，它是抽象的。最本然意义的，当然是自然界。人由于具有理性与意志，经常破坏自己的本然存在，所以老子希望人能效法自然。中国古代哲学说的自然本体，根本不是自然界本体，这与古希腊一些哲学家将宇宙本体认作某一种某几种自然物根本不同。

与中国道家哲学家在努力寻找宇宙力量之源一样，那时古希腊的哲学家也在努力思索那使世界构成一个有机整体的力量到底是什么。他们最后也找到了，命名为“逻各斯”。最早使用这一概念的赫那克利特哲学那里，逻各斯是对所有的东西同等真实也同等可近的普遍法则，类似于中国古代道家哲学说的道。但此后，它泛化了，其中特别重要的是，它由注重客观事物的内在法则转化注重人

① 《论语·八佾》。

② 《老子·第二十五章》。

的思辨方式、言说方式，兼有理性与语言双重含义，变成了人格化的神。这就与中国古代哲学的“道”彻底地分道扬镳了。

赫拉克利特一方面认为这个世界是一团永不熄灭的火，但另一方面又认为“神是日又是夜，是冬又是夏，是战又是和，是不多又是多余。他变换着形相，和火一样，当火混合着香料时，便按照各人的口味，而得到各种名称”①。据艾修斯所说，“赫拉克利特说{神就是}永恒的流转着的火，命运就是那循着相反的途程创生万物的‘逻各斯’”②。神就和火是统一的，神与作为宇宙最高主宰，是按照“逻各斯”在运行的，逻各斯就是“命运”。逻各斯是创造万物的动力，它的运行法则是“反”，亦即在矛盾冲突中创造新事物，这与老子说的“反者，道之动”③恰好一致，然而，赫拉克利特认为，这创造的主宰与行动者是神，而老子认为并无创物主，是自然自己在运动。

神本体论到柏拉图这里发展到这一时期的顶峰，而且他在此基础上建立起了自己的美学本体论，这也是人类历史上最早的美学本体论。神成了美的直接原因，不过他用了一个更精致的名字——理念。“假如在美本身之外还有其他美的东西，那么这些美的东西之所以是美的，就只能是因为它们分有了美本身。”④“一个东西之所以是美的，乃是因为美本身出现于它之上或者为它所‘分有’，不管它是怎样出现的或者是怎样被‘分有’的。……美的东西是由美本身使它成为美。……美的东西之所以是美的，乃是由于美本身。”⑤这个美本身，就是爱神和美神。由于爱神和美神的凭附，情

① 北京大学哲学系外国哲学教研室：《古希腊罗马哲学》，商务印书馆1961年版，第25页。

② 北京大学哲学系外国哲学教研室：《古希腊罗马哲学》，商务印书馆1961年版，第17页。

③ 《老子·第四十章》。

④ 北京大学哲学系外国哲学教研室：《古希腊罗马哲学》，商务印书馆1961年版，第176页。

⑤ 北京大学哲学系外国哲学教研室：《古希腊罗马哲学》，商务印书馆1961年版，第177页。

爱双方摆脱了尘俗生活的庸陋的功利欲望，感受到美。柏拉图并没有提到人之外的客观事物也能成为美的，这并非他的疏忽，而是他认为只有人才能获得爱神和美神的恩惠。爱和美也不是终极目的，“爱情的目的在凭美来孕育生殖。”①将爱与美的目的定在生殖，说明柏拉图其实是重视世俗人生的，如果他能将美的本体定在世俗生活，那就不是唯心主义的了，但他不是这样，他认为，主宰生殖的是神。这就最终否定了美的现实性和此岸性。

古希腊哲学传统的另一方面——自然主义在亚里士多德这里集大成，然而，作为自然主义者的亚里士多德在中世纪被埋没了，中世纪神学将亚里士多德理解为一个柏拉图主义者，因为其本体——“第一推动”和神有着千丝万缕的联系。这也正说明西方哲学中虽不乏自然主义思想，但是其本体却离不了神。

中世纪的美学是神学的一个组成部分，其美学本体是神，这是不言而喻的。这里的神已由古希腊罗马时期的多神变为一神——上帝。被称为“教父哲学家”的奥古斯丁认为，上帝是最高的理性，理性在这里不是指真理，而是指善本身。奥古斯丁认为，一切都要服从于这个善，美也服从于这个善。与善有总体和个别之分一样，美亦有上帝的美和次要的美之分。所谓次要的美是指具体事物的美，实际上微不足道；真正的美即“至美”，属于上帝。上帝的美不是通过迷狂、也不是通过心灵的观照，而是通过虔诚的信仰来感知的。

文艺复兴以来，人文主义勃兴，人文逐渐取代神文而成为意识形态的中心。但这并不是说神本体论就从此完全退出人类历史舞台；相反，它作为一种文化积淀，已深入西方世界的潜意识，人们自觉地将上帝与理性统一起来，视上帝为最高的理性。这从尼采说上帝死了实际上是说理性已经死了，可以得到证明。

与中世纪的神学哲学家以非理性的手段到达理性本体不同，文艺复兴时期及以后的理性主义哲学家试图用理性的方式来达到最高

① ［古希腊］柏拉图：《文艺对话集》，转引自《朱光潜全集》，第12卷，安徽教育出版社1991年版，第228页。

的理性本体。尽管如此，“神”的阴影一直在西方哲学本体论中徘徊，从来没有消失。由于对上帝的眷恋，康德实际上处于深深的苦恼与矛盾之中。康德将“上帝存在”列为“公设”，虽然其用意是在道德上而不是在宗教上。与康德相比，黑格尔的神本体论要明显得多。在其对世界历史的一般进程的描述中，作为世界历史的开端是理念，结尾也是理念。自然和精神都是理念的产物。虽然他很少提到上帝，但他的绝对理念实际上就是上帝。黑格尔说美是“理念的感性显现”①，也就是上帝的感性显现。

中国文化中“神”这个概念比较复杂，在先秦典籍中“神”的含义主要有以下几种：(1)人格化的神灵，如“子不语怪、力、乱、神”②。(2)得道之人的聪明才智(如道家的大智)和高尚人格(如儒家的大德)，如“至人神矣”③，“圣而不可知之谓神”④。(3)神圣的，如“天下神器”⑤。(4)宇宙万物变化莫测的规律，如“知几其神乎”⑥，“穷神知化”⑦，“通变之谓事，阴阳不测之谓神”⑧。

老子哲学的“自然”，与“神”具有同一性，但不是指人格化的神，而是指上面说的“神”的第二、第三、第四等方面的意义。在老子哲学中，“自然”的最基本的意义是“自然而然”即本然，天然，它的美学化的表达就是“朴”。“朴”从美学角度来理解，它有两层很重要的含义，第一，自然全美，自然界的各种非人为的形态是最美的，自然美高于人工美。庄子认为，“天地有大美而不言……圣人者，原天地之美而达万物之理，是故至人无为，大圣不作”⑨。

---

① ［德］黑格尔：《美学》第1卷，转引自《朱光潜全集》第13卷，安徽教育出版社1991年版，第137页。

② 《论语·述而》。

③ 《庄子·齐物论》。

④ 《孟子·尽心下》。

⑤ 《老子·第二十九章》。

⑥ 《周易·系辞下传》。

⑦ 《周易·系辞上传》。

⑧ 《周易·系辞上传》。

⑨ 《庄子·知北游》。

这里说的“天地”，即自然，既是指作为宇宙本体的自然之道，也是指自然界。第二，人工只有在类似天工时才美，即所谓“巧夺天工”，其“巧”指类似天工造物那样合理，那样奇妙，那样出人意料，而不是指真实地模仿自然物。巧是创造，而不是抄袭。

“朴”也不是一味地排斥华丽，它排斥的只是那种不合乎事物本性的人为的华丽，或者说虚假的华丽，至于合乎事物本性(即自然而然)的华丽其实也是朴。玉兰纯白是朴，桃花艳丽也是朴，因为它们的色彩都是本性使然。老子讲“大巧若拙”①，这里的“拙”，绝不是笨拙，而是事物的本来面貌。顽石是拙，苍松是拙，游鱼、飞燕何尝不是拙？凡合乎事物本性的形态、行为都是拙。强调拙，就必然反对雕琢，雕琢在这里不是指一般的精工细作，而是指伤性妨真的精工细作。老子视朴为美，庄子说“素朴而天下莫与之争美。”②王弼发挥之，说是“大美配天而华不作”③。中国美学基本以之为主流。唐代评画已在神、妙、能三品之上加逸品，宋代黄休复提出画有逸、神、妙、能四格，逸格最高。何谓逸格？黄休复说：“画之逸格，最难其俦，拙规矩于方圆，鄙精研于彩绘，笔简形具，得之自然，莫可楷模，出于意表，故目之曰逸格尔。”④这些关于逸格的描述，最重要的是“得之自然，莫可楷模”，说明，最能体现自然本质的画是最美的。这种品评标准，在中国美学史上从来没有受到挑战，也就是说，大家都是认可的。

西方美学以神为本体，其美的本质必然为善。值得说明的是，这里说的善，不是伦理学意义的而是神学意义上的，神作为人的愿望的体现，作为人的精神异化物，体现的是人的价值追求，正是从这个意义上我们讲它是善而中国美学以道为本体，其美的本质必然为真。

中国美学以自然为本体，由它而决定的美的本质为真，这真不

---

① 《老子·第四十五章》。

② 《庄子·天道》。

③ 《王弼集·老子道德经注·三十八章》

④ 王世桢：《王氏书画苑·益州名画录》。

是科学意义的真，而是哲学本体论意义上的真，中国哲学讲自然本体，作为本体的自然，不等于科学真理，它比科学真理的意义要广大得多，深刻得多，不过，它也的确包含有真实、真诚、真理的意义。老子说："信言不美，美言不信。"①"信"即真实。《庄子》说："真者，精诚之至也。"②这"精诚"即真诚。将自然作为本体，强调自然而然，无为而无不为，也包含有规律及对规律把握的意义，因此，自然中也含有真理义。那种说中西方美学的一大区别是中国美学主张美在善西方美学主张美在真，我们认为是不正确的，我们的看法恰恰与之相反：中国美学的主流是认为美在真（本体意义上的真），而西方美学的主流是认为美在善（神性意义上的善）。

我们上面谈中国的哲学较多地引用道家的观点，因为它更为典型。其实，在以自然为本上，先秦的儒家并不持反对意见。只是它更多地将自然解释成人的本性，人的本性也就是自然。魏晋玄学整合道、儒，认为名教与自然是可以统一的，不是自然出自名教，就是名教出自自然。到宋明理学，作为自然又一概念的"天"与作为名教又一概念的"理"合而为"天理"。"天理"，在理学家们看来，究其本乃是"自然"。可以说从总体上来看，中国哲学是主张以自然为世界本体的。

中西方都有自己的人本主义，但是西方的人本主义实际上是神本主义，而中国的人本主义实际上自然主义。这个不同，对中西美学的影响极其深远。

二、言　与　境

西方美学的主要来源，一是古希腊罗马的哲学和艺术理论，一是希伯来文明。在古希腊罗马哲学中，"逻各斯"（logos）本来就具有"理性"和"语言"双重含义，而这，恰恰对应于《圣经》的"word"："道"和"语言"。理性与神性并不相互排斥，既不是要用

① 《老子·第八十一章》。

② 《庄子·渔父》。

理性去统治神性，也不是要用神性去统治理性。这在许多古希腊罗马哲学家那里已经做到了。苏格拉底甚至以神灵的使者自居，自诩“我是神给你们的……”①认为是神的灵异使他先知先觉，说：“这种灵异是一种声音……它永远禁止我去做我本来要做的事情，但从来不命令我去做什么事情。”②这种神与理性的合一，成为古希腊罗马文化的一个重要传统，它使得从古希腊罗马文化过渡到希伯来文化，从“逻各斯”转化为“道”，其中不存在不可逾越的鸿沟。

《圣经》云：

> 太初有道，道与上帝同在，道就是上帝。这道太初与上帝同在。万物是借着他造的；凡被造的，没一样不是借着他造的。生命在他里头，这生命就是人的光。光照在黑暗里，黑暗却不接收光。(In the beginning was the Word, and the Word was with God, and the Word was God. He was in the beginning with God. All things came into being through him, and without him no one thing came into being. What has come into being in him was life, and the life was the light of all people. The light shines in the darkness, and the darkness did not overcome it.)③

“道”在这里的本体地位是十分明确的。由于人把自己的本质力量异化给一个外在的上帝，人通过自己的智慧所获得的关于世界观规律性认识，以其分散性、局部性而成为绝对化的整体性的“道”的对立面。真正能全面理解把握“道”的只有上帝的儿子——耶稣。耶稣就是道的肉身，是上帝在世界上的使者，《圣经》云：

---

① 北京大学哲学系外国哲学教研室：《古希腊罗马哲学》，商务印书馆1961年版，第150页。

② 北京大学哲学系外国哲学教研室：《古希腊罗马哲学》，商务印书馆1961年版，第151页。

③ 《圣经·新约全书·约翰福音》，中国基督教协会英汉对照本，第149页。

道成了肉身，住在文明中间，充充满满地有恩典有真理，正是父独生子的荣光。(And the Word became flesh and lived among us, and we have seen his glory, the glory as of a father's only son, full of grace and truth.)①

他是上帝荣耀所发的光辉，是上帝本体的真像，常用他权能的命令托住万有。(He is the reflection of God's glory and the exact imprint of God's very being, and he sustains all things by his powerful word.)②

上帝借着他的儿子说话 (God has spoken by his son.)③

这里，特别值得我们注意的是“道”这个概念，它不同于中国哲学中的“道”，中国哲学中的“道”也是世界的本体，但它的最初的意义是来自于道路，后抽象化成为世界的本体，老子讲：“道可道，非常道。”“道”是拒绝语言的。而《圣经》讲的“道”却是语言，“上帝借着他的儿子说话”。中西文化重大的分野正是从这里开始的。

希伯来文中的“道”不仅是“语言”(word)，而且是“上帝”(god)，从语言与上帝合一中，还可推出另外两个含义(两种成分)：能力和推理。从道即上帝这一角度理解，道是预言的启示者，上帝的话常借异象(sign)显明出来，但先知所获得的话语的启示，不必与异象结合，它是一种声音，能够为人所听到。先知所说的，就是上帝原本之道的表达。在预言的历史中，话语渐渐与异象分开并成为一种纯粹的启示之言语。先知清楚地知道上帝是在他的

① 《圣经·新约全书·约翰福音》，中国基督教协会英汉对照本，第149页。

② 《圣经·新约全书·约翰福音》，中国基督教协会英汉对照本，第358页。

③ 《圣经·新约全书·约翰福音》，中国基督教协会英汉对照本，第358页。

言语之中，因此道就是上帝自我的启示。道就是语言，就是命令，就是圣灵，上帝的话具有能量和创造的动力，是真理，是不变的实在。得道之人就是拥有说话权力之人，在基督教看来，唯有耶稣是得道者，这里的得道，实际上是指耶稣倾听到了上帝的声音，而同时上帝也必须通过基督使世人知晓自己就是这世界的主。因此，所谓的“道成肉身”是指基督是上帝的道的传达者。耶稣作为道的现身形态，是“三位一体”的体现者。语言在基督教文化中具有至关重要的意义，因为这种语言具有一种本体论意义，而实际上这里的语言是一种元语言，它是律法的启示者，是上帝同他的被造物——人类之间的约定。耶稣的出现，乃是由于人类的僭妄和对上帝的遗忘，所以，上帝不得不让耶稣来到世上，传达他的旨意。耶稣是肉身化了的道，他的一切行动都是合乎道的，而且他还是一个说话的大哲，这与中国的老子的“知者不言，言者不知”(《老子》五十六章)的态度迥然不同。正因为此，基督教的传教士们一直都以上帝——耶稣基督的传话者自居，自觉地垄断权力话语。这种道——语言的垄断状况，直到文艺复兴时期才得到改观。

按照美学作为感性学的意义来说，道与言的直接统一是不可能产生美和审美的，因为美不能是抽象的，而只能是形象的。人类的审美活动不是一种理性的活动，而是一种感性的活动。西方中世纪说的美作为上帝之言，没有感性实体作依托，和真正的美根本不是一回事。严格来说，作为上帝之言的道不可能转化为美学本体。但是，言作为异象的替代物，又隐含着一种言象关系，它也含有转化成审美的可能性，但是，在中世纪这种可能性由于异象的被扬弃而不在人们的视野之内。随着基督教的边缘化，感性日趋得到重视，道的语言不得不向自己的对立面转化，元语言的地位不断削弱，日常语言的地位逐渐上升，语言的形象性、隐喻性被充分强调，作为美学研究对象的语言逐渐获得本体的地位。

语言“word”在中国远没有这种地位。在中国哲学中，世界的本体是“自然”，“道”因“法自然”，而具有本体的意义。如果说，西方哲学的本体是道与语言一体，那么，中国哲学的本体是道与自然一体。在西方，道作为语言(word)是人为的，作为上帝(god)亦是人格化的；而在中国，“自然”不是人为的，是本然的，语言作为人为的一种成果，不具备西方哲学的那种本体地位，而且，它实际上在自然本体论反对之列。按中国道家哲学的看法，自然之道、自然本身，是不可言说的，一旦言说出来，自然的本性也就失去了，故而，老子说“希言自然”①。然而，对自然的看法、对道的看法，又不能不借助语言，这样，在中国的哲学中，“word”充当了一个很尴尬的角色：自然之道既需通过“word”来言说，而言说出来的道，又“非常道”，不是真正的道。

庄子说：“世之所贵道者书也，书不过语，语有贵也；语之所贵者意也。意有所随；意之所随者，不可以言传也。……夫形色名声，果不足以得彼之情，则知者不言，言者不知。”②这就是说，“道”虽需要“书”亦即“语”来表达，但千万不要因此就贵书，因为语只是陈述道的工具，真正应贵的是道。而且，语作为表意（这意包含有对道的理解）的工具，功能也很有限，“意之所随者”即意的指向就不能表达。庄子还说：“可以言论者，物之粗也；可以意致者，物之精也。”③“物之粗”，是物外在的大致的形象；“物之精”是物深层的内在的本质，也就是道。这就是说，言可以说的只是这物外在的大致的形象，至于物内在的深层的本质，却在言之外，只能“意致”。

那么，这深层的“物之精”，即自然之道，就完全不能显示出来吗？也不是，除了言外，还有另外的工具，它就是“象”。《周易·系辞上传》云：“书不尽言，言不尽意。然则圣人之意，其不可见乎？子曰：圣人立象以尽意。”这里，明确说“言不尽意”，“立象以尽意”，象优于言。值得我们注意的是，这里说的象不是客观之物象，而是人为之形象。“象也者，像也。”④“圣人有以见天下之

① 《老子·第二十三章》。
② 《庄子·天道》。
③ 《庄子·秋水》。
④ 《周易·系辞下传》。

赜而以诸形容，象其物宜。”①可见，象是主观与客观相统一的产物，是主观和客观相互作用的结果。一方面，它有些像物，另一方面，它又不是物。准确地说它是意象。意象诚然是象，但它不是显物之象，而是达意之象。达意，亦即体道，因而既是意之象，也是道之象。用象来代替言，是不得已的办法。苏轼指出：“圣人非不欲正言也，以为有不可胜言者，惟象为能尽之。”②在苏轼之前，王弼全面地探讨了言、意、象三者间的关系：“夫象者，出意者也；言者，明象者也。尽意莫若象，尽象莫若言。言生于象，故可寻言以观象；象生于意，故可寻象以观意。意以象尽，象以言著，故言者所以明象，得象而忘言；象者，所以存意，得意而忘象。”③这里，言的作用没有被抹杀，不过，它的功能只是“明象”，即说明象，指示象。与言相比，象更接近意。于是，由言到象，再由象再到意。言——象——意，它们关系就是这样的一个系列。

中国哲学确定不是以言而是以象来悟道，说明这种哲学实际上是美学化的。应该说，这也是中国哲学的深刻之处，的确，比之言，象要更近于意，象大于言。不过，这种哲学也不是没有缺点的。我们知道，对象的把握，只能是感性的、整体性。感性地、整体地把握象，这没有问题，但是，感性的、整体性地把握道，就既有优点，又有缺点了。优点是，由于保存了丰富有现象，有助于全面地体会道；缺点是，少了逻辑性的推导，少了理性的思考，难以深入事物的内在意蕴。

不论西方还是中国，对美的本质的理解，都认为美是世界本体的显示，由于对世界本体的看法不同，对美的本质的看法，也就很不一样。西方将世界的本体看成是神以及显示神意的言，因此，其美总是具有比较强的理性色彩。这就不难理解，为什么逻辑实证主义美学、语言学美学在西方很有势力，近代存在主义哲学大师海德格尔晚期那样沉醉于探索语言之谜。

① 《周易·系辞上传》。
② 《苏氏易传》卷七。
③ 王弼：《王弼集·周易略例·明象》。

中国将世界的本体理解成自然或自然之道，而显示自然或自然之道的是象，这样，美的本质就是道之象、自然之象，其美就总是具有比较强的感性色彩。中国美学重象，由此，形成中国美学特有的意象——境界(意境)理论。意象理论源于易象理论，在其发展过程中，又吸收到佛教思想，将佛道中“境”的概念，用来表示意象，于是，一个新的概念——“意境”悄悄产生了。按佛教理论，境为心生，尚虚，尚空，尚灵，于是，意境较之意象的重大区别在于它不只有象，还象外有象，不只有意，还意外有意。这样，意象的疆域就大大拓展了。与意境概念相近的，还有大堆概念，如“气韵”、“神韵”、“兴趣”、“性灵”、“生气”、“境界”等，逐渐地，人们偏向于“境界”这个概念，晚清的国学大师王国维作了一个总结。他说：“沧浪所谓‘兴趣’，阮亭所谓‘神韵’，犹不过道其面目，不若鄙人拈出‘境界’二字为探其本矣。”①就这样，境界成为中国美学中最为重要的本体论范畴，它是意象的升华，是艺术美的极致。

从以上的分析来看，对言认识的分歧，是导致了中西美学本体论分野的关键。言在西方文化中与作为本体的上帝合一，这一地位决定了它不只是达意的工具，它本身就是上帝的意旨，就是目的。而在中国，言远没有这样高的地位，言充其量只是工具，而且，作为工具也是不称职的。在中国相当于西方言的地位的是象以及由言、意、象之间张力所构成的境。如果说，在西方，上帝与言同一，而在中国，则是自然与象、境同一。言按其本质是理性，而象与境则是感性的。所以对于言，需要的是逻辑的辨析，是理性的思考，而对于象与境则需要感性的体验，在体验中实现领悟。由此，又决定了中西美学本体论的第三个区别：西方重认识，中国重体验。

---

① 王国维：《人间词话·第九则》。

三、认识与体验

美到底是通过体验得到的，还是通过认识得到的，在中西美学史上有着不同的发展线索。中国传统美学基本上是一种体验美学，美是在体验中生成与获得的，而西方传统美学则要复杂得多。我们还是把20世纪以前的西方美学史分为古希腊、中世纪、近代三个阶段来说。

古希腊的哲学家赫拉克利特认为，“女巫用狂言谵语的嘴说出一些严肃的、朴质无华的话语，因为神附了她的体”①。女巫实际上是最早的艺术家，由于女巫在其巫术活动中与神亲近，超出了凡俗世界的束缚，女巫的活动掺杂了最早的审美体验。看来，赫拉克利特认为审美是体验。德谟克利特则不同，他明言：“任何艺术，任何科学知识，都不能不经研究获得。”②显然，美和艺术是认识的对象，而且这种对象与主体不是平等的，只有带着一种崇敬的心情去看待美的对象，而不是以赏玩的态度去对待它，这种审美快乐才是值得称道的。这也就是他所要求的“追求美而不亵渎美”③。苏格拉底对审美的看法有些矛盾，一方面，他认为艺术形象“不是由于偶然，而是由于理智而产生的”④。但另一方面，他又认为：“诗人写诗并不是凭智慧，而是凭一种天才和灵感，他们就像那种占卦或卜课的人似的，说了许多很好的东西，但并不懂得究竟是什

① 转引自北京大学哲学系外国哲学教研室：《古希腊罗马哲学》，商务印书馆1961年版，第27~28页。

② 转引自北京大学哲学系外国哲学教研室：《古希腊罗马哲学》，商务印书馆1961年版，第109页。

③ 转引自北京大学哲学系外国哲学教研室：《古希腊罗马哲学》，商务印书馆1961年版，第109页。

④ 转引自北京大学哲学系外国哲学教研室：《古希腊罗马哲学》，商务印书馆1961年版，第167页。

么意思。”①到了柏拉图这里，体验这一概念占据了绝对优势，与他的回忆说密切相关的是他的神灵凭附说，在一层神秘的面纱下面，柏拉图精微地道出了体验的内容：“诗人并非借自己的力量在无知无觉中说出那些珍贵的辞句，而是由神凭附着来向人说话。”②艺术创作的最高境界就是灵魂体验到自己又回到出生前的天国，这就是美的最高境界。与艺术创造一样，艺术欣赏也需要一种神秘的体验，值得我们注意的是，柏拉图也讲认识，他认为，理式是世界的本源，实际生活是对理式的模仿，而艺术是对实际生活的模仿。相对于理式来说，艺术是模仿的模仿，即第三重模仿。亚里士多德继承了柏拉图的模仿说，但方法上的类同并不能消弭其本体论上的差异。在柏拉图，模仿的最高对象是理式，这种模仿只是人神交流的外在表现，这种模仿必然具有神秘的心理体验的色彩，非理性的色彩。而在亚里士多德，模仿的对象只是现实，模仿是一种理性认识的活动。亚里士多德认为：“一切感觉的现实活动都要指向一个被感觉的对象，处于良好状态的感觉是完满的，指向最完满的对象。处于最佳状态下的感觉，每一项活动都是最完美地指向它的最佳对象。这样的现实活动是最完满的，也是最快乐的。”③感觉在这里显然是理性活动的准备，既然感觉都能带来如此大的快乐，那么，理性的思辨活动所能带来的快乐就更加可想而知了。“哲学以其纯洁和经久而具有惊人的快乐”④，“最高的至福……也许只能是思辨

---

① 转引自北京大学哲学系外国哲学教研室：《古希腊罗马哲学》，商务印书馆1961年版，第147页。

② ［古希腊］柏拉图：《柏拉图文艺对话集》，朱光潜译，人民文学出版社1980年版，第9页。

③ 《亚里士多德全集》第8卷，中国人民大学出版社1992年版，第220页。

④ 《亚里士多德全集》第8卷，中国人民大学出版社1992年版，第227页。

活动"①。而"唯有快乐才能使一切现实活动变得美"②。作为模仿的艺术之所以是美的，是因为它是理性活动的产物。以上诸人的论述，或偏向于体验，或偏向于认识，说明古希腊罗马美学在美的生成这一问题的认识上的复杂性。

中世纪是西方美学的萧条期，在中世纪美由于基督教的影响更多地将美看作一种神秘的信仰的产物。奥古斯丁就认为美和上帝本身一样，只能靠对上帝的爱和信仰才能获知，具体感性事物所引起的美感如果不能导向一种对上帝的宗教情感的话，这种情感就是有害的，因此，奥古斯丁的美只能在宗教直观中才可获得，就其不是理性的这一点而言，它与体验倒不乏相似，但体验是以回到自身为特点的，而信仰是将自身作为"牺牲"奉献给上帝。实际上，对上帝的崇拜之情使得美感毫无必要，人类在虔诚的信仰中得到了古希腊哲学家所认为的来自于思辨活动的"最高的至福"。

在对美的现实生成的探讨导入宗教迷径之后，美是否是认识这一问题就很少为人探讨了，这种情况直到中世纪神学的殿军圣·托马斯的出现才有所改观。与奥古斯丁不同，圣·托马斯承认美的存在的合理性，并且在美善关系问题上偏离了传统神学，他不再认为善是凌驾于一切——包括美之上的；相反，他认为美比善更高，虽然美和善都"以形式为基础"，但美既不涉及目的性，又不涉及质料，因此美比善更高，更接近上帝本身。上帝在他这里首先已不再是善，而是绝对的真。因此，"事物之所以美，是由于神住在它们里面"③。与此相应，圣·托马斯将美和认识联系起来，认为美是具有特殊的"认识能力"(即视觉和听觉)的感官的事情，美同认识能力有关，其之所以如此，是因为视觉和听觉方面的形象比较容易同激起欲望的实在事物分开，而且视觉和听觉能够领悟一个结构上的整

---

① 《亚里士多德全集》第8卷，中国人民大学出版社1992年版，第230页。

② 《亚里士多德全集》第8卷，中国人民大学出版社1992年版，第221页。

③ 北京大学哲学系：《西方美学家论美和美感》，商务印书馆1980年版，第66页。

体。圣·托马斯的特殊审美感官说，对以后的经验主义美学的“内在感官”说和“第六感官”说有一定的影响。作为但丁同时代的人，圣·托马斯与但丁一样，具有一种过渡性的意义。但丁代表一种意识形态的终结，不过，包含着可为后人资用的精神火花；圣·托马斯高擎前进的火炬，只是身后还摆脱不了旧时代的阴影。可以说，圣·托马斯的美学本体论已包含着一种颠覆传统基督教美学的可能性。

文艺复兴以来，西方美学理直气壮地回到认识论的轨道上来。经验主义美学设法在对象中找出美的本质来，与古希腊罗马美学相比，变化不大。笛卡儿的“我思故我在”奠定了近代美学的认识论基础，思，归根到底是一种认识，这种认识包含着一种判断，对象作为意识的意向性对象，具有一种能确证主体存在的意义，而这正是整个近代理性派美学的基本思路。

康德的“审美判断力批判”的基本思路是，不仅按普遍的自然规律来感知和认识客体，而且按一个合目的性的原理来规定客体。主体将对象作为一个成果来规定，“它让审美的判断力在鉴赏里决定这成果(在它的形式中)对我的认识诸机能的一致性(这些机能不是通过和概念的一致，而是通过情感来决定的)”①。实际上，康德认为，审美就主体来说，它具有合规律性，而就对象来说，它具有合目的性。审美就是合规律与合目的的统一。美作为合目的性的形式，“合目的性”的见出是在判断中实现的。如果我们认为判断是一种特殊的理性认识的话，康德的美本体就并没有偏离西方美学的认识论传统。

黑格尔将美看作一种特殊的认识——扬弃对象化后的自我意识。美和艺术有着相同的本质，它们都是“概念从它自身出发的发展，是概念到感性事物的外化”②。黑格尔对美学的重大贡献，乃在于将认识自己和认识对象在审美中统一起来，从而达到了认识论

① ［德］康德：《判断力批判》上卷，转引自《宗白华文集》第4卷，安徽教育出版社1994年版，第247页。

② ［德］黑格尔：《美学》第一卷，转引自《朱光潜全集》第13卷，安徽教育出版社1991年版，第16页。

美学的顶峰。

从以上的陈述来看，西方美学的美的生成论，虽然认识论与体验论二者都有，但主线是认识论，体验论只是副线。文艺复兴以来，认识论这一主线尤其明显。认识论是以主客两分为前提的，认识的客观性在很大程度上决定认识的成果。理性的分析是认识论最为突出的色彩。体验论则更多地强调主客两合，具有很强的主观性、感觉性、情感性。西方哲学中对神的体验实际上是对自己的体验，这种心理活动是返向自身的。

和西方美学主要持认识论传统相比，中国传统美学则主要持体验论传统。之所以如此，与中国哲学的本体是自然，是道有密切关系。中国哲学讲的道是无和有的统一，它虽不能用语言来描述，但可以体悟(是体悟，而不是理解，也不是感觉)。体道者，在“恍兮惚兮”、“惚兮恍兮”之中，能感受到“其中有象”，又“其中有精”。道“视之不可见”，“听之不可闻”，但又有象，有声，只是这象，这声，不能目视，耳听，而需心视、心听。

“道”另一突出的特点是整体性、有机性，不可分解，正如《庄子》中所说的那个没有“七窍”的浑沌，如若凿出七窍来，它就死了。这“道”，实际上类似生命形态。怎样把握这种道呢？不能没有感觉，但是又不能只是感觉；它不能分析，需做整体把握，但又必须透入它的内在的本质。老子提出“味”，庄子提出“游”。“味”、“游”有一个共同的特点，它是感性的，是主体身心均入的体验。后人提出“悟”这一概念，悟显然具有思维性，具有理性的色极；但是它不做分析，是整体性地观照，又具感性色彩。悟是在感性观照中进行思维，观照即思维，总体特色类似于直觉。但它比心理学上讲的直觉，深刻得多。这种思维方式，我们称之为“体验”。这种以体验为特色的把握道的方式，对中国美学影响极大。用于把握道的概念——味、游、悟真接用到审美中来。

这里，我们得特别谈一下“味”，它是最能见出中国美学特点的一个范畴。“味”本是一种感觉，在《老子》中，老子将它作为把握“道”的方式，说的就不是感觉了。不过，仍然有感觉的意味，是感性与理性的统一，这种统一是将理性化成感性，故而是一种理性的直觉。中国南北朝时的画家宗炳其《画山水序》中提到“圣人含道映物，贤者澄怀味象”。这“澄怀味象”是讲审美，“象”是审美对象，审美主体是如何欣赏对象的呢？是“味”，味的心理前提是“澄怀”，即心中不存杂念，不存功利，也就是康德说的“无利害关系”，布洛说的“心理距离”。

虽然“味”这一概念很重要，但是在中国的美学史中，使用不是很普遍，用得比较多的概念是“妙悟”。“悟”是从佛教禅宗借来的一个概念。宋代以来，诗人纷纷以禅喻诗，最具代表性的人物是严羽。严羽说：“禅道惟在妙悟，诗道亦在妙悟……惟悟乃为当行，乃为本色。”①“悟”加上“妙”，成为“妙悟”，它有什么特点呢？最重要的特点是“不涉理路，不落言筌”，即与逻辑、语言均无关。它不是逻辑推导，而是一种情感的、形象的思维。严羽认为，这种类似于参禅的诗歌构思法，是诗的“当行”、“本色”。将严羽说的“妙悟”细细地研究一下，发现他说的就是体验。

认识与体验是人们把握事物最为通常的两种方式。均从感性入手，均能达到事物的内在意蕴。所不同的主要在两点上。第一，认识是以主客两分为哲学基础的，认识的过程中，主体仍然在一定程度上保持着对客体的审视态度；而体验则是以主客两合为哲学基础的，体验的过程中，主体是以设身处地的态度来对待审美对象的。体验的过程中，会经常出现“物我两忘”的现象。第二，认识是以理性来主导的，而体验却是以情感来主导的。两种把握世界的方式，各有优点，也各有不足。实际生活中，人们不是只用一种方式，而是两种方式并用的，只是在不同情况下侧重于某一种。

认识有两种：一种是科学认识，它以深刻地洞察世界的发展变化的内在规律为目的，认识的成果，是逻辑与语言共同构成符号系统。另一种是审美认识，它同样要达到洞察世界发展变化的内在规律，但认识的成果，则是类似世界实际的但非世界本身的典型形

---

① 严羽：《沧浪诗话》。

象。概括来说，科学认识的成果是概念，审美认识的成果是典型①。典型虽然具有反映世界内在规律的功能，其存在方式却是形象，而且是情感形象，因而是审美的。

体验也有两种，一种是科学体验，主要借助于生理上的作用，诱发相应的心理活动，达到对客观事物认同的目的，这种体验需调动身体，是身体的实际体验。另一种体验是审美体验，这种体验不一定要调动身体，由于文字、图像、声音等信息的刺激作用，情感激发，想象启动，在想象中达到认同客观事物的目的。《庄子》一书记载庄子观鱼的故事。庄子看见鱼在游，说见到了鱼之乐②。庄子当然见不到鱼之乐，他见到的只是鱼之游。由鱼之游到鱼之乐，他靠的不是认识，而是体验。这个体验不是科学体验而是审美体验，因为庄子并没有实地投入水中，借自己的身体来实地体验鱼游之乐；而是启动想象，设身如鱼一样游于水中，然后在理性意义上，认定鱼之乐。审美的体验中的心理活动是很丰富的，不只是有感性，还有理性，不只是有情感，还有想象。因此，审美的体验也能达到理性认识的高度。

这样说来，审美认识与审美体识异曲而工。其实，一个完整的审美过程，不能只是认识，没有体验；同样，也不能只是体验，没有认识。审美是体验与认识的统一。

尽管如此，审美仍然有重认识、重体验的区分，中西方在审美上的不同偏重造成了它们在艺术审美上的明显区别。宏观地考察中西艺术，我们发现，西方艺术中，小说比较发达；中国艺术中，诗比较发达。联系中西审美观念上的差异，其原因就不难理解。西方审美重认识，而在所有的艺术品种中，小说的认识功能最强。小说艺术的最高功能是塑造典型，通过典型来表达对生活、对世界的认识——审美的认识。小说艺术美的本体在典型，美在典型。

---

① 虽然科学研究也重视典型，但是科学研究中的典型均取自客观世界本身，而艺术典型则是艺术家根据生活本身的创造，是主客观的统一。前者的功能是求真，真中含美；后者的功能是求美，美中有真。

② 见《庄子·秋水》。

中国审美重体验，体验是以情感为主导的。在所有的艺术门类中，音乐与诗歌的抒情性最强，因此，诗歌与音乐的审美，其体验性也是最强的。在中国古代，音乐与诗歌本是合为一体的，称为“乐”，后来虽然分化成两种艺术门类，关系仍然密切。在中国艺术史上，之所以音乐的发展后来不及诗歌，其原因是中国的审美传统强调艺术的“言志”功能，“志”含有政治教化与记载历史两个方面，当然，承担这一功能，诗歌较音乐有优势。这种情况，也说明中国的审美其实也不是纯为体验的，它仍然在相当程度上重视认识。

中西方审美方式上的不同，不是绝对的，二者相同的地方很多。我们说西方审美重认识，不是说只有认识；同样，我们说中国审美重体验，也不是说只有体验。审美本就是认识与体验的统一，缺一不可。我们是肯定这个前提下来谈中西方审美的差异的。中西方美学在对审美规律的探求过程中，各自强调了一个方面，也深化了一个方面，对美学的发展各自作出了伟大的贡献。

地球上的人类，由于各种原因，存在诸多差异和矛盾。相比较而言，审美上的差异与矛盾最小，原因很简单，审美的本质就是超功利的。也许，审美是沟通全球人类最佳的心理通道。

[原载《本体与诠释》第3辑，上海社会科学院出版社2003年版(初稿与博士生张黔合写，收入此书又有修改)]

中国古典美学对全球美学构建的贡献

众所周知，科学技术特别是信息技术的高度发展，使得整个世界更加紧密地联系在一起，任何一个地方发生的事都程度不一地影响到别的地方的人们。人们的交往非常密切，科学技术的交流、生活方式的影响，特别是价值观念的相互作用得到空前的加强。这就是我们所说的“全球化”。长期来，全球化被理解成西方化，这当然不是没有根据的，因为事实上，近代的全球化的主流是西方文化的源源不绝地输入东方，而东方文化较少地影响到西方文化。但是，这个现象不会永远如此。各个民族都有自己的优秀文化，这种优秀性通过各个民族的交往而有可能为他民族所接受。在全球化的过程中，优胜劣败是不可避免的。优胜劣败也未必不是好事。当然，每个民族在全球化的竞争中，都想取胜。这个胜，有两重意义：一是尽量吸取人家好的东西，二是尽量介绍自己优秀的东西。最终的结果只能是和合，即本民族的东西与他民族的东西和合。全球化的实质，不仅是全球各民族文化的竞争，更是全球各民族文化的相互学习、吸收，最终是优秀文化全人类共享。时代进入到21世纪，全球化以过去从来没有过的规模发展着。在这样的背景下，笔者认为，再没有古典形态的那种只是体现本民族审美观的美学了。严格说，在全球化的今天，只有一种美学，那就是全球美学。说只有全球美学，并不否定各民族、各国度、各地区美学的特色。就当代中国来说，我们要建立的不是独立的中国美学，而只能是具有中国特色的全球美学。

一

科学意义上的学科分类是西方人建立的，由于这种分类有着明显的优越性，全人类都接受了，所以才有全人类都认可的自然科学与人文社会科学，有了哲学，有了数学，有了化学，也有了美学。虽然近代科学意义上的学科是西方建立的，但并不等于只有西方才有这些学科。中国古代没有建立现代意义的哲学学科，但不能说古代中国没有哲学。同样，中国古代没有现代意义的美学，也不等于说中国没有自己的美学。

事实是，中国古代不仅有着丰富的美学思想，而且有一个完整的与西方美学可以相互印证但又不一样的美学体系。在学术界过去比较多地强调中国典美学与西方古典美学的区别，这种研究是必要的，事实上，它们也的确不同。但是这种不同并没有达到不可交流不可理解的程度，而在更大意义上，这两种美学体系倒是相互印证的。只是说法不同，而且其精细处有所差异罢了。中西美学的相互印证，主要表现在五个方面：

第一，关于审美基本性质的认识。中西美学都认识到审美是感性的，同时又不停留于感性，亦不抛弃感性，而是在感性的基础上实现对感性与理性的双向超越，实现感性与理性的统一。关于这个涉及审美本质的基本点，康德、黑格尔、席勒均有属于自己的但又相互贯通的说法。而在中国古代美学，则大量地表现为对审美中主体与客体关系的看法，景与情、象与意的看法。而在中国古典美学的最高范畴“境界”中达到主客两忘、情景互化的地步。这个基本点上，相互参照处是非常丰富的。特别是实现主客统一的移情理论、心理距离理论不仅在西方而且在中国都可以找到大量的类似的文献。

第二，关于艺术审美规律的认识，艺术作为人类审美的最为纯粹的形式，蕴藏着大量的审美奥秘。不管是西方，还是中国，对艺术的审美规律都有大量的论述，这些论述，涉及的基本问题是相同的，基中主要是处理作为创作原料的客观对象与作为创作主体的艺术家本人的关系问题。两者的对立统一，应是中西美学的共同看法。这个过程中，认识与体验，写实与写意、言志与缘情，想象与创造、灵感与功夫、自我实现与社会价值等问题都以不同的表述方式涉及，而且观点同中有异，异中有同。

第三，关于审美的范畴体系。在这方面，西方美学中的范畴如美，优美、壮美、崇高、悲剧、喜剧、丑、滑稽、幽默等在中国古典美学中都能找到对应的概念。中国古典美学中的范畴体系虽然未必都能在西方语汇中找到合适的对象，但是除少数概念如境界、气韵外，大部分还是能够找到合适的翻译。

第四，关于一些审美现象的认识。如审美的个体性问题，审美的情感性问题，审美的愉悦性问题，审美的共同性问题，审美的超越性问题，审美的直觉性问题，有着大量的相似的言论。

第五，关于真善美相统一的文化精神。审美作为人性追求，作为人的最高的精神定性，不论是西方还是中国都给予高度的肯定。审美是人的价值体系，它必然体现在日常生活的一切创作与欣赏评价活动之中。这种品评，中西方相通之处甚多。其中最为根本的是坚持真善美相统一的原则。

笔者认为，以上五个方面，我们过去的研究是不够的。我们太注意中西美学的差异。有学者甚至认为重建中国美学，其重大意义在于找到中国美学的现代价值。这现代价值并不表现在中国美学与西方美学的共同性上，而是表现在中国美学的特殊性上，表现在它为人类的美学研究所提供的无可替代的美学思路上。如果是这样，那还有什么美学的全球化，还有什么审美交流？那中国人与西方世界的人只会越来越隔膜。

二

谈到全球美学，不能不注意到自然科学与人文科学的区别。自然科学的全球性没有人怀疑，但谈到人文科学，有没有全球性，就有人怀疑了。要充分注意到自然科学与人文科学的区别。自然科学面对的对象是唯一的，虽然对它的认识也会存在一些因民族传化带来的差异，但那结论如若以最为抽象的数学语言表述时，其差异性就给消解完了。自然科学研究只有一种价值尺度：是不是符合对象实际。客体的唯一性与价值尺度的一元性，保证了这种研究不具有多元性或者多解性。而人文社会科学的研究就有些不同。人文社会科学的研究对象是人，如果仅就自然人来说，它的研究对象也存在唯一性。但这种研究不属于人文科学。人文科学研究的人主要是社会人。作为社会的人，它是各种社会关系的总和，复杂的社会因素影响到人们对人文科学的看法。但是人文科学还是有全球性的，如伦理学，各个民族有自己的伦理原则，但也有全人类基本上可以认同的伦理原则。

人文社会科学对人的研究因不同的学科有所差别。就美学来说，因为更多地涉及人的情感世界，更多地涉及社会各个方面的价值体系，而且审美其体验性强于它的认识性，这样，它的一般性较之别的人文社会科学就弱多了。尽管如此，只要是美学，全世界的美学家都应该能进行交流，如果不能交流，那肯定不是美学。从这个意义上讲，应该有一种全球性的美学存在。美学研究的对象是人类的审美活动，各民族各国家的审美活动虽然千差万别，但还是应有共同性，这种共同性是决定审美活动之所以为审美活动的本质性的东西。从这个意义上说，也应有全球各民族人士所能接受的审美活动存在。基于以上两点，虽然没有抽象意义上的全球美学，但应有具有各个民族特色的全球美学。这正如没有抽象意义上的苹果，却有具体的苹果存在一样。正是从具体的苹果上我们认识了苹果的共性，同样，也正是从各民族的美学中我们认识了全球的美学。

当然，在世界上基本上处于不相往来的或只有极少往来的古代，全球美学是没有意义的。如果要探索一下全球美学提出的背景，不能不追溯到近代的工业革命与资本主义的兴起。工业革命推动了生产力的发展，带来一系列全球性的变革：首先是全球市场的建立，为了追逐高利润，人们的交往大大增多，与此相关，科学技术高度发展，为人们的交往创造了可能性。马克思恩格斯最早注意到这种变化，他们在《共产党宣言》中提出“世界文学”的概念。①其实，出现的不只是世界文学，而是世界文化。其中也包括美学。

① 《马克思恩格斯列宁斯大林论文艺》，人民文学出版社1980年版，第68页。

这是文化的全球化。

文化的全球化首先出现在科学技术上，这是自然的。因为科学技术解决的是人与自然的关系问题，没有意识形态性。意识形态与生活方式在有些人看来是不会出现全球化的，事实也未必如此。虽然意识形态特别是宗教上的矛盾冲突仍然显得激烈，但是其间的理解、吸收、宽容也在日益扩大。历史发展的总体趋势是人类的和谐、进步，共同发展。当然，人类的趋和，只能是“和而不同”。这个“不同”就是各个民族、各个国家、各个地区仍然保持着它的特色，但在大的方面，必然是与别的民族、别的国家、别的地区是相一致的，或者是同调的。既然人们的交往增加了，人们的审美观念会发生碰撞，在碰撞中增进了解，增进相互融合。一个多世纪来的事实足以证明，人们的传统审美观念的壁垒在逐渐消融，全球审美观正在逐渐形成。

我们的文化研究包括美学研究长期来脱离全球审美观逐渐形成的事实，而走一条与之背道而驰的道路。我们的比较美学研究，过于强调中西美学的差异，无视中西美学本来就具有共同性而在近代以来实际上在走向融合的现实。比如，有的学者认为，在审美上，西方讲认识，中国讲体验。西方讲再现，中国讲表现。这种说法至少是不完善的。事实上，中国美学不仅讲体验，讲表现，也讲认识，讲再现。同样，西方美学不仅讲认识，讲再现，也讲体验，讲表现。在这一点上，有些汉学家倒是比我们清醒。如美国汉学家安乐哲、罗思文说：“在中西哲学的比较研究中，我们发现，中国传统不像先前所架设的那样，与西方主流文化完全相反，缺少超验论并不等于固有论；缺少客观性并不等于主观性；缺少绝对主义并不等于相对主义；没有划分为原子的个体并不意味着只存在若干毫无个性的集合体。”①这就是说，哲学上的差异并不导致两种哲学体系的对立，更不导致某种两种哲学体系不可理解。事实上，它们都是完善的个体，基本因素一样不缺，只是各种因素的量及其组合不同

① ［美］安乐哲、罗思文：《论语的哲学诠释》，中国社会科学出版社2003年版，第36页。

罢了。长期以来，在中国哲学的认识上存在误区，总是认为由于汉语系词不发达，因而中国哲学中缺少本体论，这实在是大错特错的，汉语不是没有联系词，只是少用联系词，这并不意味着汉语没有判断存在，这更不影响中国哲学本体的存在。同样，在中国美学中没有将崇高这个范畴作为美学概念加以明确地确定，并不影响中国美学中有类似西方的崇高现象存在。如果说，对于古典形态的中国美学与西方美学我们还只能从神韵上理解它们的相通。那么，在今天，严格意义上的中国美学与西方美学实际上并不存在。中国人的审美生活与西方人的审美生活没有本质性的区别。

三

美学作为一门人文学科，一方面它有超时空性，我们中国人能理解西方世界的审美观，同样他们也能理解我们的审美观；同样，我们对于古人的审美观，也是能理解的。其原因很简单，我们都是人，我们有历史感。另一方面，我们也要看到，美学它是有时空性的。正如车尔尼雪夫斯基说："每一代的美都是而且也应该是为那一代而存在，它毫不破坏和谐，毫不违反那一代的美的要求；当美与那一代一同消逝的时候，再下一代就将会有它自己的美、新的美，谁也不会有所抱怨的。……今天能有多少美的享受，今天就给多少；明天是新的一天，有新的要求，只有新的美才能满足它们。"①当代美学的建构，有一个基点，多个来源。基点是当代人的审美生活。它既是当代审美生活的理论概括，又是当代审美生活的理论指导。来源有很多，有现实的来源，有历史的来源，有本民族传统文化的来源，也有其他民族传统文化与当代文化的来源。

作为中国学者，我们建构的当代美学虽然也是全球性的，但却是具有中国特色的，首先是为中国人服务的。作为中国特色，一是中国当代文化的特色，一是中国传统文化的特色。西方美学家也在

① ［俄］车尔尼雪夫斯基：《美学论文选》，缪灵珠译，人民文学出版社1957年版，第125页。

建构他们的全球美学，自然也是具有他所在的民族特色的全球美学。从当代全球美学建构的意义上来讲，中国传统美学具有重要的价值，主要有：

(1)中国古代的天人合一思想将成为构建人与自然界和谐的哲学基础。自然的人化与人的自然化将实现完善的统一。中国古代哲学中，儒家比较多地讲自然的人化；而道家则比较多地讲人的自然化；中国化了的佛教喜欢讲圆融。这三者均要在构建现代人的生存方式上发挥重要的作用。

(2)中国古代美学的生态意识，生态虽是现代的文化概念，但生态意识却是古代就有的。在中国，生态意识很强。儒家的“乐水”、“乐山”，道家的“道法自然”，《周易》的“生生之谓易”、“天地之大德曰生”，宋明理学家的“赞天地之化育”都有含有生态的意识。生态是中国古代美学中重要内容。中国古代说的美都具有很强的生态性。这些，在当代文化的建构中都将发生重要的作用，目前已引起西方有识之士的注意。

(3)中国美学中的气韵观将成为当代全球美学的精神内核。气韵是生命两种形态，气强调生命的外放的一面、刚健的一面；而韵则强调生命的内敛的一面、柔弱的一面。它们融合，则构成审美的理想。与此相近的有中国美学的“隐秀”观，它有可能成为美的理想形态。

(4)中国美学的“乐生”意识将成为当代人生命意义的重要理论支柱。西方美学偏重于悲剧，完全是古典性的，不是现代性的。而中国古典美学中的“乐生”思想则具有超前性、当代性。

(5)中国美学中自然至美观，将成为当代全球美学的重要理论组成部分。现代美学与传统美学一个重要不同，传统美学是将艺术美作为美的最高形态与典范形态的。关于这点，在西方与东方莫不如此。黑格尔将美学径直理解成艺术哲学，他只是基于约定俗成才接受由鲍姆嘉通提出“埃斯特惕克”这个名词。这个观点经黑格尔强化，一直在西方占据优势地位。讲美学必讲艺术，讲美必以艺术美为最高的美与典范的美。现代美学已开始发生转移。在生态主义进入美学，成为考察审美活动视角重要视角的背景下，自然美以其生态优越性而受到人类的青睐，于是不是艺术美而是自然美成为最高美与典范的美。

(6)中国古代美学“境界”这个范畴将可能成为全球美学中的本体论的范畴。境界有两个重要的性质：超越性与体验性。它不是认识，但以认识为基础，是对认识的超越；它不是感性，又以感性为基础，是对感性的超越；它不是理性，但融解理性，是对理性的升华。笔者认为，中国古代美学的“境界”理论经过改造，可以成为对美的本质的新解释。它对构建现代人的文化心理结构有重大的意义。美学本体有两个层面：最低层面为情象，它是审美悬置的产物；最高层面为境界，它是审美超越的结晶。从审美悬置到审美超越，体现出审美的发生与升华的全过程。境界作为真善美的统一，它充分地显示出人之所以为人的本质。

(7)中国古代美学中“和”的概念将成为世界美学中最具世界意义的范畴。中国传统文化强调“和为贵”。这和包含人与自然之和，人与人之和，人的内心世界之和。中国传统文化讲的“和”最大特色是交感性与生命性。交感性强调构成和的因素相互融化，我中有你，你中有我，不是混合，而是化合。生命性强调这种和具有生命的意义，是对人性的尊重，对生态的尊重。“和而不同”是中国哲学的重要命题，也是中国美学的重要命题。这一命题的科学性与明显的优越性，必然为世界进步人士所接受。

(8)中国古代美学中的准宗教意识可以在一定程度上淡化世界激烈的宗教矛盾。中国有自己的宗教，但中国的宗教没有达到国教的地步，无论中国化的佛教，还是中国土生土长的道教，抑或具宗教精神的“儒教”，都具有相当的美学意味。它们里面有很多值得发掘的东西，可以用来构建新的美学思想。

四

中国文化的未来是可乐观的。也许在一个较长的时间内，西方文化还会在中国占优势，但中国传统文化的魅力与巨大能量不可低估。在现代化的进程中，一方面它自身要调整，要净化，要改造，要发展，以适应现代化；另一方面，它自身的巨大潜力必然对西方的精神文化与社会文化进行改造。由于中国古代的文化的早熟性与圆融性，它在某种意义上是指向未来的。也正是因为它的熟是早熟，不正常的熟，因此，它的未来价值需经现代科学的改造与提炼才能获得，中国古代美学的研究非常需要这种现代科学的改造与提炼。

美学系统基本上有两种，一种是认识论的美学系统，一种是体验论的美学系统。一般来说，西方美学是属于认识论美学系统的，或者说以认识论系统美学为主潮；中国古代美学是属于体验论美学系统的，或者说，以体验论美学系统为主潮。21 世纪美学一大使命就是整合这两种美学系统。在中国，它采取两种方式进行。一是在中国美学内部，古代形态与现代形态的整合；另一是在世界美学范围内，中国美学与西方美学的整合。

美学的发展以构建更好的人类生存方式与生存环境为使命。现代人的生存，有多种问题存在。笔者认为，最重要的有三个：一是人与自然的关系；二是人与人之间的关系；三是人的文化心理结构内部感性与理性的关系。美学在这三个方面都要发挥特殊的重要作用。美学所追求的和谐首先是人与自然环境的和谐，这种和谐作为人类生存状态的理想必须是生态的，因而生态平衡成为美学的题中应有之义，生态成为美的基本因子。美学所追求的和谐，也应是人与社会的统一，因而社会幸福成为了美学的最高追求之一。笔者认为，一个幸福的社会不仅是一个法制的社会，也应是一个文明的社会，一个美好的社会。故而从解决社会矛盾来说，不仅要以法治国，以德治国，而且要以美治国。将以法治国与以德治国的强制性化为以美治国的自觉性。美学所追求的和谐最终要归之于个体心灵的和谐。个体的精神的愉悦成为美学关注的核心。在这里，境界作为个体精神超越的结晶，不仅实现了对功利与审美对立的超越，而且实现了现实与理想、感性与理想、主体与客体、有限与无限等多种对立的超越，而进入真善美相融合的精神世界。真善美统一一直是人类的追求，这种追求在不同的时代具有不同的内容与意义。如果说在古代，那种统一，以善为核心，善即美的话；那么，在当今，这种统一就逐步走向以美为核心，不是善，也不真，而是美成为最高的精神境界。因为美必然是善，也是真。这种变化反映了当今文化的新的发展趋势。

构建具有中国特色的当代全球美学的使命历史性地落在当代中国美学家们身上，任重而道远！

（原载《珞珈讲坛》1999年卷）

“美学在中国”与中国美学

——兼谈学术的原创性问题

这几年有一种论调，那就是中国没有美学，因为现今的美学体系是从欧洲传入的，所以只能说“美学在中国”。这种说法不独中国有，日本也有。三年前，日本美学学会会长、日本东京大学美学教授佐佐木健一应邀来武汉大学讲学，他说，日本现今的美学体系亦是从欧洲传入的，所以长期以来，日本有一种看法，就是日本没有美学。不过，他现今不同意这种看法，他认为，其实在欧洲的美学传入前，日本也有自己的美学。看来，所谓某某学在中国的问题是一个具有国际性的话题，本文拟就此问题略陈己见，求教于大方。

一

说中国没有美学，并不是没有道理的，的确，现代流行的以“美论”、“美感论”和“艺术论”或“美育论”为主要骨架的美学体系，中国古代没有，它诞生于欧洲，主要是德国，它传入中国，大约在20世纪初。这个传入，有两个途径，一是直接从欧洲传入。如曾经在德国留过学的蔡元培在他出任北京大学校长(1916年)后，在北大开设美学课程。蔡元培对哲学、艺术、美学都有浓厚的兴趣。虽然他出身于旧学，前清时还中过进士，但他向往新学。他于1915年编译的《哲学大纲》内容完全来自西方，准确地说，他的哲学是中国人理解的西方哲学。蔡元培为了讲授“美学通论”这门课程，还专门编著教材。只可惜他的《美学通论》仅写了三章，这三章讨论的是审美价值问题，其理论基本来自德国康德美学。直接从西方传入美学，用力最勤、成就最大的是朱光潜。朱光潜 1925 年赴欧洲留学，长达 8 年，这期间，他一边在国外专攻美学、心理学、艺术学等，一边为国内的期刊写稿。他的出版于 1936 年的美学专著《文艺心理学》，其思想来源一是他在法国巴黎听到的艺术心理学课程，二是德国克罗齐的直觉主义美学。这两个方面的理论不仅成为这本美学专著，而且也成为日后朱光潜整个美学体系的基础。由于朱光潜在中国美学界的崇高地位，加上著述丰富，可以说，在中国美学界，没有一个人的影响堪与他相提并论，实际上，朱光潜的美学思想撑起了中国当代美学界的半壁江山。这是一个途径。

另一途径以日本为中介传入欧洲美学。日本经明治维新(1868)之后，加紧向西方学习，各种西方学说包括主要由德国人鲍姆嘉通创立的 Aesthetics(现在译为“美学”)源源不绝地输入日本。明治二年(1870)，日本哲学家西周在《百学连环》中将西方的 Aesthetics 作为“佳趣论”列为哲学的一个分支，明治四年(1872)，他发表日本第一部美学专著——《美妙论》，将 Aesthetics 改称为“美妙学”。1884 年，日本哲学家中江兆民翻译出版了维龙的《Aesthetics》，通称《维氏美学》。直到这个时候，美学的译名在日本才得到固定。19 世纪末 20 世纪初，不少中国青年到日本留学，他们通过日本学术界接触到了欧美的新学包括美学，然后又将这门学科介绍到中国。经过日本接受欧洲的“美学”又在中国传播这门学科成就最大的是王国维。王国维的《红楼梦评论》是一篇非常卓越的美学论文，与其说它是关于《红楼梦》的评论，还不如说是叔本华美学思想的通论，《红楼梦》只是叔本华美学思想的注脚。王国维的美学虽然论文很多，但是，王国维没有美学专著，20 世纪 20 年代，首先是吕澂写过两本美学概论性质的书。1921 年他的《美学概论》出版，这是中国第一部美学概论。吕在此书的《述例》中说：“是篇专取栗泊士之说，而多依据日本学者阿部次郎、稻田末松、大西克礼、管原教造、石田三治之书，拣取要义，提举大纲。”主要依据日本学者的著作来理解欧洲美学，并将自己的理解写成美学概论的还有范寿康。范寿康出版于 1924 年的《美学概论》，同样筑基于德国的心理学美学，除了表述比之吕澂更为中国化，其理论同样原封不动搬自德国美学家立普斯(栗泊士)。

明治维新后传入日本的不只是资产阶级的意识形态，也有马克思主义学说，在日本留学的中国学人，通过日本，不仅接受资产阶级的各种人文社会科学理论，也接受马克思主义的理论。马克思虽然没有写过美学专著，但马克思有他的美学思想，而且马克思的哲学思想、经济学思想也可以运用到美学上来。从日本留学归来的中国学人鲁迅、陈望道、蔡仪等，试图用从日本学来的马克思主义理论构架美学理论。鲁迅写了一些涉及美学的论文，陈望道、蔡仪则写了概论式的美学专著。陈望道于 1926 年出版了《美学概论》一书。这本美学专著基本框架与范、吕的美学概论大体相似，但加上了“意趣随经济”的观点，分明在用马克思主义的存在决定意识来谈美学了。由于时代的原因，“意趣随经济”并没有成为本书的指导性观点，只是轻轻一点就过去了。出版于 1948 年的蔡仪的《新美学》则旗帜鲜明地用马克思主义的存在决定意识论来建构全部的美学体系，与立普斯的“美在移情”的唯心主义美学观相对立，蔡仪提出唯物主义的美学观点——“美是客观的”，并进而用恩格斯的典型说来解释美的本质。

新中国成立以来，美学体系基本上是按照马克思主义的哲学思想来建构的。出版于 20 世纪 80 年代的几部美学概论，实际上只不过是用艺术的事实来注解马克思主义的某些哲学观点，美学的含量并不多。而且，对马克思主义的哲学也取之不完全，理解也欠准确，其不足之处，早就为学界所不满。出版于 1989 年的《美学四讲》(李泽厚著)按作者的初衷是要践《美学引论》之诺的，但实际上只是四篇演讲。题目分别是“美学”、“美”、“美感”、“艺术”。正好符合通行的美学概论体例。

这些美学概论性质的著作，基本上可以代表整个 20 世纪的美学发展状况。我们只要稍许翻阅这些著作，就不难发现，它们所用的范畴、概念，所阐述的理论几乎全是从西方舶来的，当然也有创造，有属于作者自己的理解，也有结合中国传统文化的阐释，但整个体系是西方的，或者是马克思主义的，与中华传统美学完全不同。中国传统美学常用的范畴、概念几乎没有一个进入这个体系，所以只能说成是具有中国特色的西方美学，或者说在当代中国人心目中的西方美学。

二

为什么会出现上面说的情况？原因是复杂的，本文暂不予讨论。但有一个问题必须提出来，那就是，中国古代真的就没有自己的美学？

这涉及美学这门学科的定性问题。一门学科的定性，通常可以分成两个层面：第一，是学科的内涵，它所研究的对象，它所讨论的问题；第二，是学科的表述方式，它所运用的范畴概念系统，它的逻辑框架。

美学这门学科是有它的特殊性的，其特殊性之一，就是它的内涵至今也还是有所争论的，即是说，它到底是研究什么问题，至今并没有完全一致的看法。按写出第一本"Aesthetics"的作者鲍姆嘉通的看法，美学是感性学，它研究的是感性认识的完善。感性认识中，鲍姆嘉通实际上认定的主体是情感，因而他的"Aesthetics"也可以说成"情感学"。虽然西方学术界将鲍姆嘉通看成美学之父，但实际上，少有以情感为核心来构建美学体系的，就是鲍姆嘉通自己，也不这样做，他将"美"看成主要的研究对象，只是将美与感性知识联系起来，说："完善的外形，或是广义的鉴赏力为显而易见的完善，就是美，相应不完善就是丑。"①康德基本上沿袭鲍氏的路线，也从感性认识的角度认识美。这种路子基本上是西方美学的主流。黑格尔则有所不同，他认为，用"Aesthetics"来称"美学"实在不是恰当的，"因为'Aesthetics'的比较精确的意义是研究感觉和情感的科学。就是取这个意义，美学在沃尔夫学派之中，才开始成为一门新的科学，或者毋宁说，哲学的一个部门；在当时的德国，

---

① 转引自北京大学哲学系美学教研室：《西方美学家论美和美感》，商务印书馆 1980 年版，第 142 页。

人们通常从艺术作品所引起的愉快、惊赞、恐惧、哀怜之类情感去看艺术作品”。“这门学科的正当名称却是‘艺术哲学’或者更确切一点，‘美的艺术的哲学’。”①将美学定位于艺术哲学，显然与鲍氏的美学是不同的，由于黑格尔的巨大影响，这又形成一种路子，即从哲学的维度来研究艺术，这一条路子后来扩大到心理学与社会学，于是美学就下属艺术哲学、艺术心理学、艺术社会学三个分支。虽然黑格尔的美学与鲍氏的美学在研究对象上有区别，但不是不可以统一起来的。原因是，艺术既是人们认识事物的最重要的感性形式，又是自然、社会诸多现实美的荟萃之所。鲍姆嘉通说：“一篇完善的感性作品就是一首诗。”②而黑格尔则认为美的本质是“理念的感性显现”③，这一定义同样适用于艺术。于是艺术就被人们认为是审美的典型形式或最高形式，鲍氏与黑氏的两条路线实际上走到一起了。

西方美学的路子大体上就是这样，按这个路子来看中国古代，的确没有这样明显的理论思路。但是，无论是将美学看成感性和情感的科学，还是看成艺术的哲学，从中国古代文化中都可以找到大量的与之相类似的资料。我们且略作比较：

就鲍氏的路线来说，鲍姆嘉通肯定审美是感性的、情感的、形式的，这种感性的、情感的、形式的活动最终要达到与理性的完善。这类思想中国有没有呢？有，而且很丰富。最突出的例子，就是中国最古老的哲学著作《周易》重“象”。《周易·系辞上传》开篇即云：“天尊地卑，乾坤定矣。卑高以陈，贵贱位矣。动静有常，刚柔断矣。方以类聚，物以群分，吉凶生矣。在天成象，在地成形，变化见矣。”《易经》六十四卦均以象为本，在象中见意，即所谓“圣人观卦，观象系辞焉”。《周易》强调“言不尽意，立象以尽

① ［德］黑格尔：《美学》第一卷，朱光潜译，商务印书馆1979年版，第3页。

② 转引自北京大学哲学系美学教研室：《西方美学家论美和美感》，商务印书馆1980年版，第143页。

③ ［德］黑格尔：《美学》第一卷，朱光潜译，商务印书馆1979年版，第142页。

意”，后来王弼于此加以发挥，概括出一条独特的思维路线：以言明象，以象见意，得象忘言，得意忘象。这种独特的思维方式，也就是鲍氏说的美的思维方式，它的成果既是真，也是美。中国古人对于这种审美方式有着大量精彩的论述，如，南朝画家宗炳的“澄怀味象”说，南宋严羽的“镜月水花”说，等等。中国古人也将这种思维方式运用于艺术创作，王夫之说的“情景名为二，而实不可离，神于诗者，妙合无垠，巧则有情中景，景中情”与王弼说的“尽意莫若象，尽象莫若言”、“得意在忘象”、“得象在忘言”有一种内在联系，实际上都是在重视感性形式的基础，要求做到感性认识的完善，以达感性与理性的高度统一。这与西方鲍氏的感性说切合，明显地见出中华民族灵动的智慧，而且在某些方面更深刻。

重象是中华民族传统思维的特点，重象，具有一种弥散性，它渗透到中国人的一切思维活动中，是中国人一切思维方式的特点，而不像西方，重象，只是一种思维方式——“美的方式”①的特点。

就美的研究来说，中国古代文化有关资料不是很丰富的，中国古代不怎么讨论什么是美，但也不是根本没有。先秦儒家三个代表人物孔子、孟子、荀子都谈到美，他们对美还有定义性的描述：孟子说“充实之谓美”②；荀子说“无伪则性不能自美”③；“不全不粹之不足以为美也”④。道家也谈到美，老子讲“美言不信”，将美看成一种修饰，庄子说“天地有大美”则将美看成道的显现；前者重视美的外在形式，后者则重视美的内在意味。汉代《淮南子》比较多地讨论到美，提出“靨酺在颊则好，在颡则丑”的观点，即美在适宜。可以说，在汉和先秦，讨论美的言论还是比较多的，可惜以后就比较少了。

就黑格尔的对美学的理解的路子来看中国古代文化，则发现，

---

① 鲍姆嘉通说“美学(美的艺术的理论，低级知识的理论，用美的方式去思维的艺术，类比推理的艺术)是研究感性知识的科学”。转引自《西方美学家论美和美感》，商务印书馆1980年版，第142页。

② 《孟子·尽心章句下》。

③ 《荀子·礼论》。

④ 《荀子·劝学》。

中国古代的艺术哲学很丰富，不仅艺术哲学丰富，艺术心理学、艺术社会学也很丰富。中国关于艺术的理论大致可以分为四大块，一块谈艺术的性质，最经典的言论是“诗言志”①，这个命题对艺术的理解侧重于主体。刘勰则说：“文之为德也大矣，与天地并生者何哉?”②这就分明将文提升到道的形象显现了。第二块是谈艺术的作用，最著名有孔子的“诗可以兴，可观，可以群，可以怨，迩之事父，远之事君，多识于鸟兽草木之名”③。《毛诗序》有“教化”说，唐代陈子昂有“兴寄”说，这方面的理论很多。“诗史”说可以归入此类。第三块则是艺术思维说，魏晋南北朝时有陆机的《文赋》专门论述艺术想象。刘勰的《文心雕龙》则全面讨论艺术思维，其涉猎之广，论述之深，同时期的西方学术界无人能望其项背。到唐宋，有妙悟说，触及艺术思维中精微之处，与西方的“理性真觉”说异曲同工。第四块是艺术形象构成说，大多集中在意象、情景、意境、境界等问题上，这是中国的艺术美学中最具光彩、最有价值的部分。境界这一范畴超出艺术美的范围，可以移作整个审美的本体。这是中国美学中最具全球意义、现代意义的理论。

如果按黑格尔对美学的理解，中国古代的美学思想不仅丰富，而且很有体系。中国没有美学，实在说不过去。

三

不管按鲍氏对美学的理解，还是按黑氏对美学的理解，中国古代都不缺美学思想，也不缺自身的美学体系。但中国的古代文化学科意识不够，直到清王朝结束，中国文化告别古代进入近代，也没有人将美学或类似于美学的学科建立起来。虽然我们不是不能按西方的美学框架，来整理中国古代的美学思想，问题是当我们将中国古代的美学思想一一归入西方的体系时，就发现，中国美学原有的

① 《尚书·舜典》。
② 《文心雕龙·原道》。
③ 《论语·阳货》。

内在的逻辑体系就破坏了。比如，中国人谈美，一般不将美与美感那样明显区别开来，也就是说，这两个问题在中国古代美学是合在一起的，而不是如西方美学体系，分成“美论”和“美感论”两个部分。之所以会是这样，它涉及中国古代的哲学。中国古代哲学，主客两分的观念不发达，不是说中国人根本没有认识到主观与客观、主体与客体的区别，只能说中国人更看重主观与客观、主体与客体的联系和统一。所以尽管有“天人相分”的言论，但更多的、也更重要的则是“天人相合”。当庄子说“天地有大美”时，不要认为，这“大美”就真的在客观的自然界，就不在人的主观心灵之中。王阳明说“心外无物”，这“物”也不能理解成纯客观的物，实际上他说的“物”，是价值的载体，是人的物。王阳明南镇观花，说“你未看此花时，此花与汝同归于寂，你来看此花时，则此花一时明白起来”①。在他看来，只有“明白”（美）起来的花才是他说的“物”——人的物，作为价值载体的物。

中国人的审美理论，不是美论与美感论两分，而是两者不分。中国美学的逻辑线索大体上是：首先，宇宙之本是什么？——是道；接着，道是什么？它是万物之母，老子说它是“玄牝”，“母”、“玄牝”都是具体的物，它们作为道的比喻而存在。老子从不抽象地谈道，他将道的本质定为“无”，然此“无”存在于天地万事万物之中（有），显现为各种各样的象。美是什么？是道之象，当象能指引人们领悟隐藏在象后的“无”，那就是“妙”。于是，“道”（“无”与“有”的统一）——“象”——“妙”，成为美学研究的中心。在这个基础上，中国文化建立起自己的美学本体论、审美体验论和艺术论。艺术在中国古代，并不是脱离宇宙本体论的东西，而是人们观道、体道的手段，艺术美的最高存在为境界，境界必然通向道。道是中国美学的逻辑起点。这样一种美学当然与西方美学大相径庭。所以，如果坚持以西方美学的体系为标准，可以说，中国古代无美学。但是，如果以中国古代的美学体系为标准，那么，我们也可以说，西方无美学。

① 《传习录》下。

如果不是谈学科，而是谈思想，我们应承认中国有丰富的美学思想而且很有自己的特色，它完全可以在世界美学之林有着自己的一席之地。而且，这两种美学在许多方面可以相互印证，相互补充，这种印证与补充，主要体现在四个方面：

第一，关于审美客体价值的认识上，中西美学都认识到审美是主体与客体的愉快邂逅，这种邂逅所创造的价值，西方美学通常用Beauty来表述，中国美学也认识到这种愉快邂逅的意义，但它将这种愉快区别成不同的层次，其中比较普通的层次为“美”，而最高的层次则为“妙”。“美”较多地联系事物的形式，而“妙”则联系到宇宙的本体——“道”。

第二，关于主体的审美感受特征的认识上，由于西方美学中的“美”比较注重事物的感性；因素及其内在的认知意义，因此，比较多地注重视觉与听觉的审美享受，而中国古代的美学由于最高的美归结为“道”，而“道”是“有”与“无”的统一，对它的把握必然是感性与超感性的统一，理性与超理性的统一。所以，中国人独创了“味”、“游”、“观”这些独特的范畴来表示审美的享受。

第三，关于艺术的审美规律的认识上，由于西方美学以认知论为其哲学基础，比较强调对客观世界的摹仿，因而“典型”说成为艺术创作的基本规律。中国的艺术创作，重视艺术意象与“道”的联通，刘勰的《文心雕龙》以“原道”为开篇，强调作为“心之文”的文学应该成为“道之文”，在中国人看来，人是“五行之秀，天地之心”，其作品能与“道”通是自然不过的事。唐代书法家谈书法，说书法“情动形言，取会风骚之意，阳舒阴惨，本乎天地之心”①。“取会风骚之意”说的是作品须有思想，有情感，“本乎天地之心”，则以“道”为本根。所以，中国的艺术理论不是以认识论而是以本体论为基础的。

第四，关于审美范畴体系，西方的美学体系筑基于西方哲学，西方哲学重视主客两分；又西方美学较多地重视认识论，基本上将审美看成一种认识。因此，范畴体系基本上按照认识论来建构，不

---

① 《书谱》。

外乎审美主体方面有一个系列；审美客体方面有一个系列。中国美学筑基于中国哲学，中国哲学重视本体论，道为本，象为体，本在体中；又道无主客之分，亦客亦主。这样，中国哲学的范畴体系，就以如何体道为中心展开，中国美学没有很好地从中国哲学中分化出来，故而它的范畴体系一直是共用哲学范畴体系，诸如，道、阴阳、气、神、境、象、悟、游等；另外，在艺术创作与艺术欣赏方面，则创造一套与之相应的范畴体系，诸如意象、气韵、神思、隐秀、情景等。

中国古代美学与西方美学的确是两种不同体系的美学，这种不同最根本的还是哲学基础，中国哲学非常重视存在论，将道作为宇宙之本，一切都从这里发生，而一切又都以这为依归。道既是客观的，又是主观的，道既是有，又是无，道既是可感的，又是不可感的。道，虽然可分为天道、人道，实际上，两者不可分，人道上升为天道，天道落实在人道。道能弘人，人也能弘道。道至大无垠，又至小无物，道既有常理，又无常形，道有理在，却非言可明；道自亲人，却无情偏。道神秘莫测，却在自然……可以说，中国的“道”是中国哲学、中国美学的无穷的渊薮。虽然，西方也有它的本体论，但是没有一种本体论像中国的“道”如此丰富，如此神奇，如此智慧，如此伟大。反过来，西方的认识论哲学非常丰富，远非中国的认识论可比。正是因为各据不同的哲学基础，方才演化出两种不同的美学体系，而同样精彩、绝妙，又可相得益彰、互补共荣。

四

真善美是人类的三大价值追求，不管哪个民族都不例外。其实，生活在地球上的每一个民族，都有自己的哲学思想、美学思想，同样，也有自己的哲学体系、美学体系。只是没有现在通行的由西方创立的学科体系。

在这场关涉谁有美学的讨论中，中国和亚非其他国家之所以处于弱势，主要原因是，中国和亚非其他国家古代学科意识不发达，自古及今的确没有建立出一门名曰“美学”的学科来，而西方在 18

世纪70年代，德国理性主义哲学家鲍姆嘉通明确地表示要建立一门专门研究人的感性认识的学科。既然它早于中国及亚非其他国家先以创立，我们就不能不以据先创立的美学体系为参照系来建构自己的美学体系。

学科体系的建立决定于人类的需要，人类是一个整体，虽然生活在地球上的各个民族，各有自己特殊的生活方式，但基本需求是一致的。这样，就会有两类不同的学科，一类学科是全球性的，所有的自然科学与技术科学都是全球性的，这一点几乎没有人怀疑。另一类只是属于本民族的。本民族的学科，也不是与全球性的学科不能相通，只是依据本民族的生活需要有些特殊性研究项目与研究方法。法学、经济学、管理学这些社会科学，它的全球性是非常明显的，当然，也有自己的民族性、地域性、国度性。哲学、历史学、文学、美学、艺术学，这些人文性质的学科，过去似是更看重它的民族性、地域性、国度性，其实，它们也有全球性。任何一个民族的哲学、历史学、文学、美学、艺术学，其中某些部分都可能被他民族接受。我们不就接受了来自西方的许多学说了吗？同样，西方也接受了我们古人所创立的许多学说，海德格尔就在他的著作中明确地表示他对庄子哲学的认同。

美学作为一门人文学科，它集中了人类对于美的价值的追求，不同民族各自以独特的智慧丰富着它。虽然美学作为学科最早是由德国人创立的，但是，美学绝不只是德国人的。我们现在通称的西方美学，就融进了欧洲许多民族的创作，绝不只是德国美学。而且其发展过程中，也不断地吸取东方民族的智慧。这个现在通行于世界的美学体系，我们完全可以将它称之为“全球美学”。全球美学在不断地发展着，全世界各个民族都在为它贡献智慧。

虽然中国没有能够首创美学学科，但是，中国美学的丰富与精彩绝不在任何民族之下，它的许多卓越的思想今天还有着蓬勃的活力。笔者在《全球美学与中国特色》①一文中将中国传统美学的当

① 发表于《衡阳师范学院学报》，2005年第1期。

今价值归纳为八个方面：

（1）中国古代的天人合一思想将成为构建人与自然界和谐的哲学基础。

（2）中国古代的生态智慧将为当代全球美学的建构提供丰富的资源。

（3）中国古代美学中的气韵观将成为全球美学的精神内核。

（4）中国古代美学“乐生”意识将成为当代人生命意义的理论支柱。

（5）中国美学中的自然至美观将成为当代全球美学的重要理论组成部分。

（6）中国古代美学的境界这个范畴将成为全球美学的本体论范畴。

（7）中国古代美学中“和”的概念将成为美学中最具世界意义的范畴。

（8）中国古代美学中的准宗教意识可以在一定程度上淡化世界激烈的宗教矛盾。

这里首要的是中国当代学者对中国传统文化的深入了解，我们的传统文化当然是有很多缺点弊病的，它在一定程度上影响了中国的现代化进程，这一点基本上达成共识。但是，对它的优点，它的生命力，它的当代价值，我们的认识远远不够。

中国的传统文化不是一个严整的板块，它是由许多方面、许多因素构成的，不同的方面、不同的因素，它在当今的作用不一样。在诸多意识形态中，政治思想、经济思想、管理思想总是更多地体现为实用的层面，因而比较多变，缺乏深层次的固定性；而哲学、美学、伦理学、文学则深入到人性的底层，作为民族精神，它相对要稳定得多，在一个民族的精神生活中长时期地发生作用。正因为如此，笔者认为，要谨慎细致地将中华民族中哲学、美学、伦理学、文学这一块相对地剥离出来，给予与政治学、经济学、管理学不同的评价。现在最常见的做法是，因中国传统文化中的政治性的内容糟粕很多，而将整个传统文化都否定了。

五

以上说的问题，关涉原创性的问题，原创性是一个笼统的概念。原创性可以分成若干个层次，也可以说分成若干个方面。层次是深度问题，方面是广度问题。就学术来说，有学科、学理、方法等若干个不同的对象，这样，也就有了学科的原创性、学理的原创性与方法的原创性等。学科、学理和方法还可以继续分。

我们知道，现代的知识体系与学科体系大多产生于西方，因而就学科的原创性来说，中国不得不承认弱于西方。值得指出的是，研究同一对象也可以形成许多平行的学科，如医学，它是研究人的生病机制与治疗方法的。西方的医科与中国的医科均相当完善，并且各成体系。与医科类似的，还有文学，中国的文学学科相当完善，它的体系完全可以媲美于西方。因此，医学、文学学科的原创性，中国也拥有。然而有些学科就不那么好说了，诸如自然科学中的数学、物理学、化学，人文学科中的美学。虽然中国拥有大量的科研成果，有丰富的思想资料，但是体系不是很完善。

学理与方法的情况就好得多。虽然不具学科的原创性，在学理和方法的层面可以具有原创性。如果不是就学科的原创性，而是就学理的原创性、方法的原创性来说，中国古典美学对于世界美学来说有着卓越的贡献。

当代的学术研究，仍在不断地创造着新的学科，这在自然科学方面非常突出，人文社会科学方面相对要弱一些。在学科原创方面，当今的中国仍然处于落后的地位，这是不争之现实，但这不妨碍我们在学理与方法层面上的创新。

原创与创新是一个概念，创新也是原创，之所以用原创，是为了强调这种理论、这种方法是过去没有过的。但什么叫过去没有过的，也难说。众所周知，任何创造都是有所依傍的，不是依傍古人，就是依傍今人，完全没有依傍的创新，似是不太可能。知识的拓展、成果的积累都表现为一个连续的过程，创造也只是这个过程中的一环，只是相对前面的环来说，它要更大一些，更重要一些，是前面量的拓展和质的飞跃。

判断何为量的拓展，何为质的飞跃，也是一个难以说清的问题。尽管如此，我们仍然要提倡、要鼓励学术的原创性，哪怕只是一个小小的收获，一个个浅浅的亮点。因为只要是新的，那就是发展，就是前进。最可怕的是，变着文字，说着一个早已有人说过的道理，还冒充为新的发现。

学术的原创性有两个支点：一是全人类性和全球性，一是本民族性和地域性。在全球化的今天，学术是真正的天下之公器，它是全人类的，是全球性的。任何原创，必须着眼于全人类、全球化，但也不应忽视民族性、地域性的区别。实际上任何原创都是从具体问题出发的，就人文社会科学来说，往往是从本民族、本地域所遇到的具体问题入手。

原创的全人类性与民族性、原创的全球性与地域性不应对立，它们分别具有各自的意义，从本质上来说，它们是相通的。我们考虑学术的原创性，必须既着眼于整个人类的命运与发展，又要从本地族、本地域的文化传统与现实需要出发。如果我们的成果具有强烈的民族性、地域性，我们须将它转化成人类的、全球的原创性，从而推动整个学术的发展。

全球化不是西方化，全球化是各民族文化智慧的融会，也是各民族思想、情感的交流，更是各民族创造成果的互享，全球化是参与，更是创造。全球化并不排斥民族的特色。就美学来说，一方面，我们可以将中华民族传统美学中富有当代意义的东西加以创造性地改造，融入当今的美学体系，让当今的美学体系中不仅有来自西方各民族的以及其他各民族的成分，而且也有中华民族的成分。笔者多年来一直在做这个工作，笔者提出的境界美学，就试图将中国传统美学中的“境界”范畴加以新的诠释，作为美学的本体，笔者出版于 2003 年的《当代美学原理》就建构了这样的一个美学基本原理体系。也许笔者所做的这个融合还不是很成功，但笔者自信，这个工作是有意义的，不仅希望自己今后做得更好一些，而且希望更多的中国学者来做。全球美学只是强调各民族美学的可以融合性，可以理解性，它不等于共同编一本全球适用的美学教材，事实上，各民族建构的美学都会有自己民族的特色，全球美学不只是一种，而是有许多种。对于我们来说，要努力建构的就是具有中国特色的全球美学。所以笔者非常同意德国学者卜松山（Karl-Heinz Pohl）的意见："中国人，——就美学而言——是不是更应该追踪自己悠久而卓越的艺术传统，具有诗的暗示性的艺术话语，而不是劳累地步西方方法的后尘呢？毫无疑问，中国现在正处于一个文化转型期，非常需要开放，需要对西方理论作批判性的讨论，需要与西方作跨文化的对话。但是，如果现代中国美学在接受西方美学范畴和术语的同时不能真正参与到西方美学讨论中，结果又如何呢？假如西方人根本不注意中国现代的美学（似乎正如此），那又该如何？西方人至少在某种程度上通过汉学家的努力比较注意中国传统美学，因为这是中国自己独特的思想传统。古代艺术家和诗人在讨论自己的艺术时经常引用道家的、佛教的和儒家的哲学，这使西方读者得到启发，并激励他们作跨文化的对话。但我有一种感觉，西方人仍然在等待一种具有强烈的中国文化特色的现代中国美学。这种美学不是顺从西方理论，而是能对其提出挑战。"①说得真好！作为中国的美学家，我们应有挑战的勇气，更应有挑战的行动。

学术的命运系于原创性。学人的使命可说任重而道远。

（原载《珞珈进坛》第四辑，武汉大学出版社 2008 年版）

① ［德］卜松山：《与中国作跨文化对话》，刘慧儒等译，中华书局 2000 年版，第 14 页。

全球美学与中国美学

——中国美学如何与世界接轨

全球化是当今潮流，全球化严重地影响着全球人类的生活方式，也影响着全球学术文化的发展。不管愿意不愿意，也不管承认不承认，学术文化的世界性接轨正在进行，只是取不同的层次与深度罢了。自然科学、技术科学的接轨不存在问题，社会科学的问题则较为复杂，但在全球化的背景下，基于各民族自身的利益，也基于全人类共同的利益，虽然不是社会科学的全部，但至少其中一部分已经或正在接轨，接轨的基础是承认一套共同的“游戏法则”，诸如法律学中有国际法，经济学中有国际金融。

问题比较大的是人文学科其中包括美学。这些学科属于民族的精神层面，具有相对的独立性和永恒性。由于它们远离于社会功利，不直接影响人类的政治、经济利益，因此，全球化中它们没有处于首当其冲的位置，但随着全球化全面深入地进行，人文学科的世界性接轨也在加速进行，全球性的人文学科正在生成，美学是其中之一。笔者在20世纪末提出“全球美学”这一概念，十年来全球化的进程，日益凸显着“全球美学”生成的必然性及其意义。

一

“全球美学”的提出可以说是人类文明发展的必然。

众所周知，美学的发展以人类文明全部成就为基础。人类文明的发展，按笔者的理解可以划分成三个大的阶段：类似文明创造阶段、独立文明创造阶段和共同文明创造阶段。

类似文明为史前人类文明。史前人类各自生活在地球的不同地域，尽管它们彼此很少交流或者基本上没有交流，但它们的文化形态却惊人地相似。史前人类的生产工具石器、陶器等造型基本一样，他们的绘画、雕刻除题材的差别外风格也十分相似。特别有意思的是，所有史前人类的女性雕塑均夸张与生育相关的身体部位，说明远古人类都有过女性崇拜。另外，史前人类都有过类似中国萨满教这样的原始宗教，都巫风盛行。为什么会这样？原因很简单，史前人类的生活主题只有一个：生存。低下的生产力难以对付恶劣的环境，对于原始人类来说，生存下来就是万幸。生存有两种：一是个体生命的生存，另一是种族生命的生存。前者关系着生产，后者关系着生育。凡是对生产或生育具有正面价值的事物、事物的性质均是美的。这种审美观念在史前人类中普遍地存在着，类似之处远多于相异之处。

人类摆脱原始状态后进入独立文明创造阶段，文明的类似性逐渐淡化，文明的差异性逐渐增强。为什么会这样呢？这是因为进入独立文明创造阶段后，人类的生产力水平提高了，生存的问题基本解决，发展的问题突出了。生存基于人的自然本性，主要表现为人的物质方面的需求，在这方面，人类有太多的一致性。发展则基于人的文化本性，更多地与人的精神追求相关。人的精神需求非常丰富，民族与民族之间、社群与社群之间乃至个人之间，具有太多的差异性，在这种情况之下，审美的差异性突出了。这一点于女性美上表现得特别鲜明。原始社会的女性美基本上是差不多的，均以健壮、善于生育为美，而在独立文明创造阶段，各个民族对于女性美的认识则大相径庭。这种情况在艺术上表现得更为突出，中国的水墨画、西方的油画，其审美理念格格不入。清代，西方油画初进入中国时，中国画家一片惊讶，画家邹一桂说，这画上的房子简直可以让人走进去，这哪叫着画呀？显然，在独立文明创造阶段，人类的审美虽然存在有共同性，但人们看重的是差异性。

第三个阶段为共同文明阶段。这个阶段始于工业革命，现在还属于这个阶段。工业革命催生了资本主义的市场经济，资本主义的市场经济不会满足于国内市场，必然走向世界，而科学技术的高度发展，为资本主义的市场经济走向世界提供了条件。最初是航海和航天技术让地球上人们交往成为可能，近半个世纪来，信息技术高速发展，将地球上的人们拉得很近很近。“海内存知己，天涯若比邻”成为现实。二战以来，全球化以从来没有过的广度和深度进行着，人们惊呼巨大的地球顷刻之间成为一个村庄。

全球化虽由利益驱动，影响却不只在利益。人类在独立文明创造阶段所创造的文明均在碰撞着，冲突中有吸收，吸收中有创造。而任何新的创造都不同情况地显现出全人类共享的品格来。不独是科学技术上的新创造，也有许多人文社会科学的新思想、新观念成为人类共同的财富。

全球化的进程不可阻挡，总的趋势是和平发展，竞争共赢，文化融合，审美趋同。在这种背景下，“全球美学”悄然地在生成着。

二

美学作为人文学科本是人类共有的，但长期以来，囿于生活环境、生产水平等方面的差异，各民族审美生活方式存在诸多的不同，由此形成不同的美学话语体系。但是，在全球化的背景下，人们的命运从来没有像今天这样紧紧地联系在一起，共同命运产生了共同的关怀，而共同的关怀导致共同的话语体系其中有审美的话语体系，同时导致了共同的生活方式，其中最突出的是审美的生活方式。种种世界性的潮流必然地影响着人类的审美生活。具体说来，主要表现为三：

第一，以信息和传播技术(ICT)为核心的电子传媒时代或“赛博空间”(Cyberspace)时代的出现使人类社会文化的嬗变进入一个空前的大转变时期。

赛博空间对人类生活的影响是全方位的、根本性的。当代荷兰哲学家约斯·德·穆尔说：“我们可以将赛博空间比作万花筒，每一次转动都是对文化的总体关系的重新构型。赛博空间不仅重构了我们的政治、艺术、宗教和科学领域(仅仅简单地列举数例)，而且还依次设计了那些互相迥异的空间。”“赛博空间几乎渗透了我们日常生活世界的方方面面。赛博空间是主导空间，尽管往往不为人们注意，但它却从内部改变了我们的文化。”①

在人类生活的众多变化中，审美生活在其中的变化尤其突出：本来一直只是存在于审美想象中的虚拟世界，凭借赛博空间现实地生成着。陆机《文赋》中所说的“观古今于须臾，抚四海于一瞬”，由文学性的想象变为现实。此外，因赛博空间导致的图像化认知时代伴随而生，因语言、文化传统之不同所导致的交流困难淡化了，凭着简单的操作，人们就能进入共同的图像世界。在视觉审美中，实现了思想与情感的交流。

技术再次显示其不可违抗的主导权威，在赛博空间中，人们的审美方式不能不服从技术的专横，也心甘情愿地服从这种技术的专横，并从中感受到从来没有过的快乐。信息技术实际上已导致一种新的美学形态——信息美学。信息审美是以全球人类共同认同的游戏法则进行着的，它的全球性几乎不需要任何人论证。

第二，因全球环境的严重恶化而引起的全球性的对生态问题的关注。

生态本是不需要人特意加以关注的，地球具有强大的自我调节系统。生态之所以受到严重关注，是因为生态破坏得太严重了，人类如不加以帮助，它的恢复就存在困难，更重要的是，它直接威胁到人类的生存。始于19世纪的生态运动，首先诚然是出于环境保护的目的，是功利性的，但它导致了人类哲学观变化，生态哲学出现了，在生态哲学中，生态具有主体的地位，过去视人为唯一主体的哲学观点遭到质疑的挑战。

与之相关的则有以生态伦理学和生态美学，在生态美学中，自然美因为突出地体现着自然的生态性而得到人们的重视，自然是不是具主体性的问题影响着自然美。虽然人们一直热爱自然美，但是因全球性的生态危机而导致的对自然美的热爱不一样。美国哲学家罗尔斯顿对美国罗瓦赫公园前后使用的两块标牌——“请留下鲜花

① ［荷兰］约斯·德·穆尔：《赛博空间的奥德赛——走向虚拟本体论和人类学》，麦永雄译，广西师范大学出版社2007年版，第14页。

供人欣赏”、“请将鲜花开放”作出了重要区分，认为这里反映出两种不同的哲学观、伦理观和美学观。前一块标牌是人本主义的，后一块标牌才是生态主义的。①

全球对自然美的新言说，是将自然美置于独立的地位，实际上是用生态来抗衡人文了。自然美具有最大的全人类性，世界性的环境美学兴起，在很大程度上是基于人类与自然关系严重紧张的现实，全球在环境美问题高度趋同性在相当程度上显现出全球美学的兴起的必然性。

第三，自20世纪以来，大众文化向着全球美学的方向生成着。

艺术向来视为人类精神生活中皇冠，如当代美学家阿诺德·伯林特所说，传统美学的核心是将艺术看作是“特立独行的文化制度”。艺术自足自治，要求一种特殊的注意方式——非功利的静观。为了让艺术能够被人欣赏，“艺术对象必须被孤立于文化语境之外，同任何实践目的分离开来”。阿诺德说：“能不能建立起这样一种新的审美；它既保留传统理论的洞见，又极大地拓展审美理论的领域，以开放性与灵活性取代过去的排外性与教条主义？”②回答是肯定的。兴起于20世纪的全球性的大众文化运动中，新的审美方式打破了艺术这种“特立独行的文化制度”，艺术与生活融合起来，艺术的非功利性与生活的功利性融合为一。审美的王国扩大了。

“社会”与“文化”的关系问题也一样。“早在19世纪末，齐美尔就敏锐地捕捉到‘文化’与‘社会’的同一性，就以‘货币’为例展示了作为现代社会社会本质特性的符号化和审美化的过程，在他看来，现代化就是距离化、抽象化和升华，一种新的间接性，因而现

---

① 参见[美]H. 罗尔斯顿：《环境伦理学：自然界的价值和对自然界的义务》，叶平译，见邱仁宗：《国外自然科学哲学问题》，中国社会科学出版社1991年版，第1~3页。

② [美]阿诺德·伯林特：《美学再思考——激进的美学与艺术学论文》，肖双荣译，武汉大学出版社2010年版，第7页。

代性就是‘审美现代性’。”①“审美现代性”具有全球的意义，它不可能只是属于某一地区或某一民族。

问题是共同的，就有了交流的可能性。虽然人球人们观点仍然有异，但在相互交流的过程中体现两个很突出的特点：第一，开放性。虽然对于共同感兴趣的问题人们存在许多不同观点，但趋向于相互理解，相互宽容。第二，趋同性。全球人类在审美观念上相互学习，相互吸收，观点上趋向于一致。

当然，审美的趋同不会达到审美的一致，趋同的结果只能是具有众多特色的创新，但这众多创新不具排异性，而具相通性，实际上，众多的审美之异，体现出来的正好是具人类共性与时代特色的审美之同。

全球美学作为美学形态，是理论性的。美学家们对那些具有全球普适性的审美现象进行着研究，这种研究所形成的理论成果，尽管观点不一致，甚至相左，均属于全球美学。

全球美学虽然不需要建立一个学科式的体系，但它有共同的美学问题，这些问题之间也许有某种内在联系，也许没有，它不重要。重要的是话题——人类共同关注的话题事实上已经出现并呈扩张的态势。

全球美学立足于当代的审美现象。当代总是发展着的，因此全球美学永远在生成着，它没有完成时，只有进行时。

三

虽然全球美学是美学的当代形态，但是它的创建不能割断历史，因此，美学的世界接轨就有两种：一是当代形态的，另一是历史形态的。当代形态的美学接轨不存在问题，全球化和高科技分别作为内驱力和外驱力，推动着这种接轨，不管你愿意不愿意。因

① 金惠敏、张云鹏：《丛书总序》，见［荷兰］约斯·德·穆尔：《赛博空间的奥德赛——走向虚拟本体论和人类学·丛书总序》，麦永雄译，广西师范大学出版社2007年版，第1页。

此，当代美学的世界性接轨应该不存在问题。比较存在问题是历史形态的美学如何与当代美学的接轨。

这里，实际上也有两个层面的问题：一是古与今的接轨，另一是各民族之间的接轨。关于前一问题，暂时不谈，就后一个问题来说，实质是各民族文化之间如何对话。

当代德国哲学家、汉学家卜松山(Karl-Heinz Pohl)提出“跨文化对话”，这跨文化对话按卜松山的观点，主要为四点：“(1)历史的反思和敏感性；(2)认识对方的传统；(3)寻找价值上的共同性；(4)对不同文化的开放性和虚心学习的精神。”①

这四点中，笔者认为最重要的是“寻找价值上的共同点”。不同的文化领域，在全球人类的价值上的共同点是不一样的。在这个方面，美学有它特殊的优越性，这原因主要是，审美相对于政治、经济等领域，它较少地涉及人类的利益，按康德的看法，“美是那不凭借概念而普遍令人愉快的”②。的确，人类在审美上有诸多的共同点，甚至像“气”这样难以理解的中国哲学和美学范畴也能在西方找到与它相似的概念，德国人卜松山认为，康德的“天才”概念与“气”相似，“二者都是指一种气质或倾向，能将自然的生命力转化成精神的或艺术的东西。苏东坡将自己的创造力描述成‘如万斛泉源，不择地而出’，写作时‘如行云流水，初无定质’，‘常行于所当行，常止于所不可不止’。这些思想与康德的天才观恰好符合”③。卜松山先生的理解也许不太全面，中国古典美学中“气”范畴还不能等同于康德的“天才”，但是，卜松山先生这种从异中求同的态度与精神倒是值得我们学习的。如果执意将中国古典美学与西方美学对立起来，以找差异为主，那么可以说，没有一个地方是相同的。现今所谓的比较哲学、比较美学热衷于找差异，从学术研

① [德]卜松山：《与中国作跨文化对话》，刘慧儒译，中华书局2000年版，第102页。

② [德]康德：《判断力批判》上卷，宗白华译，商务印书馆1965年版，第51页。

③ [德]卜松山：《与中国作跨文化对话》，刘慧儒等译，中华书局2000年版，第12页。

究角度言之，也不是说没有意义，但是，从全球化的角度考虑，寻找差异的目的是为了更好地实现人类的和谐共存。因此，寻找价值上的共同点也许更为重要。这里，我注意到卜松山说的是“价值”上的共同点，那就是说，观点同与不同，并不是最重要的，价值取向上的同，才是根本的。

不同历史文化对话，建立在对各自传统的阐释的基础上，只有恰当的阐释，才能实现对话。阐释立场有两种：一种是文化史的立场，即关注中国古代美学与中国文化的关系，还原中国古代美学在中国文化史中的地位与价值。另一种为美学学科的立场，即关注中国古代美学与现代美学学科的关系，依现代美学学科的理论体系对中国古代美学进行阐释。两种阐释立场关系密切，一般来说，后一种立场须建立在前一种立场的基础之上。两种阐释立场都是必要的，而对于构建全球美学来说，这后一种立场无疑显得特别重要。

持美学学科立场的阐释，又可分为两种：一为“美学学科框架阐释法”，另一为“美学学科精神阐释法”。“美学学科框架阐释法”即按照美学学科框架来进行阐释，学科框架主要体现在学科的范畴体系上，美学学科的核心范畴是美，与之相对的是丑。与美丑相关的范畴主要有崇高、悲剧、喜剧等，由此构成了美学学科的主要框架。实施学科框架阐释法，需要按照这样一种学术框架对中国古代美学进行阐释。

由于中国古代没有这样一种美学框架，因此，这种阐释的局限性是显明的。虽然，中国古代美学有美与丑这样的概念，但丑与美并不都是对立的，中国美学中的丑在许多情况下是美的另一种形式。中国古代美学中没有崇高这一范畴，与崇高相似的范畴是阳刚、壮美，但阳刚、壮美严格说来并不是崇高。中国古代美学虽然没有崇高这一美学范畴，却并不等于说中国古代美学没有崇高这样的美学思想。显然，按学科框架阐释法来阐释中国古代美学弊病甚多。这种方法不是不能用，但要小心。

“学科精神阐释法”不看重学科框架而看重学科精神。何谓学科精神？在这里，主要指学科研究的主要问题以及研究此问题的主要途径。虽然学科内有各种形态：历史的、当代的、各民族的，但是，同一学科所要研究的主要问题及研究此问题的主要途径是一样的，这就为同一学科内的不同形态实现接轨，提供了一个切入口。

美学研究的主要问题是审美，核心是对美的认识。虽然各民族关于审美所用的范畴体系不同，但对审美特别是其中的美均有着丰富的认识。研究审美的途径，主要有两种：一是从宇宙本体论出发，另一是从人性出发。前者的维度为哲学的，后者的维度属审美发生论的。这两种维度均具有全人类的普适性。在研究中国美学史的过程中，笔者惊奇地发现，中国古代美学正是从这两个维度实现其与世界美学接轨的。

就哲学本体论这一维度来说，中国古代哲学以道家为代表，道家以“道”为宇宙本体，用“无”与“有”两个概念阐释“道”，万物生于“有”，“有”生于“无”。“道”为“无”与“有”的统一。道家哲学对“道”的这种阐释，为中国美学的重要范畴——“境界”奠定了基础，由此，中国古代美学导出了“美在境界”的论断。“美在境界”实质是美在道，美是道的形式。

“美在境界”是最具中国特色的美学观点，是中国人对美的本质的认识。虽然别的民族没有这样的说法，但是，从哲学本体论维度去探讨美的本质却是全人类共同的。诸多民族的美学将美的本质归之于宇宙本体。黑格尔将“理念”看成宇宙本体，“美就是理念的感性显现”①。“美是理念的感性显现”这一说法与中国的“美在境界”颇为相通，异曲而同工。

从人性维度去探讨美的本质，属于审美发生论，这也是世界上诸民族的美学所共同的。就中国美学来说，最能说明问题的是汉语中的“美”字。关于“美”字探源，已有“羊大为美”、“羊人为美”、“色好为美”、“顺产为美”等看法。这四种看法中，“羊大为美”体现出人类对个体生命保存的重视，“色好为美”和“顺产为美”体现出人类对种族生命保存的重视，“羊人为美”体现出巫术在远古人类生存中具有重要的地位。四种说法均立足于人性论，说明美的本

① ［德］黑格尔：《美学》第一卷，朱光潜译，商务印书馆 1979 年版，第 142 页。

质乃是对人性的肯定，对人的生命的肯定。从人的生命生存与发展这个维度认识美，不独中国人如此，世界上其他民族也如此。从这个维度来看世界诸民族的美学，其实是相通的。①

如果不是只看重美学学科框架比较，而是更看重美学学科精神的相通，中国古典美学与世界美学的接轨则会容易得多。

四

中国古典美学是中华民族也是全人类珍贵的遗产，它的许多重要的精神与具体的观点并没有成为过去，仍然活在中国人的现实的审美生活中，而且对于构建全球美学有着特殊的贡献，这其中主要有三点：

第一，建立在道家"自然"哲学基础上的自然美学观对于构建人与自然的和谐具有特别重要的意义。

庄子讲的"天放"观含有解放自然即解放人的意义，这让我们想起罗马尼亚哲学家塞尔日·莫斯科维奇说的："解放自然从根本上讲就是解放人类"②的观点。地球本来是人类与诸多的自然物共有的家园，它五光十色，丰富多彩，充满着生命的魅力，但是，后来居上的人类却用他的理性让这个世界去魅。塞尔日·莫斯科维奇主张"恢复世界之魅"，这一思想与三千年前中国道家哲学的"道法自然"可谓异曲同工。中国的道教是以道家哲学为基础的，道教将人类理想的生活环境称之为仙境，仙境一大特点是人与鸟兽共处呈现出一片蓬勃的生机。陶弘景在《寻山志》中写的"夕鸟依檐、暮兽争来"、"鸥双双而赴水，鹭轩轩而归田"，是优秀的生态环境，陶弘景将它视为仙境，正好道出了人对环境的生态需求。

第二，以儒家"仁爱"哲学为基础的伦理美学观对于构建当代

① 以上观点，笔者曾撰文《中国古典美学关于"美"的理解》，在美国芝加哥大学东亚系作过讲演，讲稿发表在《社会科学战线》2010年第11期上。

② ［罗］塞尔日·莫斯科维奇：《还自然之魅》，庄晨燕、邱寅晨译，生活·读书·新知三联书店2005年版，第122页。

社会的谐具有重要的意义。

本来，以伦理为基础构建美学不独中国古典美学为然，西方美学也是如此，但是，不能不指出这一以善为基础的美学传统在西方文化的发展过程中有所失落，而在当今社会重树道德的价值具有十分重要的意义。美国当代美学家阿诺德·伯林特敏锐地看到了这一点，他在谈“需要一种新的审美”时，着重指出，关于艺术批评，其维度不能只是一维、二维，而应是多维，这其中就有道德，“忽略道德与艺术的关系不仅是愚蠢的，也是虚假的”，“艺术是有影响力的，它要求道德立场。”①阿诺德·伯林特说的是艺术，其实何止艺术，当代人类的全部生活均需要树立道德价值的权威性。再没有比现在这个时候，人类更需要友爱更需要诚信更需要理解的了。可以说对道德的呼唤是全球人类共同的呼唤。正是在这种背景下，儒家的“里仁为美”，既简洁，又实在，堪为当今人类的美学经典。

第三，以“神仙”境界为最高追求中国道教美学有可能成为全球人类共同的审美理想。

神仙是道教所设想修道理想。神仙道教的特点，是身心双修。一方面，它吸收儒家的道德哲学，重视“内圣”的修养，即所谓炼“内丹”，将人格修养视为人生的最高境界；另一方面，它又重视人的肉体生命，以强身健体、延年益寿乃至不死为修炼的最高目的，这就是所谓的炼“外丹”了。葛洪说，“若夫仙人，以药物养身，以术数延命，使内疾不生，外患不入，虽久视不死，而旧身不改”②。这“仙人”就是健康的人、长寿的人、不死的人。仙人的标准形象就是吕洞宾式的“仙风道骨”。虽说“仙风道骨”到底是何形象，人各有自己的想象，但青春是“仙风道骨”的本质。青春与年龄无关，《庄子》中说的女偊年虽长，却“色若孺子”。不管道教中有多少巫术的成分，多少荒诞之语，其对身体的重视，在中国文化中不能不说独树一帜。重视身体也包括对于感性享受的重视，于

① ［美］阿诺德·伯林特：《美学再思考——激进的美学与艺术学论文》，肖双荣译，武汉大学出版社2010年版，第8页。

② 葛洪：《抱朴子·论仙》。

是，这种身体哲学就自然地通向本为感性之学的美学了。

当代西方美学自杜威、福柯、梅洛-庞蒂，一直强调身与心的统一，对身体在审美中的作用十分重视，遂形成“身体美学”此学科。关于此学科，当代美国哲学家理查德·舒斯特曼说：“身体美学可以先暂时定义为对一个人的身体——作为感受审美欣赏及创造性的自我塑造场所——经验作用的批判的、改善的研究。”①关于身体美学，西方的哲学家均非常重视取法于亚洲，并特别提到中国的太极拳、武术和禅定、密宗等。阿诺德·伯林特在他的《审美的身体化》一文中大段引述密宗如何注重身体的言论，舒斯特曼有感于这种学习如此不够而批判西方：“为什么那些处于亚洲哲学中心的在哲学上丰富和在批评上深思熟虑的身体美学训练，对我们西方美学工作仍然如此陌生？”②当代世界，人们在精神方面的追求似乎有些失落，虽然重振精神的权威性一直有人在说，但重视感性，追逐物欲却是时代不争之现实。离开身体问题独立倡导精神价值固然不失为一条拯救人类的道路，但是，结合身体问题重振精神价值也不失为拯救当今人类堕落的一剂良药。阿诺德·伯林特提出的“审美身体化”、“作为文化的身体化”均可以从中国的道教美学中找到知音。身体的美学实际上已成为全球美学中的重要话题。中国古代道教以及道家关于身体的思想经过新的阐释将以鲜活的生命走进人们的审美生活。

我们中华民族曾经创造了极其辉煌灿烂的美学体系，这个美学体系既极具特色，又与首先由德国人鲍姆嘉通18世纪所创立的西方美学学科体系有相通之处。③ 中国古典美学并不是进入博物馆的

① ［美］理查德·舒斯特曼：《实用主义美学》，彭锋译，商务印书馆2002年版，第268页。

② ［美］理查德·舒斯特曼：《实用主义美学》，彭锋译，商务印书馆2002年版，第373页。

③ 参见拙著《中国古典美学史·绪论》，湖南教育出版社1998年版，《中国古典美学史·绪论》第二版，上卷，武汉大学出版社2007年版。

美学，它的一些重要思想对于构建当代全球美学有着特殊的贡献①，充分开发中国古典美学这座宝库是我们中国美学家的神圣使命。

时代早已进入我上面所说的共同文明创造的阶段，全球化以空前的规模发展着，只是体现本民族文化特色而与世界不接轨的民族美学难以成立，更不要说发展了。在全球化的今天实际上只有一种美学，那就是全球美学。就当代中国美学的建设来说，我们要建立的不是独立的与世界隔绝的中国美学，而是具有中国特色的全球美学。

（原载《学术月刊》2011 年第 8 期，原名《全球美学与中国美学——中国美学如何与世界接轨》）

① 见拙文《全球美学与中国特色》，载《衡阳师院学报》2005 年第 2 期，又见拙文《中国古典美学对全球美学构建的贡献》，见《中国古典美学史・附录二》第三卷，武汉大学出版社 2007 年版。又见《中国古典美学二十一讲・第二十一讲》，湖南教育出版社 2007 年版。

中国商周青铜器与古希腊雕塑文化意蕴之比较

根据历史学家的看法，人类由石器时代进入青铜时代，大约在公元前 2000 年至公元前 500 年。这段时期在中国是夏商周三代，而在欧洲，这段时期文化比较发达的是古希腊。古希腊创造了人类历史上最为灿烂的文明，艺术上的代表是雕塑。中国夏商周三代最为重要的物质文明成果是青铜器。就文化地位看，商周青铜器与古希腊的雕塑相当。古希腊雕塑是西方艺术文化的重要源头，中国商周青铜器是中国艺术文化的重要源头，将它们作比较很有意义，从中我们可以发现中西文化的一些重要差别是如何形成的。

一、巫术与神话

人类的早期都经历过一个原始宗教的时代。由于生产力的低下，科学技术的发展很有限，面对宇宙的种种现象，人们惶惑不解，甚至惶恐不安，他们总以为有万能的神灵在主宰这个世界，人的命运也操纵在神的手中。为了生存，也为了获得更好的发展条件，人们总希望能获得神灵的帮助。于是，祭神、娱神之类活动都产生了。这类活动通常叫做巫术。热衷巫术活动，这是早期人类普遍的生活现象。中国夏商周三代的青铜器与古希腊的青铜雕塑都留下巫术活动影响的痕迹。但相比而言，中国夏商周三代青铜器受巫术的影响更明显些。

早期人类都创造了自己民族的神话体系，神话作为精神文化的摇篮，对民族精神的影响是非常之大的。神话的产生也类似于巫术的产生，也是早期人类对自然力的一种想象性的征服。中国与古希腊都有自己的神话，只是中国神话远不及古希腊的发达。中国神话对夏商周三代青铜器的影响也是有的，但是并不很重要，也不突出；而古希腊神话对古希腊雕塑的影响可说是巨大的，全局性的，根本的。

巫，在中国古代社会是具有很高地位的特殊人物，他们是社会上最有学问的人，也是最为神奇的人。他们的学问、神奇在于，他们能与神灵沟通：或传达神灵的旨意，或表达人民的愿望。在各种敬神、请神、祭神、娱神的活动中，巫总是唱主角。在社会生活中，有专职的巫，他们在政府中都是官吏；其实，部落首领、国君也都是巫。《大戴礼记》说帝颛顼“依鬼神以制义，治气以教民，洁诚以祭祀，乘龙而至四海”。著名的历史学家徐旭生先生说，据此颛顼也就是大巫，就是宗教主。①

巫师通天，是要借助各种工具手段的。按著名华裔学者张光直先生的研究，巫师通天的工具与手段有山、树、动物、占卜、仪式、法器、酒、药物、饮食、歌舞等。② 整个青铜器包括它的纹饰都是通天的手段。青铜器上的纹饰以动物居多，为什么要用动物做纹样，很可能在初民看来，动物与神灵更有沟通的可能性。某些动物在初民看来是很神秘的，它也许就是神灵的化身，或者是神灵在人世间的代表。某些动物如龙、鸟能高飞，更能让人想象为神灵的使者。树的形象也有用为青铜器纹样的，而且也有树形的青铜器灯具，如战国时的树形灯，这可能与中国古代扶桑、若木的神话有关，据《山海经》云，扶桑、若木是太阳栖息之处。

古希腊的青铜雕塑也有种巫术色彩，如公元前 4 世纪的雕像《萨莫色雷斯的尼开神像》，它塑造的是胜利女神尼开的形象。这座女神有一双张开的翅膀。但总的来说，希腊雕塑巫术的味道不是很浓。希腊雕塑主要是神话中神的塑像。这些神的形象都是按照人来塑造的，顶多是在人的形象的基础上加上一些具巫术意义的装

① 徐旭生：《中国古史的传说时代》，文物出版社 1985 年版，第 76 页。

② 张光直：《中国青铜时代（二集）》，人民出版社 1990 年版，第 102～114 页。

饰，如站立在帕提依神庙内的雅典娜神。整个造型给人的感觉是现实的，又是超现实的。作为雅典的卫神，她是神话中的人物。

夏商周的青铜器不论是整体造型还是纹饰，人的形象很少，动物形象居多。而古希腊的雕塑则主要是以人为模仿对象。这种情况是不是说明夏商周对人不够重视，而古希腊对人更为重视呢？似乎不好这样说。也许是对人神关系理解不同的缘故吧。中国古代视神为人的对立面，神与人一般是不相通的，能相通的是动物，巫师作为人，虽能与神相通，也须借助动物。这就是中国夏商周青铜器多用动物而少用人作纹饰的缘故。当然商周青铜器也有用人的形象作纹饰的，如大方人面鼎，鼎的四面是人的头像。有人说那人面是黄帝的脸，笔者倒认为，那更可能是巫师的脸。就是这具有人面作装饰的鼎，也有夔龙、饕餮这样的动物形象。

古希腊不把人与神绝对地对立起来、隔开来，人可以与神直接沟通。在古希腊的神话中，人甚至还可与神通婚。这样，他们直接表现神，对人的力量的重视使古希腊人觉得应该将人的形象展现出来，展示即是歌颂。即使是神也只不过是伟大的人罢了。

二、功利与审美

夏商周青铜器主要是实用的产品，但它也是艺术；希腊雕塑固然以今天的眼光来看，它是纯艺术品，但在制作它的当时，也不是只当艺术品，它是神灵的感性存在，也具有某种功利性。说夏商周的青铜器更多的是实用品，而希腊雕塑更多的是艺术品，也大概说得过去。

夏商周青铜器作为实用品，功利性是非常突出的。《左传·宣公三年》记有楚庄王问鼎的故事，王孙满作为周天子派往楚国劳军的使臣，严厉地批评楚庄王问鼎，滔滔不绝地谈起了鼎不同寻常的功能。他说：

昔夏之方有德也，远方图物，贡金九牧，铸鼎象物，百物而为之备，使民知神奸。故民入川泽山林，不逢不若，魑魅罔

> 两，莫能逢之。用能协于上下，以承天休。桀有昏德，鼎迁于商。载祀六百。商纣暴虐，鼎迁于周。德之休明，虽小，重也；其奸回昏乱，虽大，轻也。

这段话将鼎的重要功能说得很清楚。第一，它是政权的象征。当年夏禹统一中国，远方图物，贡金九牧，铸就此鼎，代表江山鼎固。夏桀昏聩，鼎迁于商。商载祀六百年，商纣暴虐，民怨沸腾，武王革命，顺天应人，于是鼎迁于周。这说明，鼎非常物，乃国家政权之象征。第二，鼎具有强大的教化功能，铸鼎象物，百物为之备，人民可以从鼎上知神奸。第三，鼎有强大的避邪功能。民入川泽山林，不会遇到魑魅魍魉。第四，鼎有强大的协调功能，它能协调上下，和合君臣，团结人民。第五，鼎有强大的通天功能，作为祭祀的器具，通过它，将人民的心愿上达神灵，又将神灵的旨意转告人民。

鼎居于青铜礼器之首，以上所说的五点，大致可以涵盖整个青铜礼器的功能。这里，特别要强调青铜器作为礼器其弘扬礼仪的重大作用。礼在中国古代是至关重要的，它是治国的根本原则，立国的根本制度。礼之中，祭祀之礼最为重要。《礼记·祭统第二十五》云："凡治人之道，莫急于礼，礼有五经，莫重于祭。"青铜器作为祭器，它的重要性就凸显出来了。祭不仅是与神灵沟通的重要方式，也是净化灵魂的重要手段。《礼记》说："夫祭者，非物自外至者也，自中出生于心也，心怵而奉之以礼，是故唯贤者能尽祭之义。"祭要出于内心，要对神有"怵"的心态。因此，净化灵魂就显得非常重要。净化灵魂既是祭的前提，又是祭的结果。

中国商周青铜礼器主要是食器、酒器，这一事实也值得重视。民以食为天，对食看重本是自然的事，世界上各民族莫不如此。问题是中华民族对食的重视在相当程度上已超出了物质性的层面，而进入到精神性的层面，使食与政治与伦理联系起来，形成了中国特有的饮食文化。饮食与政治相通，饮食的规格见出政治地位的高低，这在世界上也许不独中国有，但以中国为最大概说得过去。周礼规定，天子用九鼎八簋，诸侯用七鼎六簋。卿大夫五鼎四簋，大夫三鼎二簋，士一鼎一簋。不只是肉食与饭食，小菜的数目也有等级的差别；也不只是统治阶级内部有这样的等级差别，就是普通百姓中因长幼年龄的不同也有所差别。这种用餐的差别完全是政治上的、伦理上的，已成为国家的根本制度。

重视烹调艺术，这种重视不只是一般的将烹饪视为审美，也不只是将它与政治地位联系起来，而是将它与哲学、与管理艺术、与人生修养联系起来，这在世界上大概也以中国为最。《庄子》中庖丁解牛，不仅美如音乐，而且妙如哲理，用庖丁自己的话来说："臣之所好者道也。"①商代的名相伊尹原是商王的一个厨子，因会做汤而当上了相。这可不是商王昏聩荒唐，因为事实上，伊尹将国家管理得很好。伊尹是不是将烹饪的道理用在治国上这不得而知，但很可能如此。《左传·昭公二十年》记晏子与齐侯论和与同，晏子认为和与同异，他说"和如羹也"，"和"是最高的境界，有人和、家和、国和。伊尹将做羹的道理用于治国，使国和如羹，这治国的确达到最高水平了。在古代，人们也经常将饮食与人生修养联系起来，最为脍炙人口的是孔子夸奖他的学生颜回"一箪食，一瓢饮，在陋巷，人不堪其忧，回也不改其乐"②。这就是为儒家津津乐道的"孔颜乐处"。

由此可见，饮食在中国人的生活中占有非常重要的地位。正因为如此，食器的价值远不只是盛食的工具，也绝不只是审美。比起盛食、审美来，它在政治、伦理、宗教、哲学等方面的价值就显得更为突出，更为重要。

古希腊的雕塑艺术就不同了。虽然追求真善美相统一的综合价值也是古希腊雕塑艺术的宗旨，但美的独立价值显然显得格外突出。对美的追求是古希腊人重要的价值取向之一。温克尔曼说："在希腊人那里，凡是可以提高美的东西没有一点被隐蔽起来，艺

① 《庄子·养生主》。

② 《论语·雍也》。

术家天天耳闻目见。美甚至成为一种功勋。”①如此热爱美的民族怎能不极力地将美表现在他们的艺术作品中呢？

真、善、美三者是结合在一起的，但在这三者的结合体中，中国古代较多地注重其中的善，而将美置于善之下，或者说蕴含在善之中。而在古希腊，则较多地注重其中的美，将美置于善之上。笔者认为，这是两个民族对美的认识方面重要的不同。

希腊人是注重理性的民族，对任何事物哪怕是美这样很感性的东西，也要从理性的立场上做一番分析。美国历史学家伊迪丝·汉密尔顿说希腊人“根本不认为对于美的执著的探索是理性活动的休息，他们绝不让自己的理性的活动在任何事物上停止工作，一定要对所有事物进行分析和探讨”②。正是因为希腊人对理性的重视，他们对美的本质、美的规律、美的形式法则，也就孜孜不倦地去追求。古希腊的所有雕塑都体现出古希腊人所推崇的美的理想——高贵的单纯、静穆的伟大。显然，在希腊艺术家那里，他所创造的一切都用理性的天平衡量过了，都用美的法则指导过了。

美在希腊总是与快乐联系在一起的。无比地热爱生活、品赏生活是古希腊民族的一大特点。正如伊迪丝·汉密尔顿说的：“希腊人十分清楚生活是何等的痛苦，也非常明白生活是何等的甜蜜、欢乐与悲哀，狂喜与悲剧在希腊文学中同时存在。”相比较而言，中国人却是具有更多忧患感的民族。悲剧的情怀，使得中国的艺术具有一种宏大的忧患意识，一种说不尽理不清的历史意蕴。这在中国商周青铜器上也体现出来了。不管是厚重的鼎，还是轻灵的尊，都给人一种人世沧桑的厚重感，一种不可说“不”的权威性。

三、象征与典型

从艺术创作原则来看，有现实主义与象征主义的区别，这两种

① ［德］温克尔曼：《论古代艺术》，邵大箴译，中国人民大学出版社1989年版，第134页。

② ［美］伊迪丝·汉密尔顿：《希腊方式——通向西方文明的源流》，徐齐平译，浙江人民出版社1988年版，第16页。

创作原则涉及写实与写意两种创作手法。

应该说，这两种原则、两种手法也不是截然分开的，但是它们的侧重点却有所不同，这种不同，形成了两种艺术观念的分野。一种是重客观的，一种是重主观的；一种是以认识论为基础的，一种是以想象论为基础的；一种是世俗的、明朗的，一种是超世的、神秘的；一种是现实的，一种是理想的。从这个角度来比较中国夏商周三代青铜器与古希腊雕塑艺术，则明显见出它们的不同。

古希腊的雕塑艺术有两个明显的特点：

首先，它是写实的。这种写实当然不是简单地模仿现实，而是在现实的基础上进行合理的集中，力求更为深刻地反映现实。希腊画家波利格诺斯为了画好海伦，来到出美人的地方——克罗托纳，花了很长的时间仔细地研究了此地美女们的相貌，然后将她们的美综合起来，加以创造。这种创作方式就是亚里士多德在《诗学》中一再阐明的典型化的原则。古希腊艺术典型化原则建立在崇尚理性的哲学基础之上，古希腊哲学不把客观与主观混淆起来，强调主观对客观进行正确的反映。这种哲学体现在雕塑上就是很重视人体的结构、比例。古希腊的雕塑家主张对现实进行写生式的创作，许多人物雕塑直接取材于奥林匹克运动会上取得优胜的运动员。

其次，它是简洁的、朴素的。表现在文学上，它的语言简洁、质朴、直接、生动。伊迪丝·汉密尔顿说："简单、明白的语言是思想家的座右铭，也是希腊诗人的座右铭。"①表现在雕塑上也是如此，伊迪丝·汉密尔顿说："当你欣赏了提香的名作以后，第一次观赏米洛斯的维纳斯，你一定会感到一阵寒噤，米洛斯的维纳斯身体直立，装饰质朴，头发向后倒梳，挽成一个发结。艺术家没有给她任何点缀，使她与众不同。"②

现在我们来看中国商周的青铜器，从创作思想、创作原则来

① ［美］伊迪丝·汉密尔顿：《希腊方式——通向西方文明的源流》，徐齐平译，浙江人民出版社1988年版，第53~54页。

② ［美］伊迪丝·汉密尔顿：《希腊方式——通向西方文明的源流》，徐齐平译，浙江人民出版社1988年版。第50~51页。

看，商周青铜器所体现的不是写实主义，而是象征主义。象征主义重要的不是再现什么，像什么，而是代表什么，标志什么。在客观与主观两方面，它更重视主观。它创造的不是典型，而是象征。这种创作原则在中国商周青铜器体现得特别清楚。从商周青铜器的纹饰看，除少部分外，大多不是像物的，但它是有意蕴的。比如，兽面纹，通常称为饕餮纹，它有兽面的一些痕迹，但它根本不像任何兽面。说它是兽面，只是为了方便。古人创造这样一种形象是有原因的，它代表一定的观念。观念是主观的，它只有借一定的外在形象表现出来才为人知晓。古人找到了兽面这种形象，但是又不能让人认为它就是兽面，因而将兽面变形，让它似兽非兽。也许在最早，它的意义是清楚的，但是时间长了，它的意义就模糊了。龙纹也是这样的情况，在青铜器纹饰中，龙纹的变化最多，含义也最丰富。兽面纹多少还有牛头的影子，龙纹就很难找到原型了。一般认为龙纹的原型是蛇，而青铜器的龙纹只有极少数还像蛇，许多称之为夔龙的龙纹其实更像是行走的兽。这样的图案，不能说是按照写实主义的创作原则创作出来的。而只能是属于象征主义。

青铜器的型制也有仿动物的，形似的程度不一，也有很写实的，这说明中国古代的艺术家并不缺乏写实的技能，但是更多的作品没有去追求写实。即使是肖形尊，也以神似为主，而且明显地具有装饰的意味。

就艺术风格来说，商周青铜器，尤其是商代中期的青铜器，纹饰富丽繁缛，加上造型怪诞，给人一种神秘的恐吓的审美感受。这与古希腊雕塑的审美趣味大相径庭。狞厉之美是商周青铜器代表性的美，这类作品很多，尤其是商代与西周早期的作品。

不论是中国的夏商周还是欧洲的古希腊都离我们很远了，正因为如此，它们的作品对我们有一种陌生感。但是它们毕竟是我们的文化之源，是我们的根，因此，又都有某种亲切感。

作为艺术观念，不管是商周青铜器中所体现的象征主义，还是希腊雕塑体现的现实主义，都没有过去，它们仍然在我们今天的艺术中活着、发展着。其实岂止是艺术观念，它们中所蕴藏的文化精神也都在我们今天的社会中显示出巨大的活力。商周青铜器与希腊雕塑双峰对峙，同为人类文明的瑰宝。它们是可以相媲美的，都是不朽的。

（原载《吉首大学学报》2001 年第 12 期；《中国社会科学文摘》2002 年第 2 期摘要）

王夫之情感哲学与近现代西方美学

王夫之所处的时代是明清之交，正是明代启蒙思潮的末期与清朝开国实行严厉的文化专制的时期。受阳明心学的影响，王夫之的思想具有明显的启蒙特色，这一点在他的情感哲学中体现得最为突出。情感问题具有多重性，其主要的有三重：心理学、哲学、美学。美学的意义不离心理学与哲学。王夫之的美学最为看重情感，其实，不妨说他的美学是情感美学。正是在情感哲学上王夫之实现了古典美学至现代美学的过渡。

一、“人之有情，犹天之有气”

情的地位问题，在中国封建社会有着特殊的意义。它不仅是个哲学问题、美学问题，而且还是个政治学、伦理学问题。它不仅具有理论上的价值，更重要的是还具有现实的意义。先秦儒家虽然不怎么突出情，也还是给情以一定的地位。到宋明理学，情的地位降低了。理学家们将情与欲联系起来，情即欲，然后又将情与性对立起来。于是，“存天理，灭人欲”则具有了存性灭情的内容。这是对人性的摧残。明代心学中情的地位提高了，在王阳明的学说中，情与性都属于心。情的地位得到了维护。到阳明后学，片面地强调情。这种唯情主义成为明代启蒙思潮的一大景观。

王夫之的基本立场是为情争地位。他的重要观点是情性的统一性。他说，“情由性生，情以显性”；“情者，性之端也。循情可以定性也”①。在将情与性建立起必然联系的基础上，王夫之将情的

① 王夫之：《读四书大全说·孟子》。

独立性突出来，这是王夫之一大贡献。这是分几步走的。

第一步，认为情与性有合有离。王夫之认为情虽然由性生，但生出后，就一合一离，如竹根出笋，笋之与竹终各为一事物。又如父子，父实生子，而子已长，父要完全约束他的行为，也就难了。①

第二步，突出情不同于性。他说，“性有自质，情无自质”，“恻隐、羞恶、恭敬、是非之心，性也，而非情也”②。这“四心”有自质，它们是性而非情；而情为喜怒哀乐爱恶欲，它们无自质。质是说规定性。说情无自质，当然是不够准确的。情也有自质。只是它不同于性的自质。相比于性来说，情的质不像性的质那样稳定。王夫之说情无自质，是为了说明情不同于性。

第三步，提出情性相需相成相函说。王夫之认为：“是故情性相需者也，始终相成者也，体用相函者也。性以发隋，情以充性，始以肇终，终以集始，体以致用，用以备体。阳动而喜，阴动而怒。故曰性以发情，喜以奖善，怒以止恶，故曰情以充性。”③

这里，王夫之对情的重要性作了充分的肯定。(1)情性相需。过去只是讲情需要性，没有人说性需要情。王夫之说情性相需，实际上突出情的作用。(2)情性相成。同样，过去只是讲性成情，没有人说情成性。现在王夫之说情性相成，同样是突出了情的地位。(3)情性相函。前面讲性生情时，将它们的关系比作竹与笋、子与父。现在说性情相函，性与情的关系就不是父子关系了。关于情与性的相互作用，王夫之最后概括为“性以发情”、“情以充性”。

可以说，就古典哲学言，王夫之对性情关系的论述达到了最高水平。

王夫之的最大创造是将情定为人之本。他说：“人之有情也，变则通，通则放。犹天之有气也。喜与乐通，怒与哀放，秋凛而冬

---

① 参见王夫之：《读四书大全说·孟子》。

② 王夫之：《读四书大全说·孟子》。

③ 王夫之：《周易外传》。

栗，金肃而水凄。”①说人之有情，犹天之有气，也就是认为情是人之本。王夫之进而认为，人之有情，是人与动物的重要区别。他说：“草木任生而不恤其死，禽兽患死而不知哀死。”人不同，“人知哀死而不必患死”②。“哀”与“患”，有重要区别。“哀”是情感性的，“患”则只是生理性的。人哀死，是因为人有情；人不必患死是因为人有理性，懂得人总是要死的。动物没有理性，也没有情感，所以只是患死，而不知哀死。

正是因为人哀死，故在死的问题上，最为充分地表现了人对生的珍惜，对友情、亲情的珍惜。人清楚地知道，任何人都不可能逃过死之劫，故而不必患死。同样，也因为人清楚地知道，人的生命是有限的，故而在有生之年，总是最大限度地实现人生的责任、义务，同时也最大可能享受人生的欢乐、幸福。“哀死而不患死”，不仅表现出王夫之达观的人生观，更重要的是表现了王夫之重情的人生哲学。

王夫之说：“情如风然，寒便带得寒气来，暄便带得暄气来，和便带得和气来。”③这话突出了情对人格塑造的重要作用。情具有一种渗透性、弥散性、表现性，它从对人的精神上的影响是全面的、深入的、细微的。

王夫之对情的地位的论述，不仅具有启蒙的作用，为当时中国的新思潮推波助澜，而且与现代哲学具有相通性。

近代资本主义发展在哲学思潮上的一大反映则是情感主义的兴起。远一点可以谈到英国经验主义。英国经验主义是新兴资产阶级在意识形态上的一个重要表现。它所处的时代与明代是差不多的。英国经验主义哲学家强调情感在人性中的重要地位。“18世纪的思想认为宗教起源于原始人的理论活动能力，或者诡诈的僧侣的创造。休谟反对这些理论，他认为信仰上帝不是思辨推论的结果，而

① 王夫之：《诗广传》卷一。
② 王夫之：《周易外传》卷一。
③ 王夫之：《读四书大全说·孟子》。

是建立在人的感情和冲动的本性上。”①按休谟的观点，感情也是人的本性。在感情主义的影响下，英国出现了拜伦为代表的浪漫主义文学。“卢梭与理性相对立而为感情辩护，是形成浪漫主义运动的强大影响之一。”②英国经验主义的情感理论成为德国古典哲学的重要营养之一。20世纪西方出现了一个情感主义哲学学派，这个学派是逻辑实证主义的一个分支。代表人物艾耶尔非常重视情感在人性中的地位，他不仅认为美是情感的，伦理也是情感的。伦理的词的功能“纯粹是‘情绪的’”。

近现代西方的各种哲学学派对情感的强调明显地具有个性解放的性质。情感主义与理性主义异曲而同工，都是对人性的肯定。马克思也非常重视情感，他说：“人作为对象性的、感性的存在物，是一个受动的存在物，因为它感到自己是受动的，所以是一个激情的存在物。激情、热情是人强烈追求自己的对象的本质力量。”③

中国古典哲学有重情的传统，在某些意义上讲，中国古典哲学是情感哲学，但是中国古典哲学对情的重视只是将它归属在理的统帅之下的，中国古典哲学重视的是情与理合，以理节情。王夫之也讲情由性生，情为性端，以情显性，以性节情等，体现出他的情感观与传统情感观的联结；另一方面，王夫之又更多地强调情的独立性、情对性的成就作用，并且明确地将情说成是人之本，这就超越了古典哲学而与世界哲学潮流接轨了。

二、“文情赴之，貌其本荣”

王夫之没有提出审美活动这样的概念。但是王夫之实际上谈到了审美活动。我们还是先来看文本：“两间之固有者，自然之华，

① ［美］梯利：《西方哲学史》下册，葛力译，商务印书馆1975年版，第126页。

② ［美］罗素：《西方的智慧》，亚北译，世界知识出版社1992年版，第314页。

③ ［英］艾耶尔：《语言、真理与逻辑》，尹大贻译，上海译文出版社1981年版，第123页。

因流动生变而成绮丽。心目之所及，文情赴之，貌其本荣，如所存而显之，即以华奕照耀，动人无际矣。”①这里说的是诗对自然山水的反映，这种反映的前奏是对自然山水的审美活动。诗人面对的是“自然之华”，这自然之华本身其实无所谓美不美，它之所以变得美起来，王夫之说是因为人“心目之所及，文情赴之”。目，是感官，这里说的是“心目”，则不是一般的感官，而是具有审美功能的特殊的感官。这种感官，英国经验派夏夫兹博里说是“内在的眼睛”，哈奇生说是“第六感官”。这种“内在的眼睛”不仅具有直觉性，“一看到形状，就能认识到美”，而且能“分辨出什么是美好端正的，可爱可赏的，什么是丑陋恶劣的，可恶可鄙的”。②

审美是不是有一种特殊的感官，科学家们找了好几个世纪，没有找到，但是，似乎也没有谁因之要去推翻夏夫兹博里的观点。原因何在？因为美学家们都承认审美是一种特殊的感受，这就带出西方美学史上一桩至今还没有完的公案：审美经验之有无。是不是有种特殊的审美经验存在，还是它压根儿就没有？所谓的审美经验就是日常生活经验？

仔细品味这个问题，是很有意思的。拿吃饭来说，它是最为普通的日常生活经验，然而又有“美食”一说。美食也是食，就这来说，它就是日常生活经验，然而，美食又分明不同于日常的吃饭。它注重食物的色、香、味，注重食物的文化意蕴，注重餐具、餐厅的格调，注重用餐的环境气氛，难道能将这种吃饭与日常吃饭简单地视同一律吗？

王夫之是真懂审美的。他认为，对自然之华的审美，除了心目要及之外，“文情”还要赴之。“文情”的含义很丰富。首先，它是情感，但不只是情感，它有“文”。中国文化中讲的“文”至少可以分出如下因素：(1)礼以及与礼密切相关的理；(2)志以及与志相关通向实践的意；(3)雅以及与雅相关的情；(4)真以及真的最高

① 王夫之：《古诗评选》卷五。

② 北京大学哲学系美学教研室：《西方美学家论美与美感》，商务印书馆1980年版，第95页。

层次道；(5)饰以及与饰相关的美。如此说来，文将社会的典章制度、道德规范、审美理想、人格追求、人生境界都囊括在内了。这么多的内容都融化到情感中，成为“文情”参与审美。

这样，“自然之华”不只是绮丽，还“华奕照耀，动人无际矣”。

这种说法，让我想起王阳明的一段故事：“先生游南镇，一友指岩中花树问曰：‘天下无心外之物，如此花树在深山自开自落，于我心亦何相关？’先生曰：‘你未看此花时，此花与汝心同归于寂；你来看此花时，则此花一时明白起来，便知此花不在你的心外。’”①在心外的花是“自然之华”，是自在之物，它是真的存在；在心内的花则是“明白”之华，是为我之物，它才是美的存在。自在之物变成为我之物，真的存在变成美的存在，关键在于王夫之说的“心目及之”，“文情赴之”。

并不是所有的“自然之华”人都可以“心目”及之，“文情”赴之的。它关系到人的心境、态度。人的心境、态度对审美影响很大。即使是通常认为是极美的山水，也不是任何人都能对它引起审美情趣的。那么，审美修养很高的人，该不成问题吧，也不是。有时候，他对极美的山水也不动心，甚至还产生一种特殊的反感。

这就牵涉到审美态度了。近代以来的西方美学一直重视审美经验的研究，而在审美经验的研究中，审美态度是关键。在西方美学看来，对象能不能成为审美对象，关键是主体是不是对对象产生了审美态度。明确提出“审美态度”概念的是德国的叔本华。他认为只有对对象产生了一种非关利害的静观的态度，主体才进入了审美状态，而对象也才产生了美。叔本华的观点往前可追溯到康德，康德提出审美判断的非利害关系性。审美态度作为流行的观点是20世纪50年代发展起来的。各种说法令人眼花缭乱。

王夫之当然没有明确提出审美态度问题，但是认为美的产生，需要人的“心目”、“文情”参与，这就在一定程度上提出审美态度的问题来了。

所以，是物造情，还是情造物，王夫之持一种看似矛盾实则更

① 王守仁：《传习录》下。

为正确的说法。王夫之说："夫情无所豫而自生，则礼乐不容閟也；文自外起而自成于情，则忠信不足与存也。故哀乐生其歌哭，歌哭生其哀乐。然而有辨矣。哀乐生歌哭，则歌哭止而哀乐有余；歌哭生哀乐，则歌哭已哀乐无据。"①这里，提出"哀乐生歌哭"与"歌哭生哀乐"两种看似对立的观点。从心理学说，它涉及两种现代心理学派。一种观点认为情绪在先，反应在后，也就是先有哀乐的情绪然后才有哀乐情绪的反应——歌哭。另一种观点认为，情绪是对自身变化的知觉，只有这种知觉产生了，才有情绪。歌哭是行为，直接诉诸人的身体，当人的身体有这种知觉时，它就带动情绪，于是就有了哀乐。这两种心理学的观点是不矛盾的。实际的情况是歌哭与哀乐相生：因哀乐而歌哭，因歌哭而哀乐。

从美学的角度看，它表明了"内情"与"外物"的相互作用。关于这点，王夫之说得很清楚："故外有其物，内可有其情矣；内有其情，外必有其物矣。"②情与物相生相成，不存在谁先谁后的问题。中国哲学史上较多的看法是外物生情，如钟嵘说："气之动物，物之感人，故摇荡性情，形诸舞咏。"③这种说法历来受到赞赏，因为是唯物主义的。这种观点的最大问题是情处于被动的、第二性的地位。其实，情也可以处于主动的、第一性的地位。情可以造物。当然，情造的物是心物，即心象，或者说情象，审美就是如此。情象通过物化可以转为实际的物，艺术家的创作就是如此。

三、"景语难，情语尤难"

情与景的关系是中国古典美学中的重要问题，王夫之在这方面作了很重要的总结。他强调情与景的统一。他说："情景名为二，而实不可离，神于诗者，妙合无垠。巧者则有情中景，景中情。"④

---

① 王夫之：《周易外传》。
② 王夫之：《诗广传》卷一。
③ 王夫之：《诗品序》。
④ 王夫之：《姜斋诗话·夕堂永日绪论·内编》。

这种说法其意义主要在对中国古典美学思想的总结。

在笔者看来，王夫之的情景说最重要的贡献是提出“景语”说，他说：“不能作景语，又何能作情语邪？古人绝唱句多景语，如‘高台多悲风’，‘胡蝶飞南园’，‘池塘生春草’，‘亭皋木叶下’，‘芙蓉露下落’皆是也，而情寓其中矣。以写景之心理言情，则身心中独喻之微，轻安拈出。”①“景语”这个概念是王夫之的创造，很有理论价值。大凡艺术作品内容的构成不外再现与表现两个方面。再现方面相当于景，表现方面相当于情。优秀的艺术作品，其再现与表现应是统一的，表现藏于再现之中，情藏于景之中。这种统一即为意象。艺术美就美在意象。

从符号哲学来看，符号与意义有三种结构方式：一是“代表性”（representation）结构方式，这种方式的特点是它的符号仅仅代表意义。能指即所指。第二种是“存有性”（presence）结构方式，这种方式的特点是符号即意义：“存有性的符号结构在于肯定能指与所指的同样真实性，就是说能指与所指合成事物的整体，正如形式与颜色合成绘画的整体一样，中国传统哲学中的形名关系或名实关系，社会生活方面的知行关系，都体现了存有性的结构。”②第三种是“标记性”（significance）的结构方式，在这种方式中，没有真正的“存有”领域，一切都在“代表”的领域，或者说“标记”的领域。

王夫之说的“景语”恰好是第二种方式，即“存有”方式。景语的“呈现”即是意义的展示。这种符号与意义的贴合绝不同于代表性的结构方式，作为符号的“景语”不是意义的代表，它就是意义本身。景语的妙处在于“以写景之心言情”。这种景与情的合一的程度超过了“景中情”，因为不只是景中有情，而是景即情。这种手法的极致，王夫之概括成“含情而能达，会景而生心，体物而得神”③。它的独特的审美效果是“心中独喻之微”可以“轻安拈出”。

① 王夫之：《姜斋诗话·夕堂永日绪论·内编》。

② [德]H. G. 梅勒：《冯友兰新理学与新儒家的哲学定位》，载《哲学研究》1999年第2期。

③ 王夫之：《姜斋诗话·夕堂永日绪论·内编》。

中国古典哲学说的“天人合一”体现在艺术创造上就是情景合一。而情景合一的极致，则是景语即情语，景语的创造是最重要的，也是最难的，所以王夫之说：“不能作景语，又何能作情语邪?”一般人均认为，审美是情感的表现，情感是第一位的，有情才谈得上表现。这固然不错，但审美实现，确又是离不开表现的，而且审美的极致正在表现。王夫之是深刻的！

中国艺术的这种符号结构方式，是艺术家精心的创造，从符号结构的特点来说，可以说是呈现(present)，但呈现的不是自然之物，而是人为之物，像“池塘生春草”这样看似“轻安拈出”的诗句，岂是自然之物？因此，从艺术家创造这个角度而言，“呈现”其实是“创现”①。

四、“一触即觉，不假思量计较，显现真实”

关于艺术思维的方式，王夫之提出“兴”与“现量”的概念。“兴”含义很多，就思维方式意义言之，它讲的是一种情感思维。他说：“兴在有意无意之间，比亦不容雕刻。关情者景，自与情相为珀芥也。情景虽有在心在物之分，而景生情，情生景，哀乐相触，荣悴之迎，互藏其宅。天情物理，可哀而可乐，用之无穷，流而不滞，穷且滞者不知尔。”②“兴”作为《诗经》的“六艺”之一，通常被视为诗的一种创作手法。王夫之在这里是将兴看作一种艺术思维方式的。这种思维方式的突出特点是情感性。情是不离景的，“关情者景也”。就在情景相统一的形象的变异中，实现了艺术形象的创造。这种思维以情感为动力，以情感变化为轨迹。

情感具不具思维的功能，情感又是如何思维的。当代美学对此是非常重视的。英国美学家科林伍德强调艺术的本质不是再现，也

① “创现”是笔者创造的一个概念。创现强调的这“现”是主体的创造物，创造可以是物质性的创造，也可以是精神性的创造。在审美来说，是指精神性的创造。

② 王夫之：《姜斋诗话·诗绎》。

不是技艺，而是表现情感。表现情感与表现思想是统一的。科林伍德说，一个演员在表演悲伤时，他会流出真实的泪，但“流出真实的眼泪并不表明一个优秀演员的能力，使演员本身和观众都清楚眼泪为什么而流，这才是演员的真正的本领”①。科林伍德还强调艺术家表现的情感是能引起观众共鸣的，是种社会性的情感。这实际上是说，情感也是思维。重视情感思维必然重视想象，因为情感就是借想象来达到思维目的的。科林伍德结合情感表现与想象给艺术下定义：“通过为自己创造一种想象性经验或想象活动以表现自己的情感，这就是我们所说的艺术。”②

重视情感表现在西方构成了一个表现主义的流派，除科林伍德外，著名的人物还有克莱夫·贝尔、佛莱、苏珊·朗格等。克莱夫·贝尔的艺术为“有意味的形式”说，佛莱的“审美情感是一种关于形式的感情”说、苏珊·朗格的“艺术是情感的符号”说等，都隐约见出与王夫之诗学的相通之处。

情感思维不同于逻辑思维，逻辑思维是在理性的控制下自觉地进行的；它也不同于直觉思维，直觉思维完全是不自觉的。王夫之说“兴在有意无意之间”，可见情感思维是自觉与不自觉之间的。这种说法是王夫之的深刻之处，也是其独到之处。

除了情感思维，王夫之也谈到了直觉思维。他用的概念是“现量”。现量是佛教概念，表示悟佛时突然贯通的直觉状态，王夫之说：“现量。现者有现在义，有现成义，有显现真实义。现在，不缘过去作影，一触即觉，不假思量计较。显现真实，乃彼之体性本自如此，显现无疑，不参虚妄。”③王夫之认为，现量，最为本质的特点是“现在”即“现成”。这“现成”就其产生来说，它是孤立绝缘的，“不缘过去作影”，“一触即觉”，瞬间完成。它是“不假思量”

① ［英］科林伍德：《艺术原理》，王至元、陈辛中译，中国社会科学出版社1985年版，第126页。

② ［英］科林伍德：《艺术原理》，王至元、陈辛中译，中国社会科学出版社1985年版，第156页。

③ 王夫之：《相宗络索》，转引自《姜斋诗话·夕堂永日绪论·内编·五注四》。

的非理性活动，却显现真实，揭示本质，达到对事物理性认识的高度。这正是现代哲学上讲的直觉。

直觉作为重要的思维方式，在人类的思维活动中占据重要地位，人的思维大量的属于这种直觉。直觉能力、直觉质量、直觉频率都因人而异。许多大科学家相信直觉。艺术家通常是直觉能力比较好的人。艺术创作中大量出现直觉现象，这已是公认的事实。

在西方美学史上谈直觉的很多，我认为最值得注意的还是弗洛伊德。弗洛伊德认为人的思维有有意识与潜意识之分，其中介为前意识，前意识是暂时被忘却的意识，也可以说是可能被激发的潜意识。在某种机缘下，前意识突然激发为意识。人在正常情况下，前意识以及潜意识是处于潜在状态的，潜在状态并不是不活动，只是其活动没有被人察觉罢了。某些曾苦思而不得其解的问题，在潜意识及前意识中其实已酝酿多时接近成熟了。因此，前意识转化而来的意识有时质量是很高的。

王夫之的现量说接近西方现代心理学关于直觉的研究成果。王夫之说："'僧敲月下门'，只是妄想揣摩，如说他人梦，纵令形容酷似，何尝毫发关心？知然者，以其沉吟'推'、'敲'二字，就他作想也。若即景会心，则或推或敲，必居其一，因景因情，自然灵妙，何劳拟议哉？'长河落日圆'，初无定景，'隔水问樵夫'，初非想得，则禅家所谓'现量'也。"①这是王夫之分析现量在艺术创作中体现的实例。在王夫之看来，代他人作想，揣摩"僧敲月下门"一句中用"推"好还是用"敲"好是没有意义的，完全是"说他人梦"。艺术创作却是说自己的梦。重要的是"即景会心"，"因景因情"。当下是什么样的景象就是什么样的心态；反过来，当下有什么样的心态就会有什么样的景象。总之是"即"，是"会"，而不是刻意去找。"初无定景"，因为这景由心生；"初非想得"，因为这心由景生。

一切都是偶然的，一切又是有迹可寻的。这迹就在景与情的相互作用之中。王夫之对直觉的分析也许没有弗洛伊德那样过细，但

① 王夫之：《姜斋诗话·夕堂永日绪论·内编》。

也没有弗洛伊德那样神秘。他抓住景与情的关系，只在“即景”、“会心”上寻找直觉的规律，“即”重在当下性，“会”重在交感性。这样，出现的直觉，“自然灵通”，可“参化工之妙”。王夫之的直觉理论既具中国文化的特色，又具世界意义，堪与弗洛伊德的潜意识说相媲美。

由于历史的局限，王夫之的情感哲学用的还是古典的话语，但是仔细品察，这分明闪耀着现代思想的光辉。它的情感哲学架构了一座由古典通向现代的彩虹。

（原载台湾《鹅湖》2003年第4期，《船山学刊》2003年第3期）

中西自然审美观比较

我们通常将美分成自然美、社会美、艺术美三类。在这些美中，自然美具有最大的普遍性。如果要谈共同美，首先当推自然美，如果要谈共同美感，同样，首先当推自然美感。这是因为人与自然的关系是最基本的关系。人类在处理这种关系时所遇到的问题所采取的态度大体是一致的。但是，由于种种原因，中华民族与西方民族在自然审美上仍然存在着一些差异。

一

自然审美观受制于人与自然的关系。中华民族与西方民族在处理人与自然关系的问题上，各自有着不同的文化传统。正是这种不同的文化传统，特别是其中的哲学传统，造成了中西自然美学观的差别。

中国哲学传统是讲“天人合一”的，追求人与自然一种和谐的统一的亲密关系。中国三大哲学派；儒家、道家、佛教禅宗都讲“天人合一”，只是侧重点不同。儒家讲“天人合一”主要从政治学，伦理学的立场出发，企图将某一种优秀的品德和能力的来源归之于“天”。他们的“天”就是伦理道德的形而上学化。后来的董仲舒则更多地从政治学的角度去建设这种天人合一的理论，所谓“王者配天，谓其道。天有四时，王有四政，四政若四时，通类也……庆为春，赏为夏，罚为秋，刑为冬。庆赏罚刑之不可不具也，如春夏秋冬之不可不备也”①。这样，政治与自然就构成一种同形同构的关

① 董仲舒：《春秋繁露·四时之副》。

系。政治秩序被赋予自然规律的意义，如若破坏了这种政治秩序就是逆天，违天。

道家也讲“天人合一”。不过是从遵循自然规律以求得精神自由这个角度来谈的。禅宗也非常喜欢大自然。它与大自然之能建立亲密关系，重要原因之一是禅宗靠之成佛的“顿悟”经常是在与大自然的亲密无间的关系中获得的：

问如何是佛法大意？师日，春来草自青。①

问如何是天桂家风？师答，时有白云来闭户，更无风月四山流。②

问语默涉离微，如何通不犯？师曰，常忆江南三月里，鹧鸪啼处百花香。③

这些答非所问的问题，恰好是禅宗所追求的那种“妙悟”。在禅宗看来，佛法就在大自中，所谓“青青翠竹，总是法身，郁挪黄花，无非般若”④。

儒、道、禅三家虽然各自从不同角度、立场去构筑天人合一的理论。但也有一个共同的特点，就是都以超物质功利、又非科学认识的态度去与自然建立一种感性(包括情感、想象)的关系，其中虽然有理性，但理性寄寓在感性之中，这种态度具有浓郁的美学意味。

孔子虽然是很注重社会的伦理道德规范的，但并不提倡清心寡欲，他的学说一大特点就是将外在的社会伦理规范与内在的个体情感欲求统一起来。他的“天人合一”观也充满着情感色彩。“子在川

① 《五灯会元》卷十五。

② 《景德传灯录》传第四。

③ 《五灯会元》卷十一。

④ 《大珠禅师语录》卷下。

上曰：逝者如斯夫，不舍昼夜。”这奔流不息，一去不复返的河流在孔子的心目中，完全人情化了，而深邃的哲理又正从情感化了的自然物中透露出来，它的魅力是属于审美的。

道家的代表人物庄子，有人认为他是寡情的。其实不是。在与自然合二而一的徜徉中，他比孔子更多地领略到人生的乐趣。《庄子》一书有很多这方面的记载："与物为春"①，"万物复情"②，"与天和者，谓之天乐"③，"喜怒通四时，与物有宜而莫知其极"④。

禅宗尽管在人生追求上似显得更消极，但并不全然排斥感官享受，更不泯灭情感活动。在恬淡、宁静、甚至有点孤寂、凄清的生活境界中，在与大自然带有某种神秘性的共处之中，中国的禅宗佛教徒常常显露出对感性世界、对世俗生活的带有审美性的兴趣：

> 世尊在灵山会上，拈花示众，是时众皆默然，唯迦叶尊者破颜微笑。⑤

好个"拈花示众"，好个"破颜微笑"！真是"云空未必空，欲洁何曾洁"。对世俗生活的向往，对美的爱恋、追求，都从这幅图画中全然流露出来了。

中国哲学与西方哲学有个很大不同，西方哲学宗教气息很浓，中国哲学倒是没有那种浓厚的宗教气息，很富有人情味。在处理人与自然关系的问题上，中国哲学不把自然的"天"绝对神秘化宗教化。"天"在中国古代哲学家的学说里，既具神学性，更具人情味。董仲舒认为："天亦有喜怒之气，哀乐之心，与人相副。"⑥李渔将人的才情与山水统一起来，说："故知才情者，人心之山水；山水

① 《庄子·德充符》。
② 《庄子·天地》。
③ 《庄子·天道》。
④ 《庄子·大宗师》。
⑤ 《五灯会元》卷一。
⑥ 董仲舒：《春秋繁露·阴阳义》。

者，天地之才情，使山水与才情判然无涉，则司马子长何所取名山大川，而能扩其文思，雄其史笔也哉！”①在李渔看来，人之才情得之于山水，而山水之美也得之于人的才情。这样一种为情感所浸透的“天人合一”论与其说是哲学的，还不如说是美学的。

中国传统的自然美学观就是建立在这种“天人合一”论的基础之上的。由于这种“天人合一”论决定，中国传统的对自然的审美，尤其讲究人的主体地位，讲究人与自然的情感交流，讲究人与自然的和谐统一。

中国美学中的“壮美”概念与西方美学中的“崇高”有些相似，都以数量或力量巨大取胜，但“崇高”的本质是主体与客体的分裂、对立，是客体对主体的压迫和主体对客体的反压迫。“崇高”感经常伴随、掺杂某种痛感或恐怖，而中国的“壮美”感却没有这种痛感，没有这种恐怖，因为它的本质也是主体与客体的统一。“壮美”这一概念，中国美学多用来评价气势雄伟的自然景观。

中国人欣赏自然美多是将自然看作自己的亲人、朋友的。高兴时可以让它分享自己的喜悦，不幸时可以让它分担自己的痛苦。同一个月亮，在纵酒狂饮的李白可以是举杯相邀的朋友(“举杯邀明月，对影成三人”)，而在思弟心切的苏轼却又可以是撩愁挑恨的对象(“不应有恨，何事长向别时圆”)，古往今来，人们衣月亮身上寄托、倾吐了多少复杂的、细致的、千差万别的情感。诗人为此又写下多少脍炙人口的、千古不朽的诗篇。

中国人欣赏自然美，最突出的特点是将自然当做环境来看待。宋代郭熙说：“世之笃论，谓山水有可行者，有可望者，有可游者，有可居者。画凡至此，皆入妙品。但可行可望，不如可居可游之为得。”②自然与自然环境是有区别的，通常我们说自然，是可以将它与人分别开来的，而说自然环境，则必然有人。环境与人生活密切相关，人就在环境中生活，郭熙人与自然具有四重关系，他归纳为四“可”：“可望”即可感(不只是望，含全部感觉)，不仅说自

① 李渔：《笠翁文集·梁冶湄明府西湖垂钓图赞》。

② 郭熙：《林泉高致·山水训》。

然是人的感觉对象，感是人与自然发生关系之初。“可行”即可入，不仅说明自然不是想象的、精神的，而是实际的、物质的，更重要的是说明人对自然具有一种进入性、参与性。这一点极其重要。自然于人的价值正是在人对自然的“行”即入中得以实现。“可游”即是说自然于人具有审美功能。“可居”是指自然于人所具有最大的实用功能。游、居二者，郭熙是将居放在第一位的。于此，在中国的山水画中得以充分表现。中国的山水画不只是画山水，还画上一些显示人的生活的事物：或一座小桥，或几间茅舍，或一叶扁舟，或一座凉亭，或一面高挑的酒帘……

西方哲学的自然观与中国哲学的自然观很不相同。

第一，西方哲学对人与自然关系的自理偏重于认识论。古希腊的哲学家基本上是从认识论的角度出发去探索自然的本质的，在当时的历史条件下，他们对世界本源的问题作出了种种答案。比如泰勒斯认为世界的原始要素是水，阿那克西曼德认为是无限，阿那克西米尼认为是气，毕达哥拉斯学派认为是数，等等。这些回答虽然都各有侧重，但影响着西方自然观的发展方向。西方自然科学比较发达，与这个传统很有关系。从认识论角度观察、探索自然，主要靠理智思维，情感因素会遭到一定的压抑与排斥，另外，认识论角度一般直接联系功利，通向实践，凡此，于审美关系的建立有些妨碍。

中国则不同。中国古代的自然观基本上是伦理学的。孔子最初奠定了这个基本立场，由伦理学发展到心理学，引入情感这个中介，这样，中国哲学中的“天”(自然)就不仅是伦理观念的形而上学化，而且是审美观念的对象化了。所以，中国的自然美观念比西方早得多，也丰富得多。当然，中国哲学过于注重从伦理学角度去观察自然，而相对地忽视认识论的角度观察自然，于自然科学的发展很不利。

第二，西方哲学处理人与自然的关系，较多地将二者处于对立的地位。当然，不应忽视，在古希腊时代，人和自然的关系还是比较和谐的，如德国诗人、哲学家席勒所说：“希腊人在人道中还没有丧失掉自然，所以在人道以外遇见自然，并不使他们惊奇，他们也没有迫切的需要，要去寻找足以见出自然的对象。他们还没有自己与自己分裂，因而自觉为人是快乐的，所以他们必然坚守人道为他们的大原则，努力使一切其他都接近这个原则。”①但是到了中世纪，由于种种社会原因，又把人与自然不相容地对立起来了。西方社会比中国社会早得多也发达得多的商品经济，促使人们更多地从实用的功利的观点来看待大自然。日趋酷毒的异化活动，把人从自然界异化出去了，也把人的类的本质、人的丰富的生命活动包括审美活动从人那里异化出去，这样，自然与人和谐统一的关系遭到了破坏，人对自然的审美情感遭到压抑。像陶渊明诗篇中“众鸟欣有托，吾亦爱吾庐”这样的审美境界在中世纪至近代的西方诗篇中是极少见到的。发生在18世纪末期至19世纪30年代的西方浪漫主义运动正是对近代社会人与自然对立，人与人自己分裂的反动。西方浪漫主义运动有一个响亮的口号，这就是“回到大自然”。这个口号虽然卢梭早已提出过，但真正赋予这一口号强大生命力的还是浪漫主义派。作为这一运动先驱的席勒在他著名的《论朴素的诗与感伤的诗》中，深切地叹惋“自然已从人道中消失了”。

很显然，西方社会对自然的崇拜，对自然美欣赏的注重比中国晚得多。中国早在魏晋就有大量的山水诗，到隋代就出现了风景画，隋代展子虔的《游春图》是目前发现的中国最早的风景画。这些都是距今一千多年的事了。而西方据说在拜伦(1788—1823)的《哈罗德游》问世之前，从来不曾歌颂过大海的美，也很少有人去游览威尼斯。② 至于风景画，据普列汉诺夫说：“它在意大利的兴盛只是在文艺复兴时代的末期，即在衰落的时期。”③距今不过4个世纪的艺术史家丹纳在他的《艺术哲学》中说：“真正的风景画是由荷兰画家创始的；在他们手中，风景才不仅为人物画历史画宗教画

① 转引自朱光潜：《西方美学史》下册，人民文学出版社1979年版，第461页。

② 朱光潜：《西方美学史》下册，人民文学出版社1979年版，第728页。

③ [俄]普列汉诺夫：《没有地址的信 艺术与社会生活》，曹葆华译，人民文学出版社1962年版，第32页。

作背景而取得独立。”①荷兰画产生于 17 世纪，距今也不过 3 个世纪。

第三，西方哲学的自然观带有浓厚的宗教色彩。在西方人心目中，“上帝和人同上帝的关系问题，即神学问题，占有显著地位”②。希腊哲学开始于宗教，归结于宗教。最初的希腊宗教采取自然崇拜形式，后来发展为多种教，创造了神仙社会。③ 古希腊有多种神仙谱系，赫西俄德的《神谱》是这种原始系谱中最古老的范例。整个自然界，各种自然物，在古希腊人的心目中都是神的化身。这种泛神主义的自然论造成了古希腊人对自然的畏惧感、恐怖感。中世纪以来，基督教的严酷统治，更是加重了人与自然的对立。自然带着一种神秘性呈现在人们面前，人们捧着一片宗教的虔诚向它膜拜。整个自然界的美来自上帝，是上帝的光辉“放射”所致。而上帝对人又是那样森严可怖，不可捉摸，自然界的这种沾染上帝光辉的美也就自然引不起人们的兴趣、喜爱了。

中国人的“神”的观念淡薄，孔子就不怎么讲鬼神(“子不语怪力乱神”)，他说，“祭如在，祭神如神在”④，“未能事人，焉能事鬼”⑤。他的那一套学说扮演了准宗教的角色，但不是宗教。中国虽然也有道教、佛教，但均未成为中国人的统治思想。中国人虽然总是将自然人情化了，但很少将自然神化。偶或神化，那神也是人化的。因此，中国人能够将自己放在自然里面，与自然相安默契，怡然而乐。

中国与西方两种不同的哲学观、自然观，是造成中国与西方两种不同的自然审美观的根源。中国“天人合一”的哲学精神、注重

---

① ［法］丹纳：《艺术哲学》，傅雷译，人民文学出版社 1981 年版，插图页第 38 页。

② ［美］梯利：《西方哲学史》上册，葛力译，商务印书馆 1975 年版，第 21 页。

③ ［美］梯利：《西方哲学史》上册，葛力译，商务印书馆 1975 年版，第 19 页。

④ 《论语·八佾》。

⑤ 《论语·先进》。

伦理学、人事关系轻鬼神的文化传统，使得中国人较早地与自然建立起和谐的审美关系。西方“主客两分”的哲学精神，重物质功利，重认识论，重宗教的文化传统，使得西方的自然美学观远比中国落后得多、贫乏得多。

二

自然美美在何处？中国和西方对这一问题的回答，有共同之处，也有不同之处。共同之处是都考虑到了自然物的自然属性和社会属性两个方面。不同之处在于：中国较多地注重自然与人的关系，特别是精神关系方面，认为自然美主要在其社会属性方面；西方则较多地注重自然物自身的性质，包括它外在的形式因素和内在的生命力以及它的自然合目的性，认为自然美主要在其自然属性方面。

中国的哲学传统不是认识论，而是伦理学，中国哲学谈得最多、最系统、最周密的是如何处理人与人之间的关系，而不是人与自然的关系。人与自然的关系也是服从于人与人间的关系的，自然观服从于伦理学。这样，中国传统的自然美学观不能不受制于伦理观。儒家的学说基本上属于伦理学，讲道德、讲礼仪。与之相适应，在自然美的认识上就出现了“比德”的审美观。所谓“比德”，就是在对自然的审美把握中，着重去发掘自然事物与人的品德类似的某种性质，通过审美主体的联想，沟通自然与人的精神联系，实现自然与人的和谐统一。很显然，“比德”审美观侧重的是审美主体的本体地位，认为自然物美不是来自自然本身，而是来自人。当然，“比德”审美观并不忽视自然物自身的形态和性质，这自身的形态和性质是美的载体。无它，就不可能“比德”。不同的自然物有不同的自然属性，梅花不同于桃花，松柏不同于杨柳，因而就有不同的“比德”。因此，“比德”审美观要求的还是人与自然的统一，不过，人占据主导地位，是人决定自然美的本质。

“比德”审美观最早集中见于孔子的学说。脍炙人口的有“知者乐水，仁者乐山”①，“岁寒然后知松柏之后凋也”②，“为政以德，譬如北辰，居其所而众星拱之”③等例子。这种用自然物比德的做法对后世影响很大。屈原的作品，有大量的“比德”，如王逸《楚骚经序》所说：“善鸟香草，以配忠贞；恶禽臭物，以比谗佞；灵修美人，以媲于君；宓妃佚女，以譬贤臣；虬龙鸾凤，以托君子；飘风云霓，以为小人。”中国美学的“比德”观在元、明、清的文人画中有了进一步的发展。梅、兰、竹、菊等成为绘画的主要题材。这些自然景物都寄托着画家的人生理想，成为某一崇高品德的象征。

到魏晋南北朝，“比德”的审美观虽然在继续发展，但又出了“畅神”的审美观。自然物不只是以“比德”而美，还可以以“畅神”而美。明确提出这一观点的是南朝宋画家宗炳，他在《画山水序》中说：“峰岫蛲嶷，云林森渺。圣贤瑛于绝代，万趣融其神思，余复何为哉？畅神而已。”其后，东普画家王微也说：“望秋云神飞扬，临春风思浩荡。虽有金石之乐，璋之琛，岂能仿佛之哉？”④“畅神”的审美观由于强调是自然物与人的情感联系，相比于“比德”，更具美学色彩。由于人的情感丰富多变，根据“畅神”说来建立人与自然的关系，就分外丰富，这就大大扩大了自然的审美范围，在此基础上，中国人对自然的审美还深入到悟理的层次，即从自然现象中悟出某种哲理包括佛理来。中国的山水诗有大量的哲理诗，由于这些哲理融于自然意象之中，仍然富有审美韵味，不少诗句历代流传，魅力不衰，如：“不识庐山真面目，只缘身在此山中。”“山光悦鸟性，潭影空人心。”“山气日夕付佳，飞鸟相与还。”“夕阳无限好，只是近黄昏。”

总之，中国人对自然美的欣赏，总是将人摆进去，从自身的政治立场、道德修养、情感状况出发，寄情于景，移德于物，然后在物我交融的和谐统一中见出人的品德、人的情感来，并且认为这就

① 《论语·雍也》。

② 《论语·子罕》。

③ 《论语·为政》。

④ 王微：《叙画》。

是自然物美之所在。

西方对自然美的认识一般侧重于自然物本身的性质，也就是说，不是从审美主体而是从审美客体去寻找自然美之所在。

第一，认为自然物的美在其形式诸因素的和谐、整一。

在西方，这是源远流长、影响很大的美学观点。亚里士多德最早提出美的事物，“它的各部分应有一定的安排，而且它的体积也应有一定的大小”①，“美与不美，艺术作品与现实事物，分别就在于美的东西和艺术作品里，原来零散的因素结合成为统一体”②。中世纪的基督教神学家托马斯认为美有三个要素：完整、和谐、鲜明，说的也是形式方面的。英国经验派美学都注重从事物的形式方面寻找美，夏夫兹博里说：“凡是美的都是和谐的和比例合度的，凡是和谐的和比例合度的都是真实的，凡是既美丽又真实的也就当然是愉快的和善的。”③著名的英国画家和艺术理论家荷迦兹提出美的六条原则：适宜、变化、一致、单纯、错杂和量，说的也是形式诸因素的和谐、整一。关于美在于形式和谐整一的观点，就是最看重内容的黑格尔也没有否定，他只是从内容与形式统一的角度，将形式美的意义提到了新高度。

第二，认为自然美在于一种自然本身应具有的合目的性。

歌德持这种观点。他说：“我不认为自然的一切表现都是美的。”这是因为“自然的意图（即目的——引者）固然总是好的，但是使自然完全显现出来的条件却不尽是好的。”④他举橡树为例：如果这橡树生在过于肥沃、潮湿的地方，则会长得过于茂盛，过于柔弱，显不出挺拔嶙峋、盘根错节的姿势，因而不美；如果生长在土

---

① [古希腊]亚里士多德：《诗学·诗艺》，朱光潜译，人民文学出版社1962年版，第25页。

② 转引自北京大学哲学系美学教研室：《西方美学家论美和美感》，商务印书馆1980年版，第39页。

③ 转引自朱光潜：《西方美学史》上册，人民文学出版社1979年版，第218页。

④ 北京大学哲学系美学教研室：《西方美学家论美和美感》，商务印书馆1980年版，第169页。

壤贫瘠的高山坡上，则又会发育不好，很早枯凋，当然也谈不上美。当时与歌德交谈的爱克曼由此得出结论：“事物达到了自然发展的顶峰就显得美。”①歌德同意这个结论并补充说：“要达到这种性格的完全发展，还需要一种事物的各部分肢体构选都符合它的自然定性，也就是说，符合它的目的。”②歌德这种观点在西方也很有势力。大陆理性派的“美在完善”说也就是这种观点。这种观点认为自然物有它自身的目的，有时能体现这种目的常态。所谓自然美就美在这种符合自然本身目的常态。

第三，认为自然美美在内在的生命。

这种观点有唯物、唯心之分。唯物的观点认为自然的内在生命是物本身具有的；唯心的观点认为自然的内在生命是神或理念的化身。最著名的有黑格尔的“生气灌注”说。黑格尔认为：“我们只有在自然形象的符合概念的客体性相之中见出受到生气灌注的互相依存的关系时，才可以见出自然的美。”③黑格尔将自然的发展分成若干层次，即机械性的阶段、物理性的阶段、生命的有机性阶段。只有到了第三个阶段才见出“生气灌注”，才有了美。黑格尔认为自然界的生命才是美的。动物比植物更具有生命的特点，因此，“自然美的顶峰是动物的生命”④。这里值得说明白，黑格尔说的“生命”、“生气灌注”虽体现在自然物身上，其本源都是理念。

第四，认为自然美美在与人生活的关系上。

这是车尔尼雪夫斯基的看法。他认为“自然界的美是使我们想起人来(或者，预示人格)的东西，自然界的美的事物，只有作为

---

① 转引自北京大学哲学系美学教研室：《西方美学家论美和美感》，商务印书馆 1980 年版，第 170 页。

② 转引自北京大学哲学系美学教研室：《西方美学家论美和美感》，商务印书馆 1980 年版，第 170 页。

③ [德]黑格尔：《美学》第 1 卷，朱光潜译，商务印书馆 1979 年版，第 168 页。

④ [德]黑格尔：《美学》第 1 卷，朱光潜译，商务印书馆 1979 年版，第 170 页。

人的一种暗示才有美的意义"①。这种看法似与中国传统的自然审美观相同，都强调人的主体地位。但仔细比较，则可以发现，中国传统的"比德"说、"畅神"说，注重的是自然与人的精神关系，具有超物质功利性。而车尔尼雪夫斯基的"暗示"说，具有很强的物质功利性，比如他说："太阳和日光之所以美得可爱，也就因为它们是自然界一切生命的源泉，同时也因为日光直接有益于人的生命机能，增进他体内器官的活动，因而也有益于我们的精神状态。"②从他谈太阳之美来看，他是着重从太阳对人的效用这一角度去认识太阳之美的。这效用要是物质效用。因此，车尔尼雪夫斯基的自然美学观实际上注重的是客体的自然性质和它的社会价值，与中国传统的侧重于主体的精神感受、伦理修养，从而移情于物的自然审美观很不一样。

对自然美的感受、认识，一是重审美主体——人的情感移入、道德比拟、哲理颖悟；一是重审美客体——自然的形式构成、内在性质、物质功利效用。这是中西两种自然审美观的重要差异。这种差异与我们上节所谈中西两种不同的哲学传统有渊源关系，这种差异反映在艺术作品中，又形成中西两种不同的艺术体系。

三

自然在中西艺术中所处的地位是大不相同的。只要稍微比较一下中西艺术史，便不难发现，中国艺术很早就表现自然风物了，中国新石器时代彩陶上有着大量关于自然风物的纹饰如马家窑文化彩陶器上有着极为生动的漩涡纹、蛙纹；进入青铜时代，商周钟鼎镜盘外壁布满星云龙凤花草的纹饰。这些纹饰不仅传达着宇宙的生命节奏，也传达着我们祖先的生活的信息。中国最早的文学作品——

① 转引自北京大学哲学系美学教研室：《西方美学家论美和美感》，商务印书馆1980年版，第244页。

② 转引自北京大学哲学系美学教研室：《西方美学家论美和美感》，商务印书馆1980年版，第244页。

《诗经》中，有着不少关于自然风物的描绘，不少成为佳句，流传至今。如："桃之夭夭，灼灼其华"，"风雨如晦，鸡鸣不已"，"杨柳依依"，"雨雪霏霏"等。魏晋出现了山水诗、山水画，很快，它们成为中国文学艺术中的主要潮流。这样均出现在距今一千多年前，那时，西方的文学艺术界根本没有将自然作为反映的主要对象。

西方的文化源头在希腊，希腊的艺术主要是雕刻和建筑，由于它们的宇宙观基点是"人"与"自然"的对立，有关自然的探索又专注于实用功利和科学认识。因此，自然在很长一段时间没能进入他们的艺术视野，虽然在荷马史诗中也偶尔写到自然，那都是作为人物活动的背景、陪衬出现的；文艺复兴时期的绘画，也是以人为对象，自然只是作为人物的背景略加以点缀。对于西方艺术来说，人是描绘中心。希腊的雕刻就是人体的艺术，"移雕刻入画面这就是西洋画传统的立场"①。西方以自然风景为独立的反映对象是在文艺复兴的后期，单独的山水诗也出现得较晚，远不像中国诗坛占据抒情诗的正宗地位。

就拿表现自然风物的作品来比较，由于中西两种不同的文化传统，也体现出两种不同的文化风貌。

中国艺术向来讲究抒情言志。描写自然风貌的作品也是如此。明朝画家沈周云："山水之胜，得之目，寓诸心，而形于笔墨之间者，无非兴而已矣。"董其昌云："远山一起一伏则有势，疏林或高或下则有情。"这就是说，山水在画家的笔端只不过是情感的物态化而已。当然，这种物态化并不是主观任意的，它得在一定程度上再现自然风貌，要传真，但传真与传情要统一起来。传真是基础，因此，画家必须熟悉山水状貌。只有胸有丘壑，烂熟于心，方能融情于景，借物抒怀。清画家石涛把这个道理表述得最明确："山川使予代山川而言也，山川脱胎于予也，予脱胎于山川也。授尽奇峰

① 宗白华：《美学散步》，上海人民出版社 1982 年版，第 107 页。

打草稿也。山川与予神遇而迹化也，所以终归于大涤也。”①这里，“代山川而言”和“山川脱胎于予”是统一的。这种统一全凭“神遇”，画家的“神”(情感)在这里起着关键性的作用，所以石涛认为最终是归之于“大涤”(石涛的一个名字，这里借指画家)的。

中国艺术从这种艺术立场出发，提出“以形写神”说，强调“神似”胜过“形似”。所谓“神似”，有两个含义，一是所写事物的内在神韵，另是画家、作家的真情实感。这二者应该是统一的，而且画家、作家的真情实感应是这个统一中的主导面或者说灵魂。

当然，中国的艺术也不是一开始就是这样的，它有个发展过程。拿山水画来说。北宋的作品基本上是写实的，给人以一种宽泛、丰满而不确定的审美感受。到南宋则有些变化，一方面仍然注重细节的真实，要求真；另一方面开始注重诗意的追求，主观的色彩加浓了。到元代，突出表现画家的主观情趣，形象的似与不似退居次要地位。这个时候说的“以形写神”中的“神”则主要指画家的思想情感，而不是所画对象的内在精神了。当时的大画家倪云林说：“仆之所谓画者，不过逸笔草草，不求形以，聊以自娱耳。”“余之竹聊以为写胸中之逸气耳，岂复较真似与非。”郑板桥说他画竹：“不特为竹写神，亦为竹写生。瘦劲孤高，是其神也；豪迈凌云，是其生也；依于石而不囿于石，是其节也；落于色相而不滞于梗概，是其品也。竹其有知，必能谓余为解人，石也有灵，亦当为余首肯。”②这里谈的竹的“神”、“生”“节”、“品”与其说是竹的，不如说是板桥的。看清代画家八大山人的《荷花水鸟图》，那荷花、水鸟，只有基本特征有点相似，透过画面，所表现的画家的主观情感却是非常强烈、突出。

西方艺术是再现艺术，“摹仿自然”是西方最基本的艺术理论。“求真”是它们艺术的一大目标。对于自然风景的描画，他们要求

① 北京大学哲学系美学教研室：《中国美学史资料选编》下册，中华书局1981年版，第332页。

② 北京大学哲学系美学教研室：《中国美学史资料编编》下册，中华书局1981年版，第341页。

逼真地再现出自然的色、形、光，给人以强烈的感官真实。我们只要将科罗、列维坦的风景画与中国传统的山水画比较一下，当不难发现这二者的根本区别。

西方艺术由于注重感官的真实，在处理画面构图时，很重视透视法。这种透视取一个视觉角度，又称焦点透视。它给人的感觉很真实。这种画法最初传到中国时，中国画家为之惊异。清代画家邹一桂说："西洋人善勾股法，故其绘画于阴阳远近，不差锱黍，所画人物、屋树，皆有日影。其所用颜色与笔，与中华绝异。布影由阔而狭，以三角量之。画宫室于墙壁，令人几欲走进。"①

中国画的透视与之不同。中国画家对透视有自己独特的理解。宋代画家郭熙在《林泉高致》一书中提出一个"三远"法：

> 山有三远，自山下而仰山巅，谓之高远；自山前而窥山后，谓之深远；自近山而仰望远山，谓之平远。高远之色清明，深远之色重晦，平远之色有明有晦。高远之势突兀，深远之意重叠，平远之意冲融，而漂漂渺渺。其人物之在三远也，高远者明了，深远者细碎。平远者冲淡。明了者不短，细碎者不长，冲淡着不大，此三远也。②

这个"三远"法不同于西方的透视法。它不只是一个视觉角度，而是有高远、深远、平均三个视觉角度。它的视线不只是直线的、静止的，而是转折的、流动的。面对一片风景，可以仰其巅，窥其后，望其远。

这就是表现出两种不同的空间意识：一种是物理的，强调站在固定的地点、固定的角度，根据生理科学的透视原则将视线引向无限的远方，这是西方的空间意识，既体现了西方自然技术的进步，也体现了西方人向无穷空间孜孜探索的冒险精神。一种是心理的，它不固定于一个地点、一个方向，而是从心理欲求出发，流动地、

① 转引自宗白华：《美学散步》，上海人民出版社 1981 年版，第 80 页。
② 郭熙：《林泉高致 · 山川训》。

回环往复地、多角度地观察大自然，并按照自己的情感，去创造艺术的大自然。宗白华先生说："由这'三远法'所构的空间不复是几何学的科学性的透视空间，而是诗意的创造性的艺术空间。趋向着音乐境界，渗透了时间节奏。它的构成不依据算学，而依据动力学。"①这样，空间意识充分表现了中国传统的"天人合一"的哲学观。人和自然的关系是和谐的、友好的，即所谓"目既往还，心亦吐纳，情往似赠，兴来如答。"②中国的画体现的是这种空间意识，中国的山水诗体现的也是这种空间意识。出现在诗人笔下的山水都是从心灵的眼睛看出去的；有时甚至就从门窗看出去，如："窗中列远岫，庭际俯乔林"。(谢朓)"窗含西岭千秋雪，门泊东吴万里船"。(杜甫)"平山栏槛倚晴空，山色有无中。"(欧阳修)"秦楼月，年年柳色，灞陵伤别。"(李白)……这些都有助于造成"万物皆备于我"，人与自然融为一体的局面。

中国的山水诗、山水画注重情与景的统一，王夫之说："情景名为二，而实不可离，神于诗者，妙合无垠。巧者则有情中景，景中情。"③这样，"情语"转化为"景语"，"景语"实为"情语"，其效果就远远超出意象本身，而能让人见出"象外之象"、"景外之景"④，品出"味外之旨"、"韵外之致"⑤。中国的意境理论由此而诞生。意境理论主要在山水诗、山水画的创作中的产生，它的产生又促使山水诗、山水画走向成熟。李可染说："画山水，最重要的问题是'意境'，意境是山水画的灵魂。"⑥

中国美学的意境理论隐藏着中国美学的一切奥秘，立足于人与自然对立的西方艺术是不可能产生意境理论的。当然，西方艺术自

① 宗白华：《美学散步》，上海人民出版社 1982 年版，第 90 页。

② 刘勰：《文心雕龙 · 物色》。

③ 王夫之：《姜斋诗话》卷二。

④ 司空图：《与极浦书》，见《中国美学史资料》上册，中华书局 1981 年版，第 316 页。

⑤ 司空图：《与李生论诗书》，见《中国美学史资料》上册，中华书局 1981 年版，第 316 页。

⑥ 李可染：《漫谈山水画》，载《美术》1959 年第 5 期。

有它的优点、长处。比如西方风景画，它立足于认识论的哲学立场，遵循透视学的科学原则，以模仿自然为主要目的，确实比中国山水画要真实得多。前面提到过的邹一桂瞧不起西画，说是“虽工亦匠，故不入画品”，实是一种偏见。

强调“模仿”，并以之作为艺术理论的基础，必然导出“典型”的理论。“典型”说是模仿说的发展，它的要旨是一般与个别的统一，必然与偶然的统一。这个理论与中国的意境说在世界艺术史上占有不同等地位，各自体现两种不同的艺术传统、艺术体系，相映生辉。

人是自然的儿子，热爱自然，依恋自然也是人的本质力量之一。在主观两分的哲学基础上认识自然，进而改造自然；在天人合一的哲学基础上体验自然，感悟自然，这两种立场其实并不相矛盾，实际上，它们于人都是需要的。在全球化的今天，生活在地球不同地方的人们，虽然由于诸多原因，在诸多观念上仍然存在着一些差异，但相互学习，取长补短，却是主要的趋势。全球化是一个深刻的概念，自然审美观念的全球化在诸多的全球化中已经显现为一道靓丽的风景线。

（原载《湖南师大学报》1985 年第 6 期）

中国美学史的核心与边界问题的思考

在复兴中华民族的伟大事业中，中国美学史的研究呈现出空前未有的良好态势，与之相关，一个重要问题凸显出来了，就是中国美学史是一门什么样的学科？它与中国艺术史、中国文学史、中国哲学史等有诸多相邻或相近或交叉的学科有什么样的不同？凡此，均涉及中国美学史的研究核心与学科领域边界等问题。任何一门学科都有自己的核心问题，也有自己的研究领域边界。应该说，绝大多数学科其核心问题、研究领域边界是清晰的或比较清晰的。但中国美学史这一学科有些特殊，它的核心问题、领域边界是不够清晰的。本文试图就这一问题，做一个粗浅的探索，求教于同行。

一

中国美学史的核心与边界问题，首先涉及的是美学这一学科它的研究对象研究内容是什么，而这自美学产生以来，就一直存在着分歧。

笔者认为，关于美学的学科的定位，应充分尊重学科创始人的观点。美学学科的创始人不止一人，大体上，主要为三人：鲍姆嘉通、康德、黑格尔。他们对于美学有着各自的贡献。他们对美学的认识，应成为我们今日思考中国美学史的核心与边界问题的重要依据。

鲍姆嘉通是沃尔夫学派的重要哲学家，1735 年在他的博士论文《诗的感想：关于诗的哲学默想录》中，首次提出应建立一门与人的情感世界相对应的学科——Aesthetik，从词根来说，Aesthetik 为感性学。感性包括感知与情感，在鲍姆嘉通的理解中，主要还是情感。鲍氏的重要贡献，不仅是美学的学科的首次提出，更重要的为美学锁定了一块特定的领域——情感。美学的边界就第一次明确了。

康德没有为美学下一个定义，他的重要贡献是为美学确定一个核心——审美。审美，他的表述为“鉴赏判断”。“鉴赏”是感性的，但加上“判断”，说明鉴赏本质是理性的。康德为鉴赏判断找到四个理性定位：“无利害观念的”、“普遍的”、“合目的性”、“必然的”。这四个理性定位中，“无利害观念的”最重要，决定审美的本质①。

四个用以为审美定位的理性均建立在感性的基础上，感性中，他特别强调情感。他说：“鉴赏判断必须具有一个主观性的原理，这原理只通过情感而不是通过概念，但仍然普遍有效地规定着何物令人愉快，何物令人不愉快。”②这说明，康德是接着鲍姆嘉通说的，他们在对美的本质的认识上基本上是一致的。③

黑格尔是鲍氏以后第一个为“美学”下定义的人，黑格尔不同意鲍姆嘉通关于“美学”的定位，他说：“‘伊斯特惕克’这个名称实在是不恰当的，因为，‘伊斯特惕克’的比较精确的意义是研究感觉和情感的科学。”④而美学应该不是研究感觉和情感的，它研究的应该是美。黑格尔在为其演讲集《美学》一书所作的序中说：“这些演讲是讨论美学的，它的对象是广大的美的领域，说得更精确一

---

① ［德］康德：《判断力批判》上卷，宗白华译，商务印书馆1964年版，第38、39页。

② ［德］康德：《判断力批判》上卷，宗白华译，商务印书馆1964年版，第76页。

③ 鲍氏说：“完善的外形，或是广义的鉴赏力易见的完善，就是美，相应不完善就是丑。”鲍氏的“完善”实质是理性。康德对鉴赏判断的四个理性定位，实质上是对“完善”的阐述。

④ ［德］黑格尔：《美学》第一卷，朱光潜译，商务印书馆1979年版，第3页。

点，它的范围就是艺术，或者毋宁说，就是美的艺术。”①黑格尔对美学的定位，分三个层次：一是“美的领域”，二是“艺术”，三是“美的艺术”。② 三个层次是不断推进的，越来越精确，最后定位为“美的艺术”。

黑格尔为什么将美学研究的范围定在艺术？这与他的哲学体系有关。黑格尔的哲学是精神哲学，美学是精神哲学一个部分。精神哲学顾名思义，研究的对象只能是精神，自然不是精神，故不是哲学的对象，黑格尔不否认自然有美，他说：“在日常生活中我们固然常说美的颜色，美的天空，美的河流，以及美的花卉，美的动物，尤其常说的美的人，我们在这里姑且不去争辩在什么程度上可以将美的性质加到这些对象上去，以及自然美是否可以和艺术美相提并论，不过我们可以肯定说，艺术美高于自然，因为艺术美是由心灵产生和再生的美，心灵和它的产品比自然和它的现象高多少，艺术美也就比自然美高多少。”③基于黑格尔的哲学为精神哲学的原因，当黑格尔将美学定位为“美的艺术的哲学”时，“就把自然美除开了”④。虽然自然美不是美学研究的对象，但黑格尔谈美学，并没有忽视自然美，因为一旦成为人的审美对象，自然也就心灵化了，黑格尔认为自然美“是属于心灵的那种美的反映”⑤。

美学学科的现实发展，大体上取鲍姆嘉通、康德和黑格尔相结合的方向发展，《美学史》的作者鲍桑葵认为“美学理论是哲学一个

---

① ［德］黑格尔：《美学》第一卷，朱光潜译，商务印书馆 1979 年版，第 3 页。

② 朱光潜译黑格尔的《美学》为“美的艺术”加了一个注：“旧译为‘美术’；‘美术’一般不包括诗歌文学，甚至不包括建筑，而‘美的艺术’包括这些。”具体见《美学》第一卷，第 3 页注一。

③ ［德］黑格尔：《美学》第一卷，朱光潜译，商务印书馆 1979 年版，第 4 页。

④ ［德］黑格尔：《美学》第一卷，朱光潜译，商务印书馆 1979 年版，第 4 页。

⑤ ［德］黑格尔：《美学》第一卷，朱光潜译，商务印书馆 1979 年版，第 5 页

分支"①,"如果'美学'指美的哲学的话,美学史自然就是指的美的哲学的历史,它的内容也就不能不是历代哲学家为了解释或有条理地说明同美有关的事物的事实而提出的一系列有系统的学说"②;另一方面他又认为"在这方面,任何东西都不能和伟大的美的艺术作品(包括杰出的文学在内)相比","美的艺术史是作为具体现象的实际的审美意识的历史,美学理论是对这一意识的哲学分析"③。

美国人凯·埃·吉尔伯特和德国人赫·库恩合写的《美学史》也是以美和艺术作为对象的,库恩在此书的序言中说:"人们对艺术和美之本质的认识积累了几千年之后,现代探索者的心理,尽管是热切的,但不可能是空无所有了……艺术的意蕴和美的意蕴,则隐匿在所有形形色色的哲学体系和流派的辩证发展的过程中。"④

考察美学的学科的源流,笔者认为,关于美学学科的认识,最好是将鲍姆嘉通、康德、黑格尔的立场统一起来,首先,肯定是哲学的分支学科,这样就便于将美学与相近的艺术学区分开来;其次,肯定审美为美学研究的主题,审美是关于美的认识与感受,审美的特质应是情感,而其本质则是感性为理性的统一;再次,要肯定艺术审美为美学研究主要对象。至于美学的边界,鲍姆嘉通定在情感,太泛;黑格尔定在艺术,太窄,都不太妥当。美学的边界宜定在审美生活包括审美的人、审美的社会、审美的自然。在这方面,笔者完全赞成鲍桑葵的说法。鲍桑葵说:"当我们试着探讨各个发展阶段的审美意识的时候,我们面前的具体材料就不仅具有考古学的意义,而且还构成我们今天的生活环境里本身就具有价值的事物的一个重要部分。美的艺术史是作为具体现象的实际的审美意识的历史。"⑤

---

① [英]鲍桑葵:《美学史》,张今译,商务印书馆1985年版,第31页。

② [英]鲍桑葵:《美学史》,张今译,商务印书馆1985年版,第5页。

③ [英]鲍桑葵:《美学史》,张今译,商务印书馆1985年版,第6页。

④ [美]凯·埃·吉尔伯特、[德]赫·库恩:《美学史》,夏乾丰译,上海译文出版社1989年版,第4~5页。

⑤ [英]鲍桑葵:《美学史》,张今译,商务印书馆1985年版,第6页。

二

从人类学的立场来看，所有的民族均有自己审美活动，但是，有审美活动，并不等于有审美理论，审美理论还有零星的与系统的之别，只有成体系的理论才称得上“学”，那么，中国古代有没有美学这种学问呢？

就鲍姆嘉通定位美学为感性学来说，中国古代有没有类似的感性学呢？结论很明确，有。中国古代文化不仅有着大量的关于感性现象的研究与描述，而且中国古代文化本身就具有浓重的感性色彩。就概念来说，中国古代有“感”这一概念。中国最古老的哲学著作《周易》有专门讨论感的卦——咸卦。《周易·咸卦·彖辞》云：“天地感而万物化生，圣人感而天下和平。观其所感，而天地万物之情可见矣。”①将“感”的重要性提升到“万物化生”“天下和平”的高度，可能是世界上其他民族所没有的。中华民族讲的感，重在“交”，“交”即“阴阳和合”。阴阳和合是中华民族哲学思想的内核，也是审美思想的内核。与“感”同等重要的概念还有“象”，《周易》视象为意之本，意在象中，《周易》作卦，就是立象，立象的目的是尽意，象意合一为意象。《周易》的卦象理论是中国古代美学意象论的重要源头。

鲍姆嘉通说的感性，主要是情感，情感是审美的核心。众所周知，中华民族是非常看重情感的，情感在中国文化中占有重要地位。从某种意义上讲，中国哲学是一种情感哲学，正因为如此，中国古代哲学天然地具有美学色彩。在中国文化中，情，虽然也具有一定的独立性，但更重要的是与理的融合，建构成情理合一形态。情理合一是中国古代文化的重要特点。唐代学者孔颖达释《尚书》的“诗言志”，说是“情志一也”，“志”为理。庄子说“不精不诚不能动人”，“精”、“诚”均为情理统一的心理形态。

① 朱熹注，李剑雄标点：《周易》，上海古籍出版社 1995 年版，第 80 页。

就黑格尔说的美学为艺术哲学来看，中国古代不仅有着丰富的艺术创作、艺术欣赏理论，而且中国古代谈艺术也很注重将艺术理论提升到哲学层面。在中国古代，哲学最高范畴是“道”、“天地”、“太极”等，中国人认为最高的艺是通道的，《庄子》中的“庖丁解牛”之所以被誉为艺术经典，说是“莫不中音，合于《桑林》之舞，乃中《经首》之会”①，就是因为合道。中国艺术莫不以合道为尊、为荣。中国古代艺术家创造了诸多沟通“道”与“艺”关系的范畴，如“气”、“韵”、“神”等。关于艺术本体，中国古代艺术家与西方艺术家一样，也认定意象为本体。在意象理论上，中国美学非常丰富，创造了诸多理论，如文质论、形神论、情景论、虚实论、动静论、刚柔论、比兴论，等等。

就康德、鲍姆嘉通和黑格尔都认同的美学研究核心为审美来说，中国古代这方面的论述也是非常丰富的。就作为审美对象的本体性概念——“美”来说，中国古代就有诸多类似的范畴：“妙”、“丽”、“逸”、“神”等特殊的范畴等，至于审美心理，这方面，中国古代文化也有大量的资料。就概念来说，可以归属于西方美学中“美感”范围内的，就有“味”、“兴”、“观”、“游”、“悟”等，另外，还有许多具有浓郁审美意味的命题，如“大音希声”、“神与物游”、“心物两忘”、“传神写照”、“寓意于物”等。

由于中国古人无意于创建一种后人名之为“美学”的理论，也由于中国文化本身的具有崇尚“知行合一”且以“行”为重的特点，他们对于在艺术与生活中最为常见审美现象，更多地限于自我享受，修养好一点，则也多止于描述。尽管只是描述，这描述也多能切入审美的本质。如柳宗元，他的山水游记于美学最有价值的部分是审美心理的描述，他的《钴鉧潭西小丘记》中有这样一段：“由其中以望，则山之高，云之浮，溪之流，鸟兽之遨游，举熙熙然回巧献技，以效兹丘之下。枕席而卧，则清泠之状与目谋，瀯瀯之声与耳谋，悠然虚者与神谋，渊然静者也心谋。”②像这样一种描绘概括

① 陈鼓应：《庄子今注今译》，中华书局1985年版，第97页。

② 柳宗元：《柳河东全集》，中国书店1991年版，第315页。

了审美感知、审美情感、审美想象、审美思维等诸多内涵。

即使是按照西方美学的模式来看中国古代文化，中国古代存在着美学是无疑的。

三

从逻辑上来讲，中国古代应有美学史了。但是由于文化传统的种种差异，特别是语言的差异，中国古代美学与西方美学有着鲜明的不同。由于学科体系是西方制定的，要想纳入这个学科，不能不考虑这个已经制定的这个体系，由于中国古代美学自身的特点，又不能不从中国美学的实际出发。

从这个立场出发，笔者认为中国古代美学史有四个主干理论，它们共同构成一个属于中国的美学体系：

第一，“道—生”论。“道”是中国哲学的本体性范畴，也是最高范畴。在中国，不同的哲学学派对于“道”的理解不一样，大体上，儒家所认定的道为社会—人伦之道，在儒家创始人孔子那里，“道”展现为两个重要范畴：“仁”和“礼”。道家所认定的道为天地—自然之道，在道家创始人老子那里，道表述为“自然”，自然不是指自然界，而是指天地万物包括人的一种适性的状态——自然而然。

什么是美？尽管美的具体对象不一样，但如要究其本质，最终都要推到“道”上去，所有的“美”均是“道”的显现或者说“道”的形式。

“道”的重要功能是“生”，“生”指创造天地万物，其中最重要的是创造生命。《周易》云“天地之大德曰生”①，道如何生万物，主要靠天地间存在的两种相对的力量——阴和阳，是阴阳的相互作用，造就了万物，造就了生命。

“道—生”论是一种中华民族独有的生命哲学，它既与其他民

① 朱熹注，李剑雄标点：《周易》，上海古籍出版社 1995 年版，第 150 页。

族的哲学相通，又具有自身的特点。中国古代美学就是在这种哲学中孕育出来的，用来表述中国“道—生”哲学的范畴如“气”、“韵”、“神”等几乎可以全部移用到美学中来。

第二，“妙—味”论。“妙—味”论是中国独特的审美理论。“妙”作为概念出现，最早是在《老子》一书中，老子用“妙”来描绘道的神奇与美丽（见《老子》第一章），后来，它成为一个重要的审美范畴，成为对审美对象的最高的评价。中国古代也有“美”这一概念，然品位低于“妙”。“美”比较地重外在形式，而“妙”则更重内在精神，作为美学品评的对象，它是最高的美。

作为“道”的存在方式，“妙”不是视听的对象。道之妙，不是眼睛可以观耳可以听的，它需要一种特殊的心理感觉，这感觉中国哲学称之为“味”。“味”不是指生理性的味觉，而是指一种精细的心理性体悟。中国美学认为，“美”可以用感官去感受，而“妙”只能用心去细细地品味。于是，中国美学不仅建构起自己的以“妙”为最高范畴的审美品评论系统，还相应建构起以“味”为核心范畴的审美体验论系统。

第三，“象—境”论。“象—境”论是中国古代独特的艺术审美论。艺术之所以是审美，是因为艺术是象的存在。中国古代最古老的哲学著作《周易》是以象为基础的，《周易》六十四个卦均为象，理全在象之中，卦爻辞只不过是用来说明象中之理罢了。《系辞上传》云：“圣人设卦，观象系辞焉，而明吉凶。”①正是因为《周易》如此重视象，在此基础上发展起来的中国哲学就明显地具有浓重的美学意味。在世界哲学之林中，中国哲学的深刻程度并不亚于西方哲学，而其感性意味又让它较西方哲学更具魅力。

魏晋南北朝时刘勰首用“意象”概念，意象理论的根本是“意”与“象”的统一。明代何景明说：“夫意象应曰合，意象乖曰离。”②

---

① 朱熹注，李剑雄标点：《周易》，上海古籍出版社 1995 年版，第 136 页。

② 武汉大学中文系古代文学教研室：《历代诗话词话选编》，武汉大学出版社 1984 年版，第 180 页。

清代，王夫之将意象问题归结为情与景的关系，情相当于意，景相当于象。情景相合，也就是意象相合。王夫之用情代替意，突出艺术审美重情的特点，这是一个重要贡献。

“境”原多用于佛经，用于表述成佛的精神世界，唐代诗僧皎然用它来表述诗歌意象，于是，“境”也就成为美学范畴。境在艺术学中有诸多不同的表述：“境象”、“虚境”、“心境”、“神境”、“意境”、“境界”等，后来，主要用“意境”、“境界”两个概念。

“象”与“境”都用来表述艺术的审美形态，但“境”是“象”的更高形态。“境”较“象”之重要不同，一是虚，二是灵。皎然说“境象非一，虚实难明”①，刘禹锡说“境生象外”②。司空图论诗，说好诗应有“韵外之致”“象外之象，景外之景”③。司空图虽然没有将这些话归结到“意境”这一概念上去，但后人将其视为对“意境”本质的重要揭示。

与“意境”处于同一层次的还有“境界”这一概念，一般来说，能用上“意境”的地方，均可以用“境界”代之，只是在论及人的修养时，多用“境界”而不用“意境”。学界一般认为王国维的《人间词话》是中国古代“意境”论的重要总结。

第四，“风—化”论。中国美学有一个重要的特质，就是重美育。孔子提出的四个美育概念：“兴”、“观”、“群”、“怨”。《毛诗序》承孔子，创“风”这一概念，说：“风，风也，教也；风以动之，教以化之。……上以风化下，下以风化上，主文而谲谏，言之者无罪，闻之者足以戒，故曰风。”④用“风”来喻教，不仅强调了教的普遍性，而且突出“教”的审美性，后代将这种教化称之为“风

① 武汉大学中文系古代文学教研室：《历代诗话词话选编》，武汉大学出版社1984年版，第176页。

② 武汉大学中文系古代文学教研室：《历代诗话词话选编》，武汉大学出版社1984年版，第176页。

③ 武汉大学中文系古代文学教研室：《历代诗话词话选编》，武汉大学出版社1984年版，第316页。

④ 北京大学哲学系美学教研室：《中国美学史资料选编》上册，中华书局1980年版，第27页。

教”。

“风教”论中，与“风”相连缀的“化”，也是一个重要的美学范畴。“化”具有无穷的意味，它不仅表示事物在变，而且表示这变的程度是深刻的、完全的、彻底的，变的方式是温馨的、无形的、审美的。

四个理论，符合体现出西方美学史已制定的理论框架，“道——生”论为审美的哲学基础，“妙——味”论为审美理论，“象——境”论和“风——化”论则是审美在艺术中体现。

四个理论主要用于阐释艺术审美，它们是中国美学史的核心问题。

四

中国美学史的核心为艺术审美，但是它的边界则不是艺术，而是人生与环境。

将审美纳入人生中，或者说人生要义之一为审美，中外哲学应没有太大的差别，但是，西方哲学中人类的三大价值真、善、美其独立性比较强，大体上，认识论谈真，伦理学谈善，而艺术则比较集中地谈美。这方面，最典型的数康德哲学和黑格尔哲学。康德哲学由三大批判构成，“纯粹理性批判”研究是人的认识如何可能，属于认识论；“实践理性批判”研究的是人崇高德行如何可能，它属于伦理学；“判断力批判”分审美判断和审目的判断两种。审美判断研究的是审美如何可能，审美判断的使命是将认识与道德、真与善沟通起来。审美不仅架构着感性与理性的联系，而且将作为认识的对象现象界与作为信仰的对象自在之物联系起来。真、善、美三者的区域与功能区分得很清楚。黑格尔的哲学论述的是精神发展的历程，精神发展为三段：出发点是逻辑学，继而到自然哲学，最后到精神哲学；精神哲学也分三段，由主观精神到客观精神再到绝对精神；绝对精神的发展仍然是三段：艺术、宗教、哲学。艺术主美，宗教主善，哲学主真，同样区分得很清楚。

西方这种类别清晰发展阶段鲜明内在关系严密的哲学体系，中国哲学是找不到的。在中国哲学，真善美三大价值没有实现充分的分化，真善美三者往往互释，经常是善者美也，美者善也，这在《论语》中非常明显，孔子一会说“尽美矣未尽善矣”，似是将美与善区分开来；然一会儿又说“里仁为美”，这美就与仁混为一谈了。这种美与善内涵缺乏界定，实际运用时分时合的现象一直延续到近代，不独儒家哲学然。在中国古代的艺术品评中，善的判断真的判断有时竟比美的判断更突出，如张彦远评画，说：“夫画者，成教化，助人伦。穷神变，测幽微，与六艺同功，四时并运。发于天然，非繇述作。”①而在道德评判中，不只用善的判断，也用真的判断、美的判断，儒家道家均如此，西方文化中科学主“真”、伦理学主“善”、艺术主“美”的理论体系，在中国古代没有建立起来。

虽然在中国古代，纯粹的审美理论还是集中在艺术论之中，但审美的泛化是非常严重的，这种泛化主要体现在两个方面：一是人物审美，二是环境审美。

中国古代文化看重做人，而做人，主要在道德与事功即所谓“内圣外王”上，这两个方面做得好，不只是评价为善，也评价为美。孟子论做人，说：“可欲之谓善，有诸己之谓信，充实之谓美，充实而有光辉之谓大，大而化之之谓圣，圣而不可知之之谓神。”②这善、信、美、大、圣、神等六个概念不能用真、善、美去一一对应。像“充实之谓美”的“美”就不能简单地理解成美，也许它更近于今天说的善。而“大”这一概念倒是近于今天说的美，但是，“大”又绝不仅仅是美。非常有意思的是，中国古代关于“美”的定义，最初并非来自论艺，而是来自论人，孟子的“充实之谓美”就是其中之一。只要稍识中国美学，就可以发现，中国美学的诸多概念原为人物品评概念，如气、韵、神、逸等。

中国古代文化还看重环境。审美全面地渗透到环境之中去，现实生活中，不仅有艺术审美，人生审美，还有环境审美。

就社会环境来说，儒家讲礼乐治国，礼是制度，乐是音乐。按

① 沈子丞：《历代论画名著选编》，文物出版社 1982 年版，第 34 页。
② 杨伯峻：《孟子 · 尽心章句》，中华书局 1960 年版，第 334 页。

荀子的说法："乐也者，和之不可变者也；礼也者，理之不可易者也。乐合同，礼别异。礼乐之统，管乎人心矣。"①"礼"与"乐"都是用来管人心进而管社会的。理想的社会在荀子是礼乐并举、美善相乐的社会。他说："君子以钟鼓道志，以琴瑟乐心，动以干戚，饰以羽旄，从以磬管。故其清明象天，其广大象地，其俯仰周旋有似于四时。故乐行而志清，礼修而行成。耳目聪明，血气和平，移风易俗，天下皆宁，美善相乐。"②荀子如此深刻的美学思想不是用来讲艺术的，而是用来讲社会的，不是讲艺术的审美，而是讲社会审美。道家讲"道法自然"，也不是针对艺术而是针对社会的。道家描绘的"道法自然"的理想模式不是艺术模式，而是社会模式，老子说生活在这种社会中，"甘其食，美其服，安其居，乐其俗"③，这不就是美吗？

就自然环境来说，环境审美在中国美学史中占的分量很重。西方美学中，自然美也有一定的地位，但对自然美的发现比较地迟，按普列汉诺夫的看法，"米开兰琪罗和他同时代的人是轻视风景的，它在意大利的兴盛只是在文艺复兴时代的末期，即在衰落的时期。"④他还说："同样地，对于17世纪以至18世纪的美术家，风景也没有独立的意义。在19世纪，情况急剧地改变了，人们开始为风景而珍视风景。"⑤然而中国，早要公元前四五百年前的周代，就发现自然美了，产生这个时期的《诗经》，就有大量的关于自然美的描写。除此外，自然美在中国美学中的地位远比西方美学高。中国哲学的道家流派是以崇尚自然为旗号的，虽然道家所说的"道法自然"的自然，不等于自然界，但毕竟"自然"集中地也最大地体

① 王先谦：《荀子集解·乐论》下，中华书局1988年版，第382页。

② 王先谦：《荀子集解·乐论》下，中华书局1988年版，第381～382页。

③ 陈鼓应：《老子注译及评介》，中华书局1984年版，第474页。

④ ［俄］普列汉诺夫：《没有地址的信　艺术与社会生活》，曹葆华等译，人民文学出版社1960年版，第31～32页。

⑤ ［俄］普列汉诺夫：《没有地址的信　艺术与社会生活》，曹葆华等译，人民文学出版社1960年版，第32页。

现在自然界中。众所周知，道家是与儒家相抗衡的两大主流学派之一，道家的重大影响，极大地提升了自然美在美学中的地位。与之相应，在中国艺术中，山水诗、山水画分别成为诗歌绘画的主流，这种现象在西方美学中是看不到的。中国的自然审美，就文献资料来看，主要体现在山水诗、游记、山水画之中，其实更多地体现在现实生活中，艺术中的自然审美只是现实中的自然审美的反映罢了。

特别值得指出的是，中国人的自然审美准确地说是自然环境的审美。自然环境与自然的区别在于自然是可以离开人的，而自然环境是不可以离开人的。不管是作为人的居住场所，还是作为人的旅游对象，环境总是人的环境。中国的山水画不管画面上是否有人活动的痕迹，整个画幅透出来的是人间的烟火气。宋代画家郭熙论山水画，云："世之笃论，谓山水有可行者，有可望者，有可游者，有可居者。画凡至此，皆入妙品。但可行可望不如可居可游之为得。"①明代董其昌郭熙此论予以肯定，说："郭汾阳论画山，谓有可望者可居者，可居者更胜矣。以其能令人起高隐之思也。"②在中国画家，画山水，绝不只是画自然，而是画文化。在对待自然审美上，中国的儒道释诸家均有自己的哲学观点，展现出远较画面丰富深刻的精神世界。

综上所论，中国美学史的核心是审美，审美集中体现在艺术的审美活动中。也就在艺术的审美活动中建构了中国美学史的基本体系，形成了自己的特色和风格。但是，审美在中国古代，并不止于艺术，它延及人生、社会和自然的诸多领域，因此，中国美学史的边界应是人类的一切生活及与之相关的社会环境和自然环境。

---

① 沈子丞：《历代论画名著选编》，文物出版社 1982 年版，第 64 页。
② 沈子丞：《历代论画名著选编》，文物出版社 1982 年版，第 256 页。